新时代职业教育
课堂教学基本规范实施指南

上海市教师教育学院（上海市教育委员会教学研究室）　编著

主编◎谭移民　曾海霞

上海教育出版社
SHANGHAI EDUCATIONAL
PUBLISHING HOUSE

前　　言

　　课堂是教学的主阵地，是教师、教材、教法的集结地，也是"五金"建设的重要载体。课堂教学是职业教育高质量发展的关键环节，当前，随着人工智能的发展，教育教学数字化已成为职业教育领域的新发展趋势。在课程思政育人背景下，课堂教学过程中的教育价值越来越受到重视，坚持立德树人、德技融合，全面提高教学质量，已成为新时代职业教育界的广泛共识。

　　全面提高教学质量的关键，在于广大教师遵循职业教育教学的基本规律，按照课堂教学的基本规范，上好每一堂课，确保每一堂课的教学质量。课堂教学应秉持守正创新的原则，既要改革创新，也要遵循基本规范，两者相得益彰。然而，当前职业学校的教师，特别是专业课教师，大多来自非师范类院校或行业企业，他们在职业教育课堂教学的基本规范与要求方面，存在着理解不够清晰、把握不够准确、执行不够到位等较为普遍的问题，一定程度上影响到职业教育教学改革的深入推进。因此，帮助广大教师把握职业教育教学基本规律，掌握课堂教学基本规范与要求，显得尤为必要且十分迫切。

　　教无定法，但教学有法。面对新时代职业教育改革发展的新形势，基于职业学校课堂教学中存在的普遍性问题，需要加快研究职业学校课堂教学基本规范，并形成操作指南，以惠及职业学校全体教师，从根本上规范和改进教师课堂教学工作，进而全面提高课堂教学效益与质量。为此，上海市教师教育学院（上海市教育委员会教学研究室）联合同济大学、华东师范大学等科研机构，以及部分职业学校，共同开展了"新时代职业教育课堂教学基本规范研究"。该课题采用"强化问题导向、注重实践应用"的研究思路，注重解决职业学校一线教师日常教学中普遍存在的问题。

　　在广泛调研的基础上，课题研究团队将教师普遍关心且经常遇到的问题，按照课堂教学的基本要素和主要环节，归纳为 14 个研究专题。每个研究专题紧紧围绕"是什么""为什么""怎么做"，厘清职业教育课堂教学基本规范相关概念的内涵、内在逻辑与原理，形成清晰的认知。同时，通过具体的实践研究，进一步提炼出相关问题解决的路径或方法。

　　这不仅是一项重要的基础性研究工作，更是一项极具有挑战性的原创性探索。在协同合作开展课题研究的基础上，经反复研讨和修改完善，我们将研究成果汇编成《新时代职业教育课堂教学基本规范实施指南》，提供给广大教师，以期进一步规范课堂教学行为，夯实教学改革基础，助力职业学校教育教学改革稳步前行、行稳致远。

本书内容与使用说明

一、内容构成

职业教育课堂教学由一系列相互关联、相互影响的基本要素与环节构成。从时间维度来看，其主要涵盖教学设计、教学实施和教学评价三大核心环节。本书进一步对职业教育课堂教学各环节构成的基本要素进行细化，共梳理出 11 个核心要素，分别为：教学目标与教学重难点、教学方法、课堂导入、教学活动、教学内容、教学环境、教学反馈、教学评价、课堂小结、作业设计、教学反思。此外，在课堂教学全程中，还需用到 3 种主要的文本支撑材料，包括教案、说课材料、学习材料。本书所涉及的 14 个职业教育课堂教学主题具体如下。

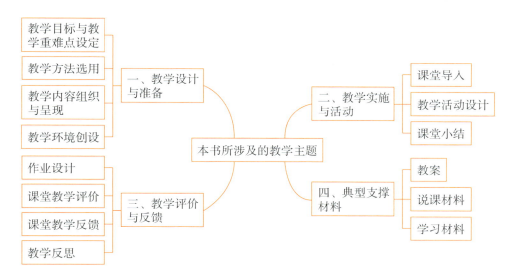

二、主要特点

（一）以教师实际需求为导向

本书以解决教师教学问题为导向，深度聚焦教师在日常教学工作中的实际需求。本书具有较强的操作性，一方面，强化教师对常见的教学概念的正确理解与把握；另一方面，更重视对教师教学实践的指导性，着眼于为教师提供应对常见教学难题的策略、路径与方法。在落实上，本书注重引导教师将理论知识切实应用到实际教学场景中，给出典型的操作案例或具体示例，以帮助教师在理解的前提下，能正确结合自身教学实际，有针对性地进行具体的教学设计与实施。

（二）注重课堂教学规范的有效落实

课堂教学规范是保障职业教育教学质量的关键。本书十分重视职业教育课堂教学规范的有效落实，对教学的各个环节及基本要素都明确了规范要求或说明，以助力职业院校教师提升教学质量。教师可结合书中的内容，对照实际教学工作，优化教学设计、规范教学实施、完善教学评价，确保课堂教学的科学性和有效性。

（三）鼓励教师的教学实践创新

鼓励职业院校教师在遵循教学规范的基础上，大胆创新教学实践，持续提升教学水平。在教学活动中，教师可尝试利用虚拟现实技术、人工智能工具、在线互动平台等新兴手段，丰富教学形式，激发学生兴趣，提升课堂参与度。支持教师结合学科特点和学生需求，设计个性化、差异化的教学方案，推动教学从"以教为中心"向"以学为中心"转变，真正实现教学质量的全面提升。

三、适用范围及建议

（一）适用对象

本书适用于职业院校教师（含新入职教师）及教学管理人员。公共基础课教师和专业课教师均可参考本书，规范和改进教学行为，提升教学质量。教学管理人员可参考本书相关内容开展教学管理工作，制定教学规范，评估教学成效，推动学校整体教学水平提升。本书也为新教师提供系统的教学指引，助力其快速熟悉职业教育课堂教学的关键要素与环节，缩短适应期。

（二）适用场景

教师可将本书作为日常教学参考手册，在备课、授课、评价等环节随时查阅，依据指南优化教学行为。当参与课程改革时，教师可依据指南对课程教学目标、内容、方法等进行系统调整，确保改革符合职业教育教学要求。对于参加教学竞赛的教师，可适当参考指南完善教学设计、教学实施等环节，提升竞赛竞争力。

（三）使用建议

初次接触本书的读者，建议先大致通读全书，了解职业教育课堂教学的基本要素、环节以及典型文本材料等内容框架。在阅读过程中，对与自身工作紧密相关的部分，如教学目标设定、教学方法选用等，做好标记，方便后续深入研究。随着教学实践的深入，定期重新研读指南，深化对职业教育课堂教学关键要素与环节的理解，获取新的教学思路与方法。基于书中相关内容，教师可积极参与教学研讨交流活动，共同探讨教学问题及解决方案，以持续提升教学水平。

目 录

第一章　教学目标与教学重难点设定

教学目标是教师在教学中使用频率非常高的一个概念，教学作为有目的、有计划、有组织的活动，需要有明确具体的教学目标。什么是教学目标，教学目标在教学中起什么作用，教学目标如何分类、如何设定、怎么描述，以及教学重点与难点如何设定等，是广大职业院校教师在备课过程中先要弄清楚的问题。

一、对教学目标的理解

（一）教学目标与专业培养目标、课程目标

在日常教学中，教师经常使用的与目标相关的概念主要有三个：教学目标、专业培养目标和课程目标。它们既密切相关又有区别（见图1-1）。职业院校的专业培养目标是根据教育方针、职业院校的性质和任务，确定的一个专业对人才培养的总体要求，这些目标通常在教育行政部门颁布的专业教学标准和学校制订的人才培养方案中有具体描述。课程目标是指学生学完某一课程后，在知识、技能、素养等方面应达到的总体学习结果，是专业培养目标在课程层面的具体化。课程目标一般在教育行政部门颁布的课程标准或学校制定的课程标准中有详细描述。

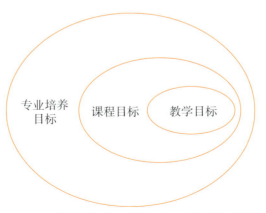

图1-1　教学目标与专业培养目标、课程目标的关系

教学目标是在教学活动中对学生学习结果的预期。这种学习结果既可以是外显的行为表现，如能规范拆装汽车轮胎；也可以是内化的心理表现，如通过阅读课文，品味冰心散文语言的独特魅力。教学目标是教师针对具体教学活动而设定的，是课程目标在课堂教学中的具体化。在实际教学中，教学目标可分为单元教学目标、具体一次课或一节课的课次教学目标。单元教学目标相较于课次教学目标而言，具有更高的概括性，它统领课次教学目标，同时也依赖于课次教学目标的具体实现。本书中的教学目标主要是指课次教学目标。

（二）教学目标在课堂教学中的地位与作用

教学目标是课堂教学的出发点和归宿，在课堂教学各要素中占据核心地位，对教与学具有明确的导向、控制和激励作用，同时也是课堂教学评价的重要依据。教学目标对教师选取教学内容、开发与选用教学资源、选择教学方法、设计教学流程与组织形式、布置教学环境、实施教学评价等方面发挥着关键作用。从另一个角度看，课堂教学内容、教学资源、教学方法、教学组织形式、教学仪器设备、教学环境等都应该服务于教学目标的实现，有利于教学目标的达成（见图1-2）。

在日常教学中，有些教师只关注每次课要教什么内容，而忽视每次课学生应习得的学习结果，也就是应达成的目标，认为教学目标可有可无。也正因为没有认识到教学目标的重要性与作用，他们在设定教学目标时较为随意，为写教学目标而写教学目标。可想而知，这样写出来的教学目标很可能不准确，也起不到教学目标应有的作用。认识到教学目标在课堂教学中的重要地位和作用，是正确、规范设定教学目标的前提。

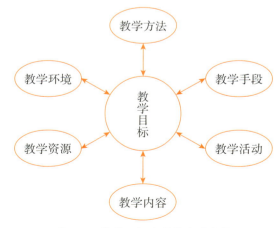

图1-2　教学目标在教学中的地位

二、教学目标分类与描述

（一）基于学习内容性质的教学目标分类与描述

1. 三类目标分类

教学目标是学生学习预期的结果，体现学生在个体上是一个不可分割的有机整体。为了深入研究教学目标，形成相关理论，用以指导实践，也为了给广大教师设定教学目标提供思路与方法，以便更加全面准确地描述教学目标，一般需要将教学目标进行分类。许多心理学家和教育学家对教学目标进行过深入研究，提出了各自的理论、观点和分类体系，这些研究为我们理解教学目标、合理进行分类提供了很好的思考视角和理论依据。

在众多的教学目标分类理论与方法中，布卢姆的教学目标分类理论与方法影响较大。他按学习内容的性质不同，将学习分为认知、动作技能、情感三个学习领域。这种分类方法清晰明了，广大教师容易理解。基于布卢姆教学目标分类理论，结合职业教育特点和我国职业教育教学实际，按照学习内容的性质不同，可将职业教育中，特别是专业课的学习内容分为知识、技能和素养三大领域。需要说明的是，这里的技能不仅仅是指操作技能（动作技能），还包括心智技能（智慧技能）。广义上讲，素养是指一个人的修养，包括个体所具有的知识、技能、意识、道德品质，以及与之相关的行为习惯等，涉及个体的思想、专业、文化和身心等各方面。在职业教育中，素养主要是指非智力因素相关的情感、态度、价值观等学习内容，以及与之相关的职业素养，如职业道德、职业意识、职业态度、职业精神等。

知识、技能、素养三大学习领域相应的教学目标即为知识目标、技能目标和素养目标（见图1-3），即"三类目标"。这种目标分类把技能、素养作为与知识并列的一类目

图1-3　三类目标

标，突出了技能、素养在教学中的重要地位，有利于引导广大教师在教学中注重加强职业能力和职业素养的相关教学，体现职业教育的特点。这种分类也符合我国职业院校教师对教学内容的一般理解，有利于在教学中实施。三类目标的划分目前在职业教育中普遍采用，特别是在专业课的教学中更加适合。

2. 基于三类目标的教学目标描述

设定教学目标并用书面语言把教学目标清晰地表述出来，是教师备课的一项基本任务。教学目标描述有基本的规范与要求，下面将分别介绍三类目标中知识目标、技能目标和素养目标的描述要求。

（1）知识目标描述

知识是学生学习的重要内容，知识目标是重要的教学目标之一。为了更精准地描述知识目标，需要了解教学中哪些是知识、知识学习分哪几个水平层级，以及描述知识目标的基本要素与要求。

广义的知识是指人类在认识世界和改造世界过程中积累的关于自然和社会的认识和经验的总和。在教学领域，知识主要是指学科和专业的基本知识，如基本概念、基本原理、基本方法等，它是学习技能的基础。

将知识进行分类能为广大教师梳理知识提供一种逻辑思路，帮助教师较快和有效地设定知识目标。关于知识的分类有许多，有的知识分类较为复杂、学术化，为了便于广大教师理解并在日常教学中落实，一般将知识分为事实性知识、原理性知识和方法性知识（见表1-1）。

表1-1　知识分类

知识分类	特征	示例
事实性知识	关于"是什么"的知识	密度的概念 硫酸的化学性质 细胞的结构 维生素的功能与作用
原理性知识	关于"为什么"的知识	欧姆定律 压缩机工作原理 三视图投影法则
方法性知识	关于"怎么做"的知识	发动机故障排除步骤 制冷系统安装技术标准 七步洗手法 轴加工与规程

事实性知识是关于客观对象"是什么"的知识，也称陈述性知识，它客观描述事物、事件、人等客体相关信息，如给某个客观对象下定义，描述它的性质、特点和结构等。

原理性知识是关于客观对象"为什么"的知识，它揭示的是客观事物、事件内在各要素的关系与规律。例如汽车发动机工作原理，揭示的是通过燃烧燃油推动活塞运动，将热能转化为机械能；又例如欧姆定律，它揭示的是电路中电压、电流和电阻三个物理量之间的关系。在专业课中有大量的原理性知识，学生掌握必要的原理性知识，对于解决实际问题、提升技能水平十分重要。

方法性知识是关于"怎么做"的知识，它是在事实性知识和原理性知识基础之上，或实践经验基础之上，形成和总结出来的完成某任务、解决某个问题的相关具体行为与要求，如汽车发动机故障诊断步骤、中和滴定法操作步骤、维生素检验规程等。在技能操作性强的专业课中，方法性知识往往比较多。

将知识学习划分为不同的学习水平，有助于教师更加准确地描述知识目标。许多教育心理学家对认知领域学习水平进行了大量研究，其中布卢姆对认知领域学习水平的研究影响较广。他将认知领域学习从低到高分为知道、理解、应用、分析、综合、评价六级水平，但对一般教师而言，这六级水平显得较复杂、难实施。在实际教学中，根据认知复杂程度，一般只需将知识学习水平分为知道、理解、应用三个层级就可以（见表1–2）。

表1–2　知识学习水平

学习水平	含义	常用动词举例
知道	对知识所承载信息的获取，再认或回忆相关信息，辨认、识别事实或证据，描述事物基本特征。一般事实性知识的学习在这一水平较多。	了解、回忆、说出、列举、复述、记住等
理解	把握知识所包含信息的内涵，解析知识各要素之间的关系、意义，建立起新知识与旧经验之间的联系。一般原理性知识的学习大多属于这一水平。	概述、解释、分析、说明、归纳、推理、证明等
应用	运用知识在情境中解决实际问题。一般原理性知识和方法性知识的学习在这一水平较多。	运用、设计、制定、检验、计划等

我们把学生学习知识的过程称作认知过程，完整表述一个知识目标至少应包括学习者是谁、认知行为（学的表现）、认知对象（知识点）这三个必要要素。为了使知识目标更加具有操作性、更加精准，可观察、可评价，在描述知识目标时，有时还需要增加学的认知条件或学的表现程度这两个要素，即充分要素（见图1–4）。

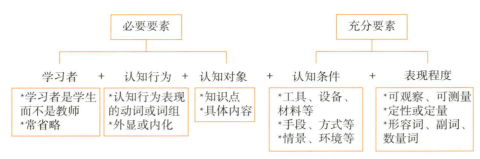

图1-4 知识目标构成要素

示例1:(学生)简述汽车发动机工作原理。

示例2:(学生)概括出至少10种常见枝材的形态特征。

示例3:(学生)根据给定的直线方程和圆的方程,判断直线与圆的位置关系。

学习者指的是学生,在表述时常省略,但教师在描述时,心中应有学生,知道是从学生角度去描述每一条知识目标。

认知行为一般是指学生学习知识的外显或内化表现,需要根据学生要达成的学习水平,选择合适的行为动词来表述,如上述示例中的"简述""概括""判断"。

认知对象指的是某个知识点或某个具体内容,如示例1中的"汽车发动机工作原理"、示例2中的"枝材的形态特征"等。只有内容具体,知识目标才可能描述准确,指向更加清楚,更好进行评价。

认知条件一般是指学习知识时需要的工具、设备、环境等,如描述"判断直线与圆的位置关系"这一目标时,需要根据学生的学情,加上条件限制,使目标更具体。对于抽象思维能力较强的班级,这个知识目标可表述为"根据给定直线方程和圆方程的形式,判断直线与圆的位置关系";如果班级学生抽象思维较差,这个知识目标可表述为"通过直观的代数形式呈现,判断直线与圆的位置关系"。

表现程度是进一步精确描述目标时的要求,通常是对认知行为作定量或定性的要求,如熟练背诵全诗,"熟练"就是定性描述的一种程度要求,再比如"概括出至少10种常见枝材的形态特征"就是一种定量描述。

(2)技能目标描述

技能与知识一样,也是学生在课堂学习的重要内容,技能目标也是重要的教学目标之一。如同描述知识目标一样,为了更精准地描述技能目标,需要了解教学中哪些是技能、技能学习有哪些水平划分,以及描述技能目标的基本要素与要求。

技能是指个体运用知识或经验完成具体任务或解决问题的行为，它可以是外显特征明显的操作技能，也可以是内隐特征显著的心智技能。操作技能和心智技能的主要区别在于：操作技能中身体动作的成分较多，例如熟练拆装汽车变速器、制作蛋糕等，属于操作技能；心智技能中智力活动较多，外显动作较少，例如设计网页、计算效率、判断汽车发动机故障等，都属于心智技能。实际上，知识学习到了应用水平体现出来的一般也是心智技能。两者的共同点在于，它们都是学生运用已有知识或经验完成任务或解决问题的行为，无论是操作技能还是心智技能，都是职业能力的具体表现形式（见表1-3）。

表1-3　技能分类

技能分类	特征	示例
操作技能	往往身体动作成分占比较多，具有客观性、外显性、展开性等特点。	拆装汽车轮胎 制作花环 加工零件
心智技能	智力活动成分占比较多，具有内隐性、观念性、简缩性等特点。	制订活动方案 设计图形 分析汽车发动机故障原因

在职业教育教学中，技能是职业教育特点和学生专业水平的重要体现，是专业课教学的主要内容之一，技能目标无疑是主要的教学目标之一。为了更加准确地设定技能教学目标，广大教师不仅需要知道技能包括哪些，还要了解技能学习水平的划分。

对技能学习水平的划分，也是有不同的理论与方法。有的技能水平划分较为复杂，对一般教师而言，不大容易理解和接受。在日常课堂教学中，一般是按熟练或协调程度将技能水平分为三个层级，如模仿、独立操作、熟练运用（见表1-4）。

表1-4　技能学习水平

学习水平	含义	常用动词举例
模仿	按照示范的步骤与要求，完成一个或多个技能操作。	模拟、再现、使用、例证、临摹等
独立操作	完全掌握技能要领，在不需要指导或提示的情况下，独立完成一个或多个技能操作。	完成、制定、绘制、安装、检测等
熟练运用	很流畅地完成一个或多个技能操作，或在新环境下举一反三运用技能，解决实际问题。	熟练操作、灵活运用、设计、制作等

与知识目标描述一样，技能目标描述也要考虑必要要素和充分要素。要把一个技能目标完整地描述出来，至少应包括学习者、操作行为、操作对象等三个必要要素。为了使技能目标更加具有操作性、更加精准，可观察、可评价，在描述技能目标时，有时还需要增加操作条件和表现程度这两个要素，即充分要素（见图1-5）。

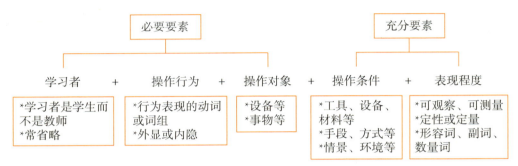

图1-5 技能目标构成要素

示例1：（学生）能分析汽车发动机故障原因。

示例2：（学生）能使用频率均衡器修正音质缺陷和音频系统的频率特性缺陷。

示例3：（学生）能根据系统图安装制冷管路，偏差小于2 mm。

操作行为也就是技能操作时的主要行为表现，可以是外显动作或内化的心理表现。操作行为需要用行为动词来描述。

技能操作总是要有对象的，操作对象一般指具体的客体，如汽车轮胎、制冷管路、三视图等具体物体，也可以是较抽象的事物，如故障原因等。在描述技能时，对象越明确，具体目标就越准确。

操作条件一般是指技能操作时用到的工具、设备、环境要求等，大多数技能操作都是在一定条件下进行的，因此技能目标描述往往需要加上操作条件。

技能操作的表现程度是指操作行为的熟悉程度或对操作行为的具体要求，有表现程度的描述，技能目标则更加精准，更有利于教学评价，如示例3中的"偏差小于2 mm"。

（3）素养目标描述

在职业教育专业课教学中，素养目标一般包括思想品德、职业意识、职业道德、职业态度、职业精神等，以及一些关键能力，如学习能力、分析问题的能力等。课程思政目标属于这个范畴，可以在素养目标中进行描述。素养目标也有不同的学习水平，根据内化程度，一般可划分为体会、感悟和形成三个层级（见表1-5）。

表1-5　素养学习水平

学习水平	含义	常用动词举例
体会	意识到某种观点、价值标准，主动参与相关活动。	感受、寻找、交流、分享、访问、考察等
感悟	理解并接受某种观点、价值标准，产生价值认同。	遵守、接受、意识、懂得、关注、拒绝、摈弃等
形成	能对不同观点、价值标准进行比较，与已有价值体系建立关联，内化为牢固观点与价值标准，并能运用这些观点与标准控制自己的行为。	养成、具有、建立、提升、提高、增强等

素养目标的描述关键要突出学生素养的表现，尽可能描述学生可观察、可测量或可评价的外显行为表现。要做到这样，关键是要结合具体的知识或技能的学习过程，针对特定的学习任务或场景去描述，避免太泛太笼统，以增强素养教学目标的可操作性。

素养目标的描述，从语句结构上讲，可采用"概括的学习情景或学习过程＋学生素养行为表现（或内化感受）"的句式，前者是为描述学生素养表现提供场景支撑或条件，后者则是在特定学习场景中的素养表现。

特别要注意的是，素养目标要从学生角度去描述，描述的对象是学生，是学生在素养方面应达成的结果，而不是从教师角度去描述对教师的要求。例如"培养学生文明习惯"这样的描述就是站在教师角度在描述教学目标，因为"培养"的主语是"教师"。从学生角度描述素养目标还要考虑到职校生的年龄特点和时代特点，不能脱离实际。

示例1：在进行食品检测时，客观记录检测数据，如实填写检测报告，不弄虚作假，养成诚实守信的品格。

示例2：搜集资料，撰写一大会址导游词并讲解，感受中国共产党的丰功伟绩，增强对党和国家的热爱。

示例3：自己制作的点心提供给老师、同学或顾客品尝，从中体会成功的喜悦和劳动的快乐，增进对烹饪专业的热爱，坚定自己的职业选择和职业理想。

随着文化基础学科教学目标逐渐突破三维目标相互割裂的描述，从而转向核心素养的综合表述，这也启示我们在职业教育，尤其是专业课教学中，描述教学目标时也可以探索采用综合职业能力的整体化描述方式，如"……（条件、过程），……（结果），……（表现）"。在综合能力条目下进行三类目标的分析，使课堂教学目标更聚焦综合职业能力的养成。例如，在"根据发动机拆装技术规程，与班组成员合作，合理使用相应工具、设备（条件、过程），规范地完成（结果）发动机拆卸作业（表现）"这一总的职业能力目标下，再进行知识、技能、素养的划分，最终在教学评价上也能回归到整体能力的培养上，而非单个知识点、技能点的学习。

（二）基于核心素养的整体教学目标描述

21世纪初，我国基础教育课程改革基于学生发展为本的理念，提出了三维目标的理论，使教学目标超越了原来强调基础知识与基本技能的"双基"。广大教师从知识与技能、过程与方法、情感态度与价值观三个维度描述教学目标，落实教学目标，有力地深化了以学为中心的课堂教学改革；但作为一个整体的三个"维度"，在实际教学中往往变成了三个互不关联的方面[①]。随着国家文化基础学科新课程标准的颁布，核心素养的提出为解决三维目标相互割裂的问题提供了解决思路和方向，也为文化基础学科教学目标描述提供了方法。

近年来，教育部发布了中等职业学校10门公共基础课课程标准，确定了每门课程的核心素养和课程目标，明确了课程内容和学业质量要求。核心素养是学生在课程学习中逐步形成的正确价值观、必备品格和关键能力，是学科育人价值的集中体现。基于核心素养整体描述教学目标，体现的是当前文化基础学科教学改革大趋势。整体描述教学目标是将知识与技能、过程与方法、情感态度与价值观三维度结合在一起描述，一般采用"经历……（过程），习得……（结果），形成……（表现）"的句法格式。[②]"经历……（过程）"主要指学习过程与方法，"习得……（结果）"主要指知道或理解相关知识和技能，"形成……（表现）"主要指核心素养的体现与落实，其表现可以是外显的行为，也可以是内隐的感受。

> 示例1：熟读课文，厘清作者的游览顺序和"移步换景"等描写景物的方法（经历），丰富阅读经验，感受祖国的大好河山和奇美景观（习得），表现出自己对祖国锦绣江山的热爱之情（表现）。[③]
>
> 示例2：通过梳理事件之间的关系（经历），提炼多件事写人记叙文的主旨（习得），感受作者的思想感情与价值追求（表现）。
>
> 示例3：通过数学建模（经历），理解直线与圆的位置关系（习得），提升逻辑推理和数学抽象思维能力（表现）。

---

① 崔允漷.新课程呼唤什么样的"新"教学［J］.教育家，2023（2）：6-8.
② 崔允漷."三问法"：让核心素养在教学目标中得到落实［N］.中国教师报，2023-01-18（14）.
③ 崔允漷."三问法"：让核心素养在教学目标中得到落实［N］.中国教师报，2023-01-18（14）.

这种基于核心素养的教学目标描述方式，比较适用于中等职业学校公共基础课程。

三、教学目标设定

课堂教学目标的设定是由多方面因素、条件决定的。上位的国家总体教育政策、专业教学标准等是设定课堂教学目标的间接因素，课程标准、教材与资源、班级学生学情、岗位与生活实际等是设定课堂教学目标的直接因素（见图1-6）。

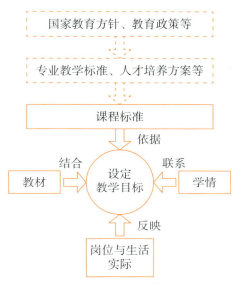

图1-6　设定职业教育课堂教学目标的考虑因素

设定课堂教学目标首要考虑的是国家宏观层面对人才培养的总体要求。2021年，修订后的《中华人民共和国教育法》对我国教育方针和教育目的总体描述进行了完善，要求教育"必须为社会主义现代化建设服务、为人民服务，必须与生产劳动和社会实践相结合，培养德智体美劳全面发展的社会主义建设者和接班人"。2022年，修订后的《中华人民共和国职业教育法》也对职业教育人才的培养提出要求，明确职业教育的实施是"为了培养高素质技术技能人才，使受教育者具备从事某种职业或者实现职业发展所需要的职业道德、科学文化与专业知识、技术技能等职业综合素质和行动能力"。课堂教学目标先要符合上位的教育方针、政策、文件对人才培养提出的总体要求，不能与之相抵触，更不能与之相违背。

对于广大职业学校教师来说，设定课堂教学目标还需符合专业教学标准、人才培养方案等对本专业人才培养的总体要求。在专业教学标准、人才培养方案中，具体描述了专业人才培养目标、人才规格、教学要求等，教师设定教学目标时要在专业人才培养类型与层次、目标与规格上与之相匹配。

设定具体教学目标还需要依据课程标准、结合教材与资源、联系学生学情并反映岗位与生活实际。

（一）依据课程标准

课程标准是规定课程性质、课程目标、内容与要求、实施建议的教学指导性文件，是教师设定教学目标的直接依据。教师应当认真研究课程标准，特别是要非常熟悉和正确理解课程目标、课程内容与要求等。在专业课教学中，教学目标的设定应更倾向于具体的学习任务，教师需依据课程标准中的职业能力目标、职业素养目标、知识与技能的学习要求、参考学时等，将教学目标具体化。而在公共基础课教学中，教学目标则应紧密围绕学科核心素养，依据课程标准中的课程目标、课程内容与要求、学业质量水平、参考学时等，将教学目标具体化。

依据课程标准设定教学目标，其实是将课程标准分解成教学目标的过程。崔允漷教授将其对应关系归纳为三种情形：一对一、一对多、多对一。（1）一对一关系，意指一条课程标准比较具体、明确，可以直接作为一条教学目标；（2）一对多关系，意指一条课程标准有一定的概括性，需要拆解成多条教学目标；（3）多对一关系，意指依据多条课程标准或其中相关的目标要素组合、聚焦或联结在一起，从而设定一条教学目标。根据这三种对应关系，分解课程标准的基本策略包含三种，即替代、拆解、聚焦（见表1-6），对其进一步扩展或剖析。

表 1-6　课程标准分解策略的比较

策略	替代	拆解	聚焦
对应关系	一对一	一对多	多对一
关系图示			

替代策略，即利用一对一的对应关系，以某具体主题替换原有课程标准中的关键名词，形成教学目标。例如，模具专业中"简述简单推出机构的常见形式及其特点"是一条课程标准要求，将"简单推出机构"具体为"推杆推出机构"，即可形成一条教学目标。又如，数学课标中"判断直线与圆的位置关系"这条要求，在教学中可直接转化为"用一种方法判断直线与圆的位置关系"。

拆解策略，即使用一对多的对应关系，将课程标准拆解成几个互有联系的细项指标，以此形成具体的教学目标。例如，语文课标中"通过诵读或朗读，精心揣摩，认真品味，感受语言文字的独特魅力，丰富语言积累，形成良好的语感，提高熟练运用语言文字的能力"这条要求，针对不同课文的教学，可以拆解成多条目标。又如，药品质量检测课程标准中"能检验维生素类药品质量"这条要求，描述得较为概括，在教学中可拆分成"能通过观测判断维生素性状""能鉴别维生素药品成分""能检查维生素药品的杂质"和"能测定药品中维生素的含量"等多个具体教学目标。课程标准属于上位的教学文件，描述的内容与要求一般较为概括、综合，因此在实际教学中，大多数情况下需要将课程标准中的内容与要求拆解成若干条具体的教学目标。

聚焦策略，即运用多对一的对应关系，合并多条课程标准，或选取多条课程标准中具有关联性的部分内容作为教学的焦点，形成一条教学目标。例如可以组合"认识和理解体育锻炼对身体形态发展的影响""认识和理解体育锻炼对身体机能发展的影响"两条标准，形成"理解体育锻炼对体质健康的意义"这一教学目标。可以看出，拆解和聚焦策略是一个相反的过程。拆解策略是把一个教学目标分解为更小的教学目标，而聚焦策略则是把几个小的教学目标聚合为一个大的教学目标。[①]

（二）结合教材与资源

教材是连接课程标准与课堂教学的桥梁，是教学的重要参考资料。教师应熟悉所选用的教材，依据课程标准分析教材内容，对教材内容进行适当的取舍，以符合本次课的教学需求。教材相较于课程标准内容更为具体，特别是专业教材中包含了许多任务载体和素材，教师可以参考教材中的具体情境和载体来落实课程目标，对教学目标进行具体化描述。

例如，药品质量检测课程标准中有关于"鉴别维生素类药品的成分"的描述，但

---

① 崔允漷.有效教学［M］.上海：华东师范大学出版社，2009：111-112.

该描述较为概括，教材中针对该目标的具体典型任务是"维生素 C 的检验"，教师可以联系课程标准和教材内容，将教学目标具体描述为"能鉴别维生素 C 的成分"。再如中职物理课程标准中未涉及"电阻率计算"这一目标要求，但物理教材或练习中涉及有关电阻率计算的内容，因此结合教材，可增加"能利用公式计算电阻率"这一教学目标。

此外，学校的其他教学资源和条件，有时也是设定教学目标的参考依据。因为各学校在办学条件和各专业在专业设施设备方面有差异，也影响着教学目标的设定和达成，教师需要根据可利用的实习实训条件、软硬件条件来调整教学目标。如针对课标中"能检测新能源汽车电池"这条要求，如果学校拥有相关实训设备，则学生可以通过实践操作来落实教学目标；如果不具备，则可能通过其他资源条件来落实，比如操作相关软件模拟实施来落实教学目标。在这两种情况下，教学目标的描述可以是不一样的。

（三）联系学生学情

班级学生学习情况是设定教学目标的重要考虑因素。教师通过学情分析，可以明晰学习者群体与学习者个体的相关特性、学习新内容必需的知识与技能的准备情况，为准确设定教学目标提供重要依据。分析学情主要可以从以下两个方面着手：

第一是基本学情，即学生常态下所具有的与学习相关的心理、认知特点等，包括学生来源、家庭背景、生活经验、个性心理特征、兴趣动机、班风班纪、认知水平等。例如，如果班级学生来自困难家庭，学生自信心不足，可把增强自信作为一条教学目标。把握基本学情时，要特别注意对学生认知特征的把握。感知力、注意力、思维力、记忆力、想象力等都与学生的认知特征密切相关。例如，班级学生在纯理论知识学习方面兴趣不高，接受能力弱，在目标设定时可考虑通过更多形象化的工具来帮助学生达成目标；通用能力发展不足，在目标设定时尤其要强化学生通用能力（如合作交流、分析判断等）的培养；积极主动性不足，在目标设定时需要突出学生自我计划、实施、评价学习任务的能力培养；深层认知相对不足，在目标设定时更需凸显学生对问题的思考。

第二是具体学情，即学生在学习新内容时具有的知识与技能基础的情况。班级学生具体学情对教师设定教学目标非常关键，同一教学内容，班级学生前期的知识与技能基础不同，也直接影响到具体教学目标的设定。例如，在"光的折射定律"这节课教学中，教师通过分析学情，学生已学习了光的直线传播和光的反射定律，但一些学生对光的反射图画法还没掌握，因此不把"能画光的折射图"作为教学目标，仅要求学生"能对照实验现象描述折射过程"，这就是联系学情，适当降低教学难度，准确设定具体教学目标。

日常教学时，因班级具体学情各有差异，教学目标也应做到差异化设计，因材施教，促进每一位学生都得到发展。首先，可以设定全体学生都能达到的一般性目标，归纳全体学生达到学习目标所具备的知识与技能；其次，对基础较好、能力较强的学生，在一般性目标之上，设定一些发展性目标。例如，在教育部 2020 年颁布的《中等职业学校数学课程标准》中，课程内容设有基础模块和拓展模块，学业质量上区分水平一和水平二，教师可以综合判断班级学生的知识与能力基础，贴合学生实际灵活设定教学目标。

（四）反映岗位与生活实际

课堂教学目标的设定一方面需要从课标、教材和学情等方面入手考虑，另一方面也要意识到课标、教材等所涉及的内容一般较为稳定，相较于行业企业生产实际有时会滞后，特别是在一些科技发展较快的行业领域表现得更加明显，这就要求广大教师在教学时及时引入体现"四新"的内容，更新教学内容，调整教学目标。例如，在食品微生物检测课中，依据国家相关新标准，菌落总数测定不再是使用振摇或吹打的方式，而是使用振荡器，教学目标相应调整为"能按要求规范使用振荡器混匀样品稀释液"。职业教育的特点也要求在设定教学目标时，适当考虑职业岗位、技能大赛、职业技能等级证书的要求，实现"岗课赛证"综合育人。

总体来说，教学设计首要的就是合理设定教学目标。课程标准是设定教学目标的直接、主要依据，教学目标描述需要覆盖及达成课程标准所规定的基本要求；结合教材与资源能够使得教学目标中的载体和条件更加具体；学情（学生认知特点、学生知识基础等）对教学目标也有直接影响，对学生的学习水平、学习程度的确定至关重要；岗位与生活实际使教学目标更具先进性、时代性，一些新知识、新技术、新工艺、新方法需要及时融入教学目标。

（五）设定教学目标的基本流程

1. 设定单元教学目标的基本流程

现代教学越来越强调教学整体设计、系统设计，构建从课程目标、单元目标再到课次目标的教学目标体系，这是教师开展有效教学、提高整体教学质量的前提。一个单元就是一个教学内容相对独立的模块，每门课程一般都是由若干个相对独立又相互联系的单元组成的。在公共基础课程中，一般一个学习主题为一教学单元，如中职物理教学分为运动和力、机械能、热现象与能量守恒等单元；在专业课程中，一般一个项目或任务为一个教学单元。设定单元教学目标的基本流程如下：

（1）确定教学单元。依据课程标准，结合教材，遵循从易到难、从简单到综合的教学规律，将所任教课程划分为若干个相对独立的单元，注意各单元之间内容的合理分配。公共基础课程大多采用的是国家规划教材，特别是思想政治、语文、历史三门学科采用的是国家统编教材，一般可以教材中的自然单元作为教学单元。专业课程往往需要依据课程标准，结合教材和学情，重构教学内容，设计学习主题、项目或任务，以此作为教学单元。在日常教学中，教学单元体现在教师所任教课程的授课计划中。

（2）梳理出单元核心知识与技能。分析课程标准和教材，梳理出单元中核心知识和技能，提炼出相关上位概念或大概念，这些知识、技能能够关联起单元内其他内容，统领整体单元教学内容。公共基础课程核心知识与技能的梳理，要紧密结合学科核心素养要求，从课程标准中的"课程目标""内容要求""学业质量水平""核心素养水平"中挖掘。专业课程除了分析课程标准中"课程目标""内容与要求"外，还要考虑具体项目或任务的特征、内容与要求等。

（3）描述单元教学目标。梳理出核心知识和技能后，按教学目标描述规范要求，形成书面文字表述。公共基础课程单元教学目标的描述建议采用基于核心素养的整体目标描述法，专业课程单元教学目标的描述可以分知识目标、技能目标和素养目标三类分别表述。

2. 设定课次教学目标的基本流程

课次教学目标是具体一次课或一节课要达到的目标，是单元教学目标在每次课中的具体化。课次教学目标中知识目标和技能目标最为常见，知识目标和技能目标设定的流程相同，下面以知识目标为例，介绍教学目标设定的基本流程（见图1-7）。

（1）依据授课计划选定课题。根据课程授课计划选定课题，明确课堂教学的主要内容。

（2）依据课程标准明确相关要求。针对选定的课题查阅课程标准相应的要求，尤其需要研读课程目标、内容与要求，列出课程标准相关要求。

（3）确定知识点及类型。根据课程标准要求，分析所选用的教材和资源，联系岗位与生活实际确定具体的教学要求。具体来说，结合教材和资源、岗位与生活实际对课程标准中的相关要求进行分析，具体化教学内容，列出每个知识点，参照知识分类，确定

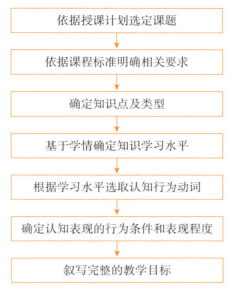

图 1-7　教学目标设定的基本流程（以知识目标为例）

每个知识点的类型（事实性、原理性、方法性）。

（4）基于学情确定知识学习水平。针对班级学生的一般学情和具体学情，参照知识学习水平划分层级，确定每个知识点学习应达到的学习水平，是知道水平、理解水平还是应用水平。

（5）根据学习水平选取认知行为动词。基于知识点及学情，判断学生所应达到的认知行为表现，选择学习水平相应的行为动词，不同学习水平的知识所对应的行为动词和学习条件有所不同，详见表 1-2。

（6）确定认知表现的行为条件和表现程度。为了使教学目标更具体，便于评价，有些教学目标需要增加相关条件和表现程度的要求。知识目标的认知条件可采用如"通过阅读工具手册……""在教师的提醒下……""通过观察动画……""通过小组讨论……""通过独立工作……""通过搭建电路……"等表述。知识的表现程度可采用如"熟练""准确阐明……""举例解释……""用自己的语言……""准确无误地……""达到……标准"等表述。一般而言，认知表现要求达成的学习水平越高，认知条件也需要更加突出自主性。

（7）叙写完整的教学目标。为了使课堂教学目标便于操作、观察和测量，并为课堂教学和评价提供指导，依据教学目标描述的规范，按照"学习者（一般省略）+认知行为（学的表现）+知识点（学的内容）+认知条件（学的条件）+认知程度（学的表现程度）"叙写明确、完整的教学目标，详见教学目标描述部分。

下面以中职学校模具制造技术专业"注塑成型工艺与模具设计"课程中"简单推出

机构的设计准备"这一课时为例，简要介绍知识目标的设定过程。

1. 依据授课计划选定课题

初步确定"简单推出机构的设计准备"的教学内容范围。推出机构是模具的一个重要组成部分，所涉及的内容多、范围广。在企业实际生产过程和教材内容中，推杆推出机构是所有推出机构中最常用、最基础的一种类型，其余推出机构几乎都是在此基础上的一种演化。因此选择推杆推出机构作为载体，学生根据产品及其模具结构，设计合理的推杆推出机构，再适当迁移覆盖其他推出机构。

2. 依据课程标准明确相关要求

根据中职学校模具制造技术专业"注塑成型工艺与模具设计"课程标准，涉及本课题的相应知识要求为：简述简单推出机构的常见形式与特点；归纳说明推出机构设计的一般原则。

3. 确定知识点及类型

在推杆推出机构的设计中，学生需要知道简单推出机构的常见形式及其特点、推杆推出机构设计的一般原则。这是后续设计推出机构的基础，是学生必须掌握的内容。因此确定这两个教学知识点，依据知识的分类，知识点对应的知识类型为：简单推出机构的常见形式及其特点——事实性知识；推杆推出机构设计的一般原则——原理性知识。

4. 基于学情确定知识学习水平

课程标准中针对这两个知识点，提出的学习水平分别属于知道水平和理解水平，班级学生总体知识基础较好，有较强的接受能力，而且就这两个知识内容而言，并不复杂难懂，所以采用课程标准中规定的相应学习水平。

简单推出机构的常见形式及其特点——事实性知识——达到"知道"学习水平。

推杆推出机构设计的一般原则——原理性知识——达到"理解"学习水平。

5. 根据学习水平选取认知行为动词

对于"简单推出机构的常见形式及其特点"，在"知道"学习水平，学生能简述就可以。对于"推杆推出机构设计的一般原则"，在"理解"学习水平，学生需要归纳几种不同类型的机构，说明或说出其一般原则，其行为动词可以是"说明"或"说出"。

6. 确定认知表现的行为条件和表现程度

根据学情和教学资源，确定两个知识点相应的认知条件和表现程度。对于"简单推出机构的常见形式及其特点"，要求学生至少说出两种形式及其特点。对于"推杆推出机构设计的一般原则"，学生还缺少感性经验，需要借助教师展示的范例才能归纳得出来，对学生的要求是至少说出两个关键点。

7. 叙写完整的教学目标

知识目标：（1）简述简单推出机构的常见形式及其特点，至少说出两种形式及其特点；（2）借助教师展示的范例，归纳说明推杆推出机构设计的一般原则，至少说出两个关键点。

四、教学重难点设定

教学重点和难点是教师在教学中非常关注的方面，是需要花较多时间和精力加以解决的问题。教学重点和难点属于教学目标范畴，可以理解为课堂教学中重要的教学目标，教学策略、教学方法、教学活动等要围绕重点和难点来设计。设定教学重点和难点是为了使教学更加有主次、更加聚焦，通常说的"突出重点、突破难点"就体现了教学重点和难点在教学中的重要性。

（一）教学重点及其设定方法

教学重点是指一节课或一次课教学内容中最基本、最核心或最关键的内容（具体的知识点和技能点等），它对于学习其他内容起到至关重要的作用。

1. 教学重点设定的方法

教学重点是对教学内容本身的重要性和价值的判断，因此设定教学重点需要分析一节课或一次课中所有的教学内容，通过比较其重要性和价值，从而挑选出重要的内容。具体而言，教师需要认真研究相关课程标准，熟悉课程标准中对本次课内容的相关要求，同时还要结合教材的具体内容，把本次课所涉及的知识点、技能点一一列出来，再分析这些知识点和技能点在整个学习过程中所起到的作用，从而设定教学重点。

例如，在汽车电子冷却风扇故障检修一节课的教学中（2学时），涉及的知识点和技能点较多，如汽车电子冷却风扇的结构、工作原理、控制方式、检测方法、故障诊断、故障排除等，其中只有理解了电子冷却风扇的工作原理，才可能依据故障现象准确找到原因，也只有理解了工作原理，才能选取正确的检测方法，知道要检测什么。电子冷却风扇的工作原理是这次课全部教学内容中最重要、最关键的知识点，因此将"汽车电子冷却风扇的工作原理"作为教学重点。

一般来说，关键的概念、重要的原理和定律等往往是教学重点。在技能操作性较强的专业课教学中，关键的技能操作方法、操作要领往往也是教学重点。在情感态度价值观较强的思政课教学中，一些基本观点、基本理论、价值观等往往是教学重点，因为这些内容本身比较重要且对学习其他内容起到关键的作用。

2. 教学重点的描述

教学重点是指最重要的内容，因此教学重点的描述只需列出作为重点的知识点或技能点是什么就可以，如电阻率概念、汽车发动机工作原理、滴定操作等，不必描述其学习要求。

在一节课或一次课的教学中，一般设定一或两个教学重点就可以。教学重点不宜太多，重点太多反而显得重点不突出。

（二）教学难点及其设定方法

教学难点是指教学内容中学生不容易理解或掌握的内容与要求，可以是某个知识点或技能点。教学难点是根据学生的认知水平和接受能力，对教学内容难易程度的判断。因此在设定教学难点时，需要分析学生学情，包括班级学生的认知特点和已有的知识与技能基础，从而判断新的教学内容中哪个知识点或技能点学习起来可能较难。

1. 教学难点产生的主要原因

（1）学生学习新的内容缺乏必要的感性认知，对一些较为抽象的概念、原理、性质、规则等没有感性认知作为基础，抽象思维活动较困难，难以理解和掌握某些新知，例如汽车发动机的工作原理。

（2）某些新知本身较为复杂，特别是一些较为综合的理论知识和技能操作，需要学生进行较为复杂的思维加工过程，学生学习时往往较困难。

（3）学生学习新知时缺乏必要的作为前提的知识和技能基础，从而造成理解和掌握新的知识或技能时遇到困难。因此，教师在备课和教学时，对可能出现的教学难点作出判断，预见学生在接受新知时的困难、产生的问题，设计合适的教学方法与手段对症下药、突破难点。

2. 设定教学难点通常有两种主要方法

一是基于以往的教学经验作出判断，针对同一教学内容，回顾以往的课堂教学、课后作业批改、测验考试等，梳理出学生比较难理解掌握的或总是容易出错的内容与要求，设定为教学难点。

二是基于对教学内容本身复杂程度的分析作出判断，把要教学的知识点和技能点一一列出来，分析比较它们的复杂程度。相较于班级学生的认知水平和接受能力，一般把那些较为抽象、较为复杂、缺乏感性认识作为支撑的知识或技能确定为教学难点。

例如，在物理电阻定律一节课中，学生需要理解电阻与导线长度成正比、与导线截面积成反比、与导线材料特性有关。其中与导线长度、截面积的关系，通过演示实验和类比法，学生容易理解接受，但与材料特性的关系，因为还没有学习材料分子结构和电子学知识，学生往往难理解同为导电金属，铁线和铜线电阻率差异怎么这么大，因此把"理解电阻与材料特性的关系"作为教学难点。

同一教学内容，在不同班级教学时，教学重点应该是相同的，但教学难点可能不同，因为不同班级学生基础、认知水平和接受能力会存在差异，从而影响难点的确定。教学重点与难点的区别见表1-7。

表1-7 教学重点与难点的区别

	含义	确定方法	表述要求	关系
教学重点	最基本、最重要、最核心或最关键的具体教学内容	分析比较教学内容之间的重要性与价值	只需列出属于教学重点的内容，一般是知识点或技能点，如电阻率概念、滴定操作	教学重点有时也是教学难点
教学难点	相较于学生接受水平而言，较难理解和掌握的教学内容与要求	分析教学内容相较于班级学生已有基础、认知水平和接受能力	与知识目标或技能目标描述要求相同，包括学的内容与要达到的要求	

3. 教学难点的描述

教学难点的描述与教学重点的描述要求不同，教学难点往往要描述对某一知识或技能的学习要求，没有学习要求，只有知识点或技能点，不能确定是教学难点。比如在数学"直线与圆的位置关系"一节课中，教学难点如果描述为"直线与圆的位置关系"，这只是个知识点，没有学习要求，很难判断它是不是难点。如果仅仅是学生了解直线与圆的位置关系，对于大多数学生来说其实并不难，不应作为教学难点。教师根据学情确定的难点是"建立直线与圆位置关系的数学模型",建立数学模型就是一个较高要求,作为难点是合理的。

（三）突出教学重点、突破教学难点的策略

1. 突出教学重点的主要策略

（1）分清教学内容的主次。备课时，教师需要研读课程标准，明确相关教学内容的要求，梳理教材中的内容与素材，列出全部知识点和技能点，分析它们之间的内在关系，确定重要内容和次要内容。在教学设计时，教学策略、教学方法和教学活动等的选用，应更多从教学重点的需要去思考，突出重要内容和主要环节的设计，在组织教学时要围绕重点，突出重点内容和环节。

（2）在教学时间上予以切实保证。教师在教学设计时需充分重视教学活动的时间分配，确保有足够时间让学生掌握教学重点。一般教学重点分配的教学时间相对要多一些，从而使教学内容主线清晰、详略得当。

（3）视教学重点需要作必要补充。教师在教学过程中，为了使教学重点更加突出，可适当补充一些案例、素材，使重点更加突出、深入，确保教学重点的达成。

2. 突破教学难点的主要策略

（1）充分分析学情是采取恰当方法与手段突破教学难点的前提。了解学生学习难点内容的前提知识和技能是否具备，如果不具备需采取必要的补救措施，为学生同化新知提供认识基础。

（2）对于一些较为抽象的教学难点，多运用直观教学方法，充分运用现代信息技术手段，制作数字资源，化虚为实，把看不见摸不着的抽象内容尽可能可视化，增强学生的感性认识，提高理解能力。如通过呈现实物或模型等设备、制作动画、仿真模拟、AI应用等，为学习新知提供感性认知基础。

（3）对于一些复杂、综合性的教学难点，可化大为小，分阶段小步子，还可通过案例进行教学、创设真实情境进行教学、采用项目化教学等，构建学习递进阶梯，化解学习难度。

现代信息技术、数字技术和人工智能的快速发展，以及在教学中的广泛应用，为广大教师在教学中解决重点与难点，提供了新的技术、新的方法和新的形式，如数字化互动学习平台、虚拟现实（VR）与增强现实（AR）技术、人工智能工具等。只要多研究，在教学中多应用，一定会取得显著效果。

参考文献：

［1］罗伯特·J. 马扎诺，约翰·S. 肯德尔 . 教育目标的新分类学：第 2 版［M］. 高凌飚，吴有昌，苏峻，译 . 北京：教育科学出版社，2020.

［2］崔允漷 . 新课程呼唤什么样的"新"教学［J］. 教育家，2023（2）：6-8.

［3］崔允漷 . "三问法"：让核心素养在教学目标中得到落实［N］. 中国教师报，2023-01-18（14）.

［4］崔允漷 . 有效教学［M］. 上海：华东师范大学出版社，2009.

第二章 教学方法选用

教无定法，教学有法。对广大职业院校教师而言，掌握一些基本的教学方法，恰当运用在教学之中，是课堂教学顺利开展和提高课堂教学效率的前提。有些教学方法具有普适性，有些教学方法具有较强的职业教育特点，要用好某种教学方法，需要准确理解该教学方法的概念、适用范围和基本环节，还应遵循选择与使用教学方法的原则，留意相关注意事项。

一、对教学方法的理解

（一）教学方法与教学策略、教学模式

在教育教学过程中，常会碰到教学方法、教学策略、教学模式等概念，它们彼此之间存在着密切的相关性，但又有着明显的差异性。教师在使用这几个概念时，常常由于对概念缺乏正确理解而将其混为一谈。教学方法、教学策略、教学模式的概念界定见表2-1。

表 2-1　教学方法、教学策略、教学模式的概念界定

教学方法	师生在教学过程中为达成教学目标所采用的办法或措施。教学方法有以下三个特点：首先，教学方法始终围绕教学目标展开；其次，教学方法和教学实际进程紧密结合；最后，教学方法是师生双边活动的过程，充分体现出师生在教学中相互联系、相互作用和相互统一的关系。
教学策略	用于教学的计策与谋略，与教学方法相比，教学策略没有特定的步骤或程序，需要教师在教学过程中视具体情况而定，因此教学策略有动态性、生成性、灵活性的特点。
教学模式	在一定的教育思想、教学理论和学习理论指导下，在某种环境中展开的教学过程的稳定结构形式。教学方法和教学模式有所区别，简单来说，教学模式包含的内容更为丰富。与侧重展示具体操作程序的教学方法不同，教学模式表现为一种范式，如翻转课堂教学模式、建构主义教学模式等。

（二）教学方法在教学过程中的地位与作用

1. 促进教师专业发展的关键

教学方法的选择和运用需要教师具备丰富的教学经验和专业知识，因此对教学方法的研究和应用能够促进教师的专业成长和发展，提高其教学水平和教学能力。

2. 联结教师与学生的纽带

在教学过程中，有效的教学方法将教师的教授活动与学生的学习活动紧密相连，为共同实现教学目标服务。

3. 促进学生发展的有效途径

科学的教学具有促进人的生理和心理由低级到高级、由不全面到全面、由不和谐到和谐、由不充分到充分发展的作用，可以增进学生的效能，激发学生学习的主动性、积极性。

4. 提高教学质量和教学效率的重要保证

教学方法涉及诸多普遍性的课堂变量，如学习的准备状态、动机作用、呈现的步骤与设施、强化手段，以及智慧和情绪方面的功能、个人的满足感等。良好的教学方法旨在唤起学生的准备状态，维持其注意力与兴趣，运用强化来调节学习行为，及时解决妨碍教与学的智慧问题和情绪问题，尽力提升因教学成就带来的满足感，进而取得良好的教学效果和教学质量，提高教学效率。

（三）职业教育教学方法的特点

1. 理实结合性

在职业教育中，学生需要掌握一定的理论知识，但更重要的是掌握实践技能，进而培养职业能力。因此，职业教育教学方法注重和强调实践操作，让学生在实践中学习，掌握职业技能。

2. 职业情境性

职业教育的实践教学与具体生产、生活有很高的拟合度，通过为学生提供高质量的训练，助力其掌握对应岗位所需的技能。因此，职业教育教学方法注重教学在内涵和流程上对真实工作过程的仿真性。

3. 学生主体性

职业教育的教学要从学生的需要出发，以学生的技术技能发展为目标。学生是学习活动的主体,是活动的发现者、探究者和研究者。因此,要充分尊重和发挥学生的主体作用,充分调动其学习的主动性、积极性。

二、常用教学方法

本书将教学方法分为两类:通用教学方法和职业教育特色教学方法。其中,通用教学方法包括:讲授法、思维导图法、头脑风暴法;职业教育特色教学方法包括任务引领教学法、项目教学法、案例教学法、角色扮演法、模拟教学法、四阶段教学法。

然而,需要强调的是"教无定法",即教学方法并非一成不变,也非绝对适用于所有情境。每种教学方法都有其独特的优势和局限性,选择何种方法应综合考虑具体的教学目标、学生特点、教学条件以及教学内容等方面的因素。

此外,上述分类也具有一定的局限性。教学方法的多样性和复杂性使得任何简单的分类都难以涵盖其丰富内涵。在实际教学中,教师往往需要根据实际情况灵活运用多种教学方法,以满足不同学生的学习需求。因此,我们在理解和应用这些教学方法时,应秉持开放和辩证的态度,不断探索创新,力求实现最佳教学效果。

(一)通用教学方法

1. 讲授法

(1)含义

讲授法指的是教师主要运用语言方式,系统地向学生传授专业知识,传播思想观念,从而达到发展学生思维能力、开发学生智力的一种教学方法。讲授法的特点是信息量大、教学效率高、不受人数制约。其适用于讲授与事实相关的基础知识和抽象程度高、学科内容复杂的课程。

(2)基本环节

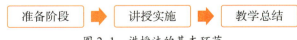

图 2-1 讲授法的基本环节

第一阶段:准备阶段。

首先,教师需要设定明确的学习目标。鉴于讲授法侧重向学生系统地传授有价值的知识,因此,这些学习目标应聚焦于学生在学习过程中展现出来的知识掌握程度及相应的能力表现。

其次，教师需要拟定和准备教学内容。例如，广泛收集有关资料，并按照内容的要点将材料加以整理，循序渐进、由浅入深地呈现主题。

最后，教师需要分析学生背景。尽管讲授法难以兼顾学生的个别差异，但学生的总体特点仍需要加以考虑。

第二阶段：讲授实施。

导入：所占时间较短，一般不超过 5 分钟，其作用是引起学生的注意和引发学生动机，也可将学生已有知识与所要讲授的教学内容建立内在联系。

讲授：按讲授提纲所罗列的内容逐一讲解。讲授的内容应尽可能地与学生原有的知识基础建立联系，契合学生的接受能力。同时，讲授要注意具有启发性。在讲授过程中，教师可不断地提出问题并解决问题，为学生提供科学地认识、解决问题的范例。

第三阶段：教学总结。

综合讲解内容的要点，将主要内容或结论再次展示给学生，使学生能够加深对这些问题的认识，形成对讲解内容的完整印象。

（3）教学示例

中职历史讲授法示例

1. 新课导入

通过多媒体呈现领导人关于"创新"一词的讲话，以此为切入点导入本课，强调"变化与创新"对于民族发展、国家建设的重要意义，以党和国家对创新高度重视的态度引起学生的关注，使之在潜移默化中意识到作为青年一代的使命担当。

2. 新课讲授

☆ 选官制度

（1）教师展示自商周至隋唐的选官制度表，引导学生对中国历朝历代实行的选官制度进行整体回顾。

（2）学生自主阅读教科书，了解九品中正制的相关内容，并根据教师提供的史料，理解九品中正制的变化。教师针对学生的回答作出评价和总结，强调九品中正制走向衰落的历史必然性。

教师讲授：南北朝时期，寒门势力迅速兴起，而门阀士族在政治上碌碌无为、军事上不求进取、生活态度上奢侈享乐。随着士族的衰落，维护士族特权的九品中正制无法继续下去，在这种时代背景下，必须建立或产生新的制度。

（3）学生阅读教科书，梳理科举制沿革发展情况。教师呈现隋炀帝至唐玄宗的皇帝画像，以加强学生对朝代的标识性记忆；强调科举制正式形成的朝代，并对"进士科""明经科"相关内容进行补充。

教师讲授：隋文帝为科举制的产生奠定了基础；隋炀帝时期创设了进士科，进士科的设置标志着科举制度的正式形成。这一点请同学们务必区分清楚。

教师补充：唐朝时，科举考试主要考试科目是进士科和明经科。其中，进士科堪称科举考试的最高等级，要求考生根据出题人给出的特定题目创作诗和赋，目的在于考查考生的随机创作能力和文学素养功底；明经科主要考试内容是儒家经典，考试方式有帖经和墨义，类似如今考试的填空题和简答题。由此，我们也可以看出进士科的考试难度远高于明经科。殿试是由皇帝亲自主持的考试，考中的读书人被称为"天子门生"，荣耀至极。

（4）教师呈现科举考试流程图，引导学生分析科举制的特点。

（5）学生阅读科举制的相关史料，探究科举制度对中国历朝历代的统治带来的影响。教师对学生的回答作出评价，并从不同角度总结科举制的影响。

（6）教师点评、总结。

（该示例由阜阳师范大学王宇提供）

2. 思维导图法

（1）含义

思维导图法是指在教学中使用思维导图作为工具完成课堂教学。思维导图又称为脑图（Mind-Map）或概念图（Concept-Map），是用于组织和表征知识的工具，它通常将与某一主题有关的概念置于圆圈或方框之中，然后用连线将相关的概念和命题连接，连线上标明两个概念之间的意义关系。

思维导图法采用画图方式，将思维重点、思维过程以及不同思路之间的联系清晰地呈现在图中。教师在教学中需要引导学生深度思考、关联相关知识，解决复杂问题时使用。通过思维导图法，学生在课堂中不再被动记忆教师的每句话，而是主动地对关键概念进行加工、分析和整理。

（2）基本环节

第一阶段：学生分组。

把学生组成2~4人的合作学习小组。

第二阶段：确定讨论议题和目标。

教师借助思维导图法，引导学生共同讨论一个中心议题，确定需要解决的问题和希望实现的目标，提出需共同遵循的原则和注意事项，鼓励每个人积极思考，引导保持主题方向。

第三阶段：小组讨论并展示。

教师宣布小组工作时间以及讨论结果的表达方式；发给每组二级卡片，要求把主要思维结果用关键词的形式记录下来；学生按顺序上讲台，把思考结果做 1 分钟解释，并把卡片展示到黑板上。在小组展示过程中，可把各组相同的卡片重叠到一起。

第四阶段：教师引导归类整理。

待各组全部展示完后，教师引导学生将卡片归类整理成若干大的方面。

第五阶段：再次讨论并展示。

教师继续发给各组 1~2 张卡片，要求各组就已归类的几个方面进行深度思考，并规定时间；之后重复第三步，继续由学生上台做解释并展示卡片。

第六阶段：形成思维导图。

此时学生展示的卡片形成一个图形，其基本特征是：中间为一个中心议题，往外是由若干个主要方面观点的卡片与中心议题连在一起，再往外是第二次思考后展示次要观点的卡片；用线条把这些想法根据前后次序和相关性连接起来，形成思维导图（一个紧密联结、互相交织的网络，所有内容都与主题相关联）。

（3）教学示例

"地方导游基础知识"思维导图法示例

1. 整体知识呈现

教师通过图片展示引导学生思考有关江苏省地理、交通、历史文化、民族与宗教以及旅游资源的内容，并带领学生学习江苏省概况，为下一阶段的思维导图运用打下基础。

2. 绘制思维导图

（1）初步认识：教师带领学生进行思维导图的初步认识，明确思维导图的绘制方法。

（2）任务布置：教师将全班分为五个小组，组员合作，运用思维导图绘制江苏省概况图，并在规定时间内分工协作完成导游模拟讲解任务，使学生学习理论知识的同时提升专业技能。

（3）教师巡回指导，纠正学生错误的知识思维逻辑。

3. 评价与总结

教师针对学生展示的结果，引导总结和点评。评价分"学生自评互评"和"教师点评"两种方式进行；展示优秀小组学生作品，回顾所学。

3. 头脑风暴法

（1）含义

头脑风暴法是教师引导学生就某一课题自由地发表意见，在发表意见的时候，教师不对其正确性进行任何评价。它是一种能在最短时间里，获取最多思想观点的教育方法。头脑风暴法的中心是针对各种问题，以小型会议的组织形式，让所有与会者在畅所欲言、自由愉快的氛围中交换想法，并以此激发其创意以及灵感，产生脑海的创造性"风暴"，最终实现解决问题的目的。

在职业教育教学实践中，头脑风暴法尤为适用于解决那些没有固定答案或标准答案的问题，甚至包括那些依据现有法规政策难以完全解决的实际难题。教师和学生可以借助头脑风暴法，共同探讨、搜集解决实际问题的意见与建议（这一过程也被称为建议集合）。通过集体讨论，集思广益，学生就某一课题形成自己的见解与建议。同学间的相互激励能够引发连锁反应，从而催生大量的创意与构想，这些构想经过进一步的组合与改进，最终能够实现创造性地解决问题的目标。

（2）基本环节

图 2-2　头脑风暴法的基本环节

第一阶段：教师确定讨论题目。

教师在备课的时候，要详细备教材，结合教材的内容，确定讨论的题目。讨论主题的确定需要具体、明确，不宜过大或者过小，也不宜限制性太强或太局限，题目应当专一，不要同时将两个或者两个以上的问题一起混淆讨论。在讨论开始的时候，教师可以先提出简单问题并进行演习。

第二阶段：教师要针对讨论题目组织学生展开"头脑风暴"讨论会。

要想获取良好的教学效果，需注意如下几点：

第一，教师应让课堂讨论有节奏感。先安排 3 分钟让学生提出设想，然后进行 5 分钟思考，再进行 3 分钟提出设想，反复交替，形成一种高效且良好的节奏。

第二，学生按照顺序"一个接一个"轮流发表自己的构想，如果轮到的人当时无新构想，可以跳到下一个，循环往复，新的想法就会出现。

第三，课堂讨论时，教师要求学生避免私下交流，以确保不会干扰其他学生的思维活动。

第四，参与者应尽量涵盖全体学生，以增强其竞争意识和好胜心。

第五，如果有领导在场，往往不利于学生自由地提出设想。因此，当教师邀请同事或学校领导参与时，这种场合只有在营造出充分的民主氛围下才适宜进行。

第六，课堂讨论应气氛轻松、自然愉快。教师可以先活跃一下课堂气氛，例如，教师同学生说说笑话，听段音乐，猜个谜，等等。

第三阶段：鼓励提出新设想。

在头脑风暴法的实施过程中，教师应精心组织，按照预先设定的逻辑或重要性顺序，对提出的各种设想进行编号，并记录下设想的数量。为了激励学生积极参与并勇于贡献新颖的想法，教师还可以设定一些具体的数量指标作为目标，比如"让我们在今天的讨论中至少提出十个独特的设想"。这样的做法不仅能够激发学生的创造力，还能鼓励他们跳出常规思维框架，勇于表达那些可能初看起来不那么成熟但充满潜力的创意。通过这样的方式，教师不仅能够收集到丰富的设想资源，还能培养学生的团队合作精神和解决问题的能力，让整个头脑风暴过程高效且富有成效。

第四阶段：归纳总结、评价筛选。

在头脑风暴会议结束后，教师须及时归纳总结，整理出所有提出的设想和建议。接着，教师应再组织一次小组讨论会，邀请之前参与头脑风暴的学生共同参与。在这次会议上，师生将对之前提出的所有设想进行细致评价和筛选。他们应基于创意的新颖性、可行性、实用性等维度，对每一个设想进行深入的分析和讨论，最终挑选出最具潜力、最符合当前问题需求的创意。通过这样的过程，不仅能够确保最终的创意方案是经过深思熟虑和精心挑选的，还能够增强学生的批判性思维和团队协作能力，使得头脑风暴法的应用达到最佳效果。

（3）教学示例

"景观创意构思"头脑风暴法示例

1. 教学对象：园林专业二年级学生，有一定专业基础。

2. 教学内容：设计某学校长廊边场地的对景。

3. 文件手册：教师课前印发材料。

（1）头脑风暴理论及案例。

（2）场地说明及示意图纸。

（3）课堂讨论要求及规则。

（4）课前准备之查询要点。

4. 实施过程和步骤

（1）课前准备：教师需要精心研究好头脑风暴教学法，深刻领会其主要内涵；分析把握这一阶段学生的接受能力及心理特征，提前几天把设计场地的材料和要求发到学生手中，给学生以酝酿的时间。最好能把头脑风暴的一些概念、案例过程或前几届学生的录像以视频的形式给学生观看，激活其灵感。

（2）主题呈现：上课后再把要设计的场地图片资料放映给学生观看，然后给学生留上一小段时间以蓄势。

教师：通过刚才的资料回放，大家应该都对这个场地的设计有了自己的想法。大家可以没有顾忌，天马行空地想象和讨论。请每个人都准备纸和笔，随时记录自己和别人的想法。

（3）轮流发言：教师宣布开始，按顺序让学生说出自己的方案；教师不做评价，只作为主持人维持秩序和局面。

教师：好了，我们现在开始。咱们首先按照座位顺序进行，每位同学要尽快说出自己的想法，注意时间的控制。

A：我认为对景应该是植物，我们常说要"三季有花，四季常绿"，在学校的长廊边有这样一片四季变化的植物是很好的。

B：我认为应该是个雕塑，植物太过普通，在学校里雕塑作为对景更有文化品位。

C：我认为应该是块石头，中国古代对石头的审美就是"瘦、皱、漏、透"，很有品位。

教师：大家尽可能放开想象，畅所欲言。

D：老师，我想的也是放个雕塑，前面说过了。

教师：可以大胆补充，咱们的发言是没有限制的。

E：我觉得可以是抽象的雕塑，如果是太过具体的话就没意思了，这跟前面那位同学说的中国石头很像。

F：我认为可以是建筑。

G：长廊本身就是建筑，我觉得旁边对景不应该是建筑。

F：建筑之间也可以互相看啊，为什么不能做成对景？

教师：大家先不要辩论，每个人先按顺序说自己的观点就可以了。

G：我认为是个微地形也可以。

…………

（4）发言探讨：大家都进行过自己的想法陈述后，可以自由发言。

教师：好了，每位同学都说了自己的想法，也都听了其他同学的想法，现在大家可以再把思想放开一点，举手发言，想到什么就说什么。

B：我认为建筑倒是可以做成对景的，只是要注意体量和尺度。如果太大，就和周围环境不协调了，做一个建筑小品就可以了。

F：我突然有一个想法，那里可以什么都不做啊！

教师：任何想法在这里都是受到鼓励的，大家继续。

F：什么都不做，可以有人活动，这也是一种对景。

A：围绕场地就算不做，也需要有点植物啊！

C：我觉得放个垃圾桶也不错。

C：这样也是功能性的体现。

教师：大家觉得不够尽兴，可以到黑板前来画画。

这时，有学生边说边来黑板前画自己的想法。

…………

（5）完毕总结：对于设计项目，每个人可能有自己的精彩想法。通过交流挖掘思维潜力，看到不足，发现别人的优点。

（二）职业教育特色教学方法

1. 任务引领教学法

（1）含义

任务引领教学法是以工作任务为载体，强调理论和实践的有机结合。教师根据教学内容设置相应任务，通过设计解决任务的方法与步骤，启发学生开展自主探究式学习和实践。学生在完成任务的过程中，掌握知识和技能，增强提出问题、分析问题、解决问题的综合能力。

（2）基本环节

图2-3　任务引领教学法的基本环节

第一阶段：创设情境，明确任务。

创设与当前学习主题相关的、尽可能真实的学习情境，供学习者观察、思考、操作，引导学生带着真实的任务进入学习情境，使学习直观化和形象化，使学习任务明确化。

第二阶段：分析任务，逐层分解。

确定任务后，教师需要在总体目标的框架上，把目标分成一个个小目标，并把每一个学习模块转化为一个容易掌握的任务，通过这些小任务来体现总的学习目标。同时，还要分析学生完成各个小任务所需要的各类信息资源，提供获取更多信息和资源的方法与途径，培养学生的自主学习能力。

第三阶段：自主学习、协作学习，完成任务。

任务明确后，学生需要围绕问题展开学习，可通过自主学习或协作学习开展探究活动。教师只提供解决问题的线索，而不具体告诉学生如何解决问题。同时，教师要注意启发、诱导，把活动主题引向深入，从而揭示问题的本质、规律。

第四阶段：总结评价。

总结评价主要包括两方面内容，一方面是对学生是否完成当前问题的解决方案的过程和结果的总结与评价，另一方面是对学生自主学习或协作学习能力的总结与评价。

（3）教学示例

"单片机应用技术"任务引领教学法示例

1. 提出任务

在回顾上一个任务"点亮彩灯"学习知识和技能的基础上，教师引入新课，给出"任务二 跑马灯"。

2. 呈现任务

教师在实验电路板上演示本任务要实现的"跑马灯"。请学生观察"跑马灯"的点亮效果，比较"跑马灯"与"点亮彩灯"的相同之处和不同之处，思考两者间的区别与联系。

3. 分析任务

请学生分析硬件连接和软件设计与"点亮彩灯"两者间的区别与联系，并对学生的回答进行记录和归纳。

4. 硬件实现

讨论分析，统一学生意见，给出电路连接图。

5. 程序设计分析

当单片机端口引脚输出低电平时，对应引脚外接的发光二极管被点亮；引脚输出高电平时，对应引脚外接的发光二极管不亮。学生讨论分析。

6. 程序编写步骤

（1）与学生共同分析程序设计，在文本编辑器中编写程序基本结构。

（2）与学生共同将文字叙述变成 C51 程序，并写出了主函数。

（3）与学生共同阅读程序：让学生读懂所设计出的程序，分析程序命令功能，将其注释在命令之后。充分听取学生的反馈意见。

7. 将 Keil C51 编译好的 hex 文件下载到单片机，观察效果

（1）用下载线连接好计算机和单片机，接通单片机电源。

（2）运行下载软件，将编译好的程序下载到单片机。

程序下载到单片机后，立即可从实验板上观察到单片机的工作效果。如果工作效果与预设的效果不一致，则说明程序有逻辑错误或硬件连接错误，仔细查找硬件连接和程序的逻辑控制，重复前面的步骤，直到硬件上实现了预期的效果。展示效果好的作品。

8. 程序修改（拓展练习）

在已编写好的程序上进行修改，完成不同的功能。一是让学生熟悉程序，熟悉命令，熟悉操作步骤；二是让学生充分发挥创意，通过修改程序改变控制功能，打开思路，提升创造力。

9. 归纳总结

总结任务在程序设计中用到了哪些知识。

2. 项目教学法

（1）含义

项目教学法是指师生通过共同实施一个完整的项目工作而进行的教学活动。在职业教育教学实践中，项目是指以生产一件具体的、具有实际应用价值的产品为目的的任务，它要求学生自己运用已有的知识和经验，通过亲手操作，在具体的情境中解决实际问题。

（2）基本环节

第一阶段：信息收集（确定目标/提出工作任务）。

一是开发一个与职业工作实践密切相关的项目主题，项目中有待解决的问题应同时包含理论和实践两个元素，所开发项目的成果应能够明确定义；二是将设计的项目融入课程教学之中；三是确保项目工作进行的空间、技术和时间等前提条件。

第二阶段：计划。

由学生独立设计项目实施的具体内容和方法并自主分配项目任务，包括各个工作步

骤综述、工作小组安排、权责分配、时间安排，教师应根据需要给学生提供相关资料与咨询服务。

第三阶段：决策。

学生通过调研、实验和研究来搜集相关信息，并决策如何具体实施完成项目计划之中的各项工作任务；多以大组或者小组工作的形式进行。

第四阶段：执行。

基于项目计划，学生通过调研、研究和实验，有步骤地解决项目实施过程中的各种问题；大多情况下以小组的形式进行。

第五阶段：检验评价。

一是成果汇报；二是检验、评价和讨论。

第六阶段：迁移。

项目教学法的一个重要目标是把项目成果迁移运用到新的同类任务或项目中。迁移可作为附加教学阶段，也可与教学评价相结合。然而，学生迁移运用的能力并非能直观展现，而是在完成新任务的过程中得以体现。

（3）教学示例

"投标书制作"项目教学法示例

一、项目目标

1. 阐述制作投标书的主要目的，明确其在实际商业活动中的重要意义。

2. 识别并列出投标书中包含的关键内容要素。

3. 独立完成一份针对特定物流服务需求的投标书制作，包括服务方案、成本预算、执行计划等方面。

二、项目安排

授课对象：物流专业二年级学生。

项目形式：学生以小组形式参加，每组由4人构成。

项目学时：6学时。

三、项目要求

1. 场合、媒体、道具要求

教室、工作台、招标书及相关资料、纸张、笔。

2. 制作内容要求

在制订物流方案的过程中，需对客户历年来的各种数据做全面的分析，找出成本高的项目,对高成本的操作用较低成本的操作替代。一个物流公司的方案实施是以它掌握和控制的低成本资源决定的,因此物流解决方案必须先介绍本公司优于竞争对手的方面,再针对需求制订切实可行的物流操作方案。

四、项目的实施步骤

1. 熟悉招标文件(1学时)

在投标之前,必须认真研究招标公告、投标人须知、招标企业的情况简介和承包合同的条件,弄清楚投标的起止日期、招标范围的大小、现场调查与文件澄清的时间和地点及风险抵押金的数额等。

2. 项目可行性研究(1学时)

主要对以下项目进行分析:

(1)综合技术分析:完成项目需要的各类工作量、项目实施需要的技术能力及技术上能否满足项目需求。

(2)周期分析:分析项目实施的复杂程度、物资供应情况以及能否按期完成任务。

(3)人员素质分析:根据项目的复杂程度,分析配备人员的技术、体力、思想素质,评价其完成任务的能力。

(4)投标人承受能力分析:投标人的承受能力、物资供应状况,以及能否按质、按量、按时实施项目。

(5)资金分析:分析资金来源的可靠性,评价保障合同履行的资金状况。

(6)利润分析。

(7)竞争情况分析:了解竞争者以往投标的报价水平和履行、资信等情况,对比初步判断自身的优劣势。

(8)风险预测。

在上述分析研究的基础上对投标项目的技术可靠性、经济合理性、实施可行性等方面进行综合分析评价,从而对投标的必要性、可能性作出判断,决策是否投标。

3. 编制投标报价(1学时)

根据定额分析、单价分析、成本计算以及目标利润,确定标价并编制报价材料。

4. 编制投标文件——标书(2学时)

标书的编制主要包括以下几点:

(1)标书应内容完整、文字简洁、质量过硬。

(2)标书文件分正、副本,并标注有关字样,评标时以正本为准。

（3）标书文件包括：投标书、投标者资格和资信证明；投标项目（设备）方案及说明；投标价格表及货物说明一览表；招标文件中规定应提交的或投标方认为需加以说明的其他资料；投标保证金。

（4）提供反映投标企业历史、资金、技术、质量、管理、服务及成就等方面优势的资料，无论招标人要求与否，都要主动提供这些资料。

（5）投标文件使用的数据、单位和符号要符合规定的标准。

五、项目成果的展示和评价（1学时）

1. 成果展示（30分钟）

由各小组或者由各小组选派的一个或多个代表汇报其项目成果。汇报形式可以多种多样，如采用PPT演示，向所有学生或者企业代表展示学生的项目成果。

2. 成绩评定（10分钟）

3. 教师总结（5分钟）

3. 案例教学法

（1）含义

案例教学法是为了达成一定的教学目标，在教师的指导下，由学生对选定的具有代表性的典型案例进行有针对性的分析、审理和讨论，形成自己的判断和评价，从而实现教学内容的学习的教学方法。案例教学法属于典型的归纳教学法，从个案出发，推导到普遍，并让学生理解；案例教学强调先学后教，实际上也是一种"做中学"的形式。

（2）基本环节

案例开发在案例教学法的实施过程中占据着举足轻重的地位，也是众多教师在实践操作中面临的难点之一。鉴于此，本节对案例开发的基本环节进行了全面且系统的梳理，并整理成如表2-2所示的清晰框架。

表2-2　案例开发基本环节

基本环节	步骤要求	形成文件/成果
选定教学主题和教学目标	选择一定的教学主题，明确教学目标，初步判定该主题是否适用案例教学法。	教学主题和教学目标
搜集案例素材	根据教学目标和案例选择的原则，搜集合适的案例素材，也可以是教师自身的经历。	案例素材

（续表）

基本环节	步骤要求	形成文件／成果
案例改编	根据案例教学法的要求，将案例素材改编成具有标题、故事主线和核心人物的案例。	案例初稿
评价、修改案例	根据案例评价的标准评判案例与教学目标的匹配性，修改、完善案例。	案例修改稿
设定教学任务	根据教学目标，遵循问题设计的原则，设定基于案例材料的教学任务（拟定问题）。	教学任务

在案例开发的过程中，教师需要不断反思和调整自己的开发策略，以确保案例能够真正服务于教学目标，切实提升学生的学习成效和综合素养。同时，教师还应积极借鉴他人的成功案例和开发经验，不断丰富和完善自己的案例库，为案例教学法的深入推进提供有力支持。

案例教学法在专业教学中的实施流程，涵盖了教学设计阶段、教学实施阶段以及教学评价阶段。这三个阶段共同构成了一个完整且高效的教学流程，如图 2-4 所示。

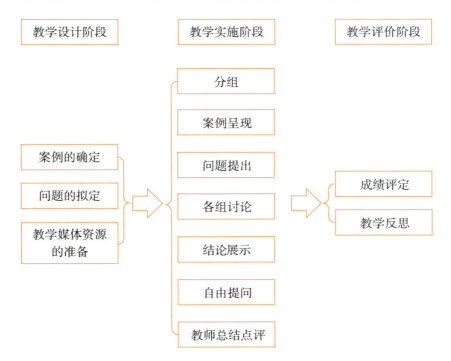

图 2-4 案例教学法在专业教学中的实施流程

（3）教学示例

"市场营销实务"案例教学法示例

【学习内容分析】

本课"认识产品"是"实施产品策略"的主要内容之一。对产品的认知程度，会直接影响学生对后续产品策略的学习。从内容类型来看，"产品的整体概念"是本节课的重难点。学生应能够区分产品整体概念的三个层次，并熟练运用这三个层次进行产品介绍。这种综合能力的培养，适合使用案例教学法开展授课。

【教学目标设定】

依据课程标准、教学内容、学生特征、职业素养，设定教学目标如下：

1. 知识目标：说出产品整体概念的三个层次的定义及其具体表现。

2. 技能目标：能根据不同产品，区分出其三个层次及具体表现；针对不同类型产品，能运用产品整体概念的三个层次有侧重地进行产品介绍。

3. 素养目标：增强团结合作、勇于创新的意识。

【案例正文】

夏天快到了，小吴想起去年40 ℃的高温天，卧室原来的空调老旧，制冷很慢，于是决定在今年酷暑到来之前，买一台新的空调。

小吴考虑到自己的预算，决定选择性价比高的国产空调，在购物App上输入"空调"并做好价格筛选，海尔、格力、美的、TCL、奥克斯、小米等品牌的空调出现在推荐商品列表中。小吴注意到，不同空调能耗不同，他想要选一台更节能的；小吴对家电外观也有要求，新空调要颜值高，外观简约；此外，他想起自己之前的那台空调，拆卸麻烦，不易清洗，这次他要选一台自动清洁、便捷拆洗的空调；空调的平均使用寿命为12年，因此售后服务也很重要，在挑选过程中，要注意空调的保修期。综合各种因素，小吴选出了这几台空调：

1. 海尔（小超人）：适用面积16~24 m²，专利自清洁，一键PMV模式（一键自动根据环境调整运行模式，舒适节能），高频急速制冷制热，低噪运行，新一级能效，智能Wi-Fi物联，外形简约，整机10年免费包修。

2. 美的（酷金）：适用面积11~17 m²，酷省电模式省电21%，四向扫风，高频制冷热，一键智能清洁，一键防直吹，可远程操控，整机6年质保。

3. TCL：适用面积15~22 m²，专利双节能模式，电量可视化，第五代高温自清洁，便捷拆洗清洁，30 s 速冷、60 s 速热，无线智能远程操控，简约时尚风，整机 6 年质保。

以上产品均可上门免费安装，提供以旧换新补贴。

【思考题】

1. 个人思考：小吴购买新空调的目的是什么？

2. 小组讨论：你们在帮小吴挑选空调时，关注了产品哪些方面的特征？

3. 如果你是小吴，你会选择购买哪一款空调？决定购买这款空调的关键理由是什么？

4. 结合产品整体概念的三个层次，将下表补充完整：

空调的核心产品层次	
空调的有形产品层次	
空调的附加产品层次	

5. 合作任务：请以小组的模拟公司为单位，选择公司的一款代表产品，完成对公司产品的层次分析，并聚焦产品卖点进行产品宣传展示。

任务完成要求及提示：

（1）小组讨论，分析模拟公司产品的核心产品、有形产品、附加产品分别是什么。

· 有形产品至少包含 2 个具体表现（品牌、品质、包装、形态、特征等）。

· 附加产品至少包含 2 个具体表现（提供信贷、送货、维修、技术培训、安装等）。

· 记录员负责记录讨论结果。

（2）小组讨论如何介绍产品的三个层次及产品的主要卖点，确定上台汇报的人选。

（3）小组汇报，聚焦产品卖点进行产品宣传展示（2~3 分钟）。

· 内容真实正确：包含三个层次（核心产品、有形产品、附加产品），有侧重地进行产品介绍。

· 时间把控到位。时间控制在 2~3 分钟内。

· 团队配合默契。

· 讲解清晰，感情充沛。

（该示例由上海市商贸旅游学校徐明月提供）

4. 角色扮演法

（1）含义

角色扮演法一方面是要求学生扮演一个特定的管理角色，从而观察他们的不同表现，了解其心理素质和潜在能力的一种测评方法；另一方面又是根据情景模拟，要求学生扮演指定行为角色，并对行为表现进行评定和反馈，以此来帮助其发展和提高行为技能的一种培训方法。

（2）基本环节

表 2-3　角色扮演法基本环节

阶段	任务	
准备	确定学习目标和学习领域	
	阐明角色扮演类型	合作式或对立式
		每个角色的扮演者人数
	对整体过程进行安排和分配	工作岗位（角色）数
		目标、工作内容和工作岗位的界定
	计划和组织扮演过程	包含／不包含角色更换
		包含／不包含中期评价（讨论）
		构思改善意见，检验改善措施效果
		时间分配
	设计工作手段	普遍应用于所有岗位
		个性化，应用于个别岗位
	设计学习材料	描述扮演情境
		描述组织情况和扮演流程
		描述工作岗位（角色）
实施（包括计划、决策、执行三个阶段）	测验：检验学生在独立学习过程中掌握的知识（与学习材料相关的知识）	
	就工作岗位和学习材料问题给予指导	
	监督开始、结束的时间	
	必要时引入干扰事件	
	如有需要，教师要回答问题和提供必要帮助	
	负责主持关于中期和末期评价的讨论	
	剧目排练，以确定改善意见和时间需求	
评价	学生的认知水平与能力水平是否得到提高	

（3）教学示例

"汽车4S店展厅接待"角色扮演法示例

一、教学对象

市场营销专业学生，有一定专业基础。

二、实施过程

（一）准备

阐明教学目标，引入学习情境（15分钟）。

教师PPT呈现学习情境，明确扮演目标：实现交易。

教师呈现支架问题，引领学生归纳展厅接待流程。

顾客角色的任务	充分了解自己预算范围内不同车型的性能、优缺点，为下一步选车决策做好准备。
展厅销售顾问角色的任务	成功破冰，在确认客户类型基础上通过引导和提问需求，推荐商品。
观察员角色的任务	设计观察员记录表。

（二）计划

学生设计并选择脚本。

1. 教师组织分组（3分钟）。

2. 学生计划：分发道具和扮演需要的材料，各角色熟悉自己的任务，搜集完成任务需要的知识和技能（60分钟）。

（三）决策

在计划阶段形成的不同脚本中，在教师的帮助下选择最优的表演脚本。

（四）执行

销售顾问、顾客进行角色扮演，观察员负责观察记录，教师需要记录、观察学生学习过程中所掌握的知识和技能。必要时，教师引入干扰事件。

（五）评价

1. 小组自评

评价依据：每个岗位角色的任务、内容、目标要求；组内每个角色个人的体验、反思；观察员的记录。

评价内容：

· 教学内容、目标与本次角色扮演成果对比分析。

· 针对角色扮演的结果、观察到的不足、障碍、质量和组织等问题进行集体讨论。

> · 时间的把握、超出预计的意外情况。
>
> · 分析问题产生的原因，提出改进建议。
>
> **2. 展示评价**
>
> 小组展示组内评价反思结果，其他小组对比参照进行评价。
>
> 教师引导全班集体讨论各小组结果，进行整体性原因分析。
>
> 教师归纳总结各小组的改善建议，集体确定下次角色扮演中的改善建议。
>
> （该示例由市场营销国培老师马丽提供）

5. 模拟教学法

（1）含义

模拟教学法是指在模型的辅助下，依据时间发展顺序，按照事情发展的逻辑顺序、依存关系以及相互作用来复制事件或流程（过程）的教学方法。模拟教学法通过采用仿真模型（模拟器）以取代真实情况（原型），这些原型被有目的地简化，并且按照时间发展顺序，塑造出原型的基本特征以及功能关系。

（2）基本环节

图 2-5　模拟教学法的基本环节

第一阶段：准备。

确定学习目标和学习领域。

解释模拟法应用的类型（演示、训练、功能测试或模拟实验）。

开发学习材料，开发真实系统的仿真模型（模拟器）。

第二阶段：计划。

检测学生在自学中掌握的知识（学习材料）。

指导学生对模拟试验的运行情况做计划。

第三阶段：实施。

指导学生独立操作模拟器。

回答操作中出现的问题，必要的时候提供帮助。

观察工作进程，搜集反复出现的问题以及需要完善的条件。

第四阶段：评价。

各小组汇报结果，包括所得结论及采用的操作方法，由教师及同伴对其进行评价。

组织其他小组的同学提问交流，教师也参与提问。

第五阶段：反馈。

对模拟教学过程进行回顾与总结。

根据学生在模拟教学中的表现进行成绩评定。

（3）教学示例

"探索牛鞭效应"模拟教学法示例

一、教学内容

牛鞭效应产生的原因；消除或者减小牛鞭效应的对策。

二、教学过程

1. 介绍情境

此次教学将在模拟 P&G 公司洗发水供应链系统中进行。学生分别模拟零售商、司机、批发商和制造商等角色进行订货作业。

2. 模拟角色分工（5分钟）

3. 分发道具（3分钟）

4. 明确角色任务（10分钟）

阅读各角色资料卡，教师说明相关注意事项，在黑板上画出操作流程示意图。

5. 进行模拟（55分钟）

6. 利润统计（12分钟）

统计各自存货、欠货、销量以及利润情况，上交各自表格以及统计数据。

7. 分析探讨

（1）小组反思（10分钟）

（2）各组讨论发言（20分钟）

8. 教师总结（5分钟）

三、教学评价

"牛鞭效应"是较抽象的理论，通过情境，引导学生亲身感受到需求的变动，深刻体会理论的内涵。需要注意的是，教师应合理把握教学过程中的时间及现场状况。

6. 四阶段教学法

（1）含义

四阶段教学法是指将整个实践教学过程划分为准备、教师示范、学生模仿及练习总结四个阶段开展程序化技能操作培训的教学方法。

（2）基本环节

| 准备 | 教师示范 | 学生模仿 | 练习总结 |

图 2-6　四阶段教学法的基本环节

第一阶段：准备。

教学用具的准备；熟悉学生情况并进行分组；教师创设情境引入知识，通过设置问题情境，说明掌握所学内容的重要意义来调动学生的学习积极性。

第二阶段：教师示范。

理论讲解和实例示范。教师系统讲授基本知识，采取不同的案例进行专题讲授，增强学生对知识的理解。

第三阶段：学生模仿。

教师设置案例情境，学生独立示范；教师巡查纠错；每个小组代表总结操作要点。

第四阶段：练习总结。

学生在模仿的基础上进行练习；教师需要检查学生的练习情况，对不足之处指出纠正；对任务完成情况，各组内部进行评定交流；对于学习目标是否达成进行总结，如未达成，找出原因，并继续练习，直到达成目标、完成任务为止。

（3）教学示例

"秘书接待工作"四阶段教学法示例

一、教学对象

中职文秘学生。

二、教学内容

通过学习秘书日常接待工作的规范礼仪知识，掌握日常接待技能，并能熟练地以规范的礼仪完成日常的接待工作。

三、教学设计

1. 学习秘书日常接待工作礼仪的准备

教师准备秘书日常接待常识资料、案例文本资料（纸质文件资料或 PPT）及秘书日常接待礼仪教学短片。

案例文本

当来访客人走进某药业集团有限公司经理办公室时，鲍秘书正在办公桌前打印一份文件，他向客人点点头，并伸手示意请客人先坐下。10

分钟后，他起身端茶水给客人，用电话联系好客人要找的部门，在办公桌前起身向客人道别，并目送其走出办公室。为此事，鲍秘书受到了办公室主任的批评。为什么鲍秘书受到了办公室主任的批评？

教师在上课时先把案例文本发给学生（或用 PPT 展示），激发学生学习秘书日常接待知识的兴趣。

2. 教师示范秘书日常接待的礼仪动作

先请两个学生分别扮演秘书和来访客人，依据案例文本中的情境表演秘书接待来访客人的过程。表演结束后，让其他学生对两人的表现发表各自的看法，并让参加表演的学生谈谈进入角色的感受。

教师对学生的评价感受进行概括归纳，找出秘书被办公室主任批评的原因：对待来访者不热情、不礼貌、不周到。讲解归纳规范的接待礼仪要求。

归纳完毕后，教师和另一个学生分别扮演鲍秘书和来访者，给学生展示秘书接待来访者的规范礼仪，并播放秘书日常接待礼仪教学短片。

3. 学生模仿演练鲍秘书接待来访者的礼仪言行

学生三人一组（分别担任秘书、来访者、旁观者的角色）进行模仿演练，并互换角色进行强化练习。教师这时充当观众的角色，及时发现问题并纠正。

布置适当的课后模拟练习，并在下一节课时检查学习效果。

4. 总结秘书日常接待知识要点

学生根据练习的感受和预习教材内容，书面总结秘书日常接待知识要点。

教师在学生总结的基础上，进行补充和校正，并将课前准备好的秘书日常接待常识资料发给学生（或用 PPT 展示）。

以上是三种通用教学方法和六种职业教育特色教学方法的含义、基本环节及教学示例，为方便查阅，整理如表 2-4 所示。

表 2-4　各教学方法汇总表

教学方法	含义	适用范围 / 特征	环节 / 流程
讲授法	教师主要运用语言方式，系统地向学生传授专业知识，传播思想观念，从而发展学生思维能力，开发学生智力。	讲授与事实相关的基础知识和抽象程度高、学科内容复杂的课程。	准备阶段 讲授实施 教学总结

（续表）

教学方法	含义	适用范围/特征	环节/流程
思维导图法	在教学中使用思维导图作为工具完成课堂教学。	在教学中需要引导学生深度思考、关联相关知识、解决复杂问题。	学生分组 确定讨论议题和目标 小组讨论并展示 教师引导归纳整理 再次讨论并展示 形成思维导图
头脑风暴法	教师引导学生就某一课题自由地发表意见，在发表意见的时候，教师不对其正确性进行任何评价。	适用于解决没有固定答案的或没有标准答案的问题、不能够完全解决的实际问题。	确定讨论题目 "头脑风暴"讨论会 鼓励提出新设想 归纳总结、评价筛选
任务引领教学法	以工作任务为载体，根据教学内容设置任务，通过设计解决任务的方法与步骤，启发学生自主探究式学习和实践。	学生在完成任务的过程中掌握知识和技能，培养学生提出问题、分析问题、解决问题的综合能力。	创设情境，明确任务 分析任务，逐层分解 自主学习、协作学习，完成任务 总结评价
项目教学法	师生通过共同实施一个完整的项目工作而进行的教学活动。	项目是以生产具体的、具有实际应用价值的产品为目的的任务，要求学生运用已有的知识和经验，亲手操作，解决实际问题。	提出工作任务、计划、决策、执行、检验评价、迁移
案例教学法	为了达成一定的教学目标，教师指导学生对选定的具有代表性的典型案例，进行有针对性的分析、审理和讨论，从而实现教学内容的学习的教学方法。	属于典型的归纳教学法，从个案出发，推导到普遍；强调先学后教，是一种"做中学"的形式。	分组、案例呈现、问题提出、各组讨论、结论展示、自由提问、教师总结点评
角色扮演法	根据情景模拟，要求学生扮演指定行为角色，并对行为表现进行评定和反馈，帮助其发展和提高行为技能。	适合于对行动过程的体验。	准备、计划、决策、执行、评价
模拟教学法	在模型的辅助下，按照事情发展的逻辑顺序及其依存关系和相互作用来复制事件的教学方法。	通过对事件或者流程的模拟，来达到教学目的。	准备、计划、实施、评价、反馈

（续表）

教学方法	含义	适用范围/特征	环节/流程
四阶段教学法	将整个实践教学过程划分为准备、教师示范、学生模仿及练习总结四个阶段开展程序化技能操作培训的教学方法。	程序化技能操作的学习。	准备、教师示范、学生模仿、练习总结

在一堂课中，教师依据教学目标、教学内容、教学对象等因素选择合适的教学方法，且教学方法的使用不一定局限于某一种，一堂课可以使用多种教学方法。例如，案例教学法和角色扮演法组合使用、讲授法和思维导图法组合使用，等等。通过灵活运用多种教学方法，教师可以创造出更加丰富多元、互动高效的学习环境，从而有效促进学生的学习与发展。

三、教学方法选择与使用的注意事项

（一）教学方法的选择

1. 教学方法与教学目标

教学目标是教师和学生从事教学活动的指南和出发点，是影响教学方法选择的重要因素。一般来说，教学目标包括认知、情感和动作技能三个领域，每个领域又由低到高分为若干层次，教师应根据不同领域或不同层次的教学目标选择相应的教学方法。例如，对于知识性内容的教学，讲授与测试通常是实现教学目标的有效途径。通过教师的系统讲授，学生能够快速获取并理解基础理论知识，而后续的测试环节则有助于检验学生的学习成效，巩固记忆，确保知识掌握的准确性与全面性。然而，对于技能性内容的教学，单纯依赖讲授法则显得力不从心。技能的培养是一个实践导向的过程，要求学生通过反复练习，将理论知识转化为实际操作能力。因此，技能性内容的教学必须强调"做中学"，即让学生在实践中学习，在学习中实践，从而真正掌握并内化技能。

2. 教学方法与教学内容

教学内容的分析是选择教学方法的重要环节。不同学科或课程性质的教材，应采取不同的教学方法。某一学科中的具体内容的教学又要求采取与之相适应的教学方法，要根据教材的性质和具体教学内容的特点来选择恰当的教学方法。

3. 教学方法与教学对象

教学方法的选择须以学生的基本特征为前提，教师的教是为了学生的学，教学方法要适应学生的基础条件和个性特征。一是了解学生的一般特征，主要是指学生的心理、生理和社会性特点；二是了解学生的起始能力，主要是分析学生从事特定专业课程内容学习的准备状态，即已经具备的有关知识与技能基础，以及学习态度；三是了解学生的学习风格，学习风格是指对学生感知不同刺激，并对不同刺激作出反应这两方面产生影响的所有心理特征。教师应注重从学生实际出发，选择能促进和发展学生学习独立性的方法。

4. 教学方法与教师

教师是运用教学方法的重要主体，是教学活动的组织者和策划者。不同教师在教学观念、教育与学习理论知识的储备、语言表达能力、教学研究能力、媒体应用能力、教学经验与教学风格等方面存在个性化差异，这在一定程度上影响着教学方法的选择。任何一种教学方法，只有适应教师的素养条件，并能为教师充分理解和把握，才有可能在实际教学活动中有效地发挥其功能和作用。因此，教师在选择教学方法时，应充分考虑自身因素，扬长避短，选择符合自身条件、自己熟练掌握的教学方法。

5. 教学方法与教学条件、环境

任何一种教学方法的开展都离不开一定的条件。教师在选择教学方法时，除了要考虑教学目标、教学内容、教学对象以及自身情况外，还需结合实际的教学条件与教学环境。一方面，要充分分析、挖掘、利用、整合现有的教学资源，为教学方法的选择提供依据，使其服务于教学；另一方面，教学方法的选择不应超越实际的教学条件与教学环境，避免因设备等硬件条件的短缺而影响教学效果。

（二）教学方法使用时的注意事项

1. 避免过分强调教师主导作用，忽视学生主体作用

在教学方法的运用过程中，教师是课堂教学的组织者与主导者。但实际教学中，部分教师往往过分强调自身的主导地位，忽视了学生的主体作用，无视学生自身的主观能动性，导致学生在课堂中缺乏良好的参与感。

2. 避免过分强调多媒体作用和效果

具体表现在以下几个方面：一是使用多媒体完全替代板书；二是缺乏与学生的有效互动，教师依赖于 PPT 内容，课堂变成了教师念 PPT 或学生自行阅读 PPT；三是缺乏个

性化的教学设计，教师应根据不同的教学方法、学情、教学目标等重新调整多媒体课件内容，而不是使用一成不变的多媒体课件进行授课。

3. 避免过分强调教学方法，忽略教学目标

过于看重教学方法，将教学方法理解成教师和学生必须遵守的操作维度和程序环节，严格按照教学方法的步骤进行教学，而忽略了教学目标。教学方法本身应该是开放的、生成的，教学方法本身并不规约教学目标。因此，在教学方法运用的过程中，教师应紧紧围绕教学目标开展教学活动。

4. 避免过分强调教学方法的普适性

没有一种教学方法能普遍适用于所有教师和所有教学主体。不少教师想要寻求具有情境普遍性的教学方法，即可以在任何一个教学场景使用的教学方法，这显然是对教学方法的误解。任何一种教学方法都无法与教学情境割裂，不存在一种适合于所有教师、所有学生、所有学科的教学方法。

5. 避免教学方法名称的泛化

教师在描述自己运用了何种教学方法时，在教学方法的名称上不够严谨。误区之一是将自己的教学过程描述为教学方法，例如"教师讲授、实践操作""组织学生讨论，以提问的形式让学生理解巩固知识""讲授、提问、示范作画、讲评学生作业"；误区之二是在自己的教学操作之后加上"法"字，就成为一种教学方法，例如"创设情境法""多媒体教学法"。教学方法类型多种多样，本书难以一一罗列其规范名称，建议教师在确定教学方法名称时，查阅相关权威资料，确保教学方法名称的准确性。

参考文献：

［1］国家教委职业技术教育中心研究所.职业技术教育原理［M］.北京：经济科学出版社，1998.

［2］赵志群，白滨.职业教育教师教学手册［M］.北京：北京师范大学出版社，2013.

［3］王允庆，孙宏安.教学策略设计［M］.北京：科学出版社，2018.

［4］李秉德.教学论［M］.北京：人民教育出版社，2001.

［5］荷烈治，哈尔德，卡拉汉，等.教学策略——有效教学指南：第八版［M］.牛志奎，译.北京：中国人民大学出版社，2011.

［6］郑金洲.教学方法应用指导［M］.上海：华东师范大学出版社，2006.

［7］钟启泉.教学方法：概念的诠释［J］.教育研究，2017（1）：95-105.

［8］于萍，徐国庆.当前职业教育教学方法发展趋势研究［J］.职教论坛，2011（33）：16-19.

［9］张立昌.教学方法的选择：从主体需要维度的"另类"思考与实践启示［J］.教育理论与实践，2006（1）：34-37.

［10］余闻婧.教学方法即教师——存在主义视域下教学方法与教师的关系分析［J］.教育发展研究，2011（8）：47-52.

［11］刘育锋.论职业教育教学方法分类［J］.职业技术教育，1997（11）：18-20.

［12］何文明.我国职业教育教学方法研究述评［J］.职业技术教育，2011（25）：41-46.

［13］吕永贵，高雨吉.职业教育现代教学方法体系的构建［J］.职业技术教育，2000（22）：4-5.

第三章　课堂导入

　　课堂导入是开展课堂教学的起始环节，也是影响整节课教学质量的重要因素。课堂导入对广大职业院校教师来说并不陌生，但却是容易被忽视的环节。一个精心设计的导入，不但可以激发学生的学习兴趣，迅速将其注意力转移到课堂中，而且可以在学生已有认知与后续学习之间搭建"桥梁"，是教师顺利开展新课教学的基础。在实际教学中，教师需要根据关联性、灵活性、适度性、参与性等原则选择合适的导入方式。

一、对课堂导入的理解

（一）课堂导入的含义

　　课堂导入是课堂教学的首要环节，虽只有短短几分钟，却发挥着重要的作用。课堂导入关键在于"导"与"入"两字，"导"是教师以教学内容为目标，用巧妙的方式引导学生进入学习状态，"入"则是让学生愉快地进入师生交流。[①] 结合教学实际，可将课堂导入阐述为：在课堂开始的前几分钟内，教师围绕教学目标，巧用各种方式引导学生进行课前心理准备并快速有效地进入学习的教学行为方式，是教学的一个重要环节。

（二）课堂导入的功能与价值

1. 课堂导入的功能

　　课堂导入的功能在于在开始新的学习之前有效地帮助教师将学生的注意力集中到课堂上，运用相关技巧激发学生学习的动机与兴趣，从而快速实现活跃学生思维，使其进入学习状态的目标。[②] 考虑到课程之间的差异性、前后课次的衔接性、学生认知能力以

---

① 王飞.关于高中英语课堂导入有效利用的探究［D］.上海：华东师范大学，2009：3.
② 周庆元.语文教学设计论［M］.南宁：广西教育出版社，1996：95—96.

及思维特点，经过精心设计的课堂导入一定程度上唤醒了学生的原有认知，在已知与未知间搭建"缓冲地带"，为其向新的学习内容有效过渡搭建"脚手架"，同时也为教师正式授课做好了铺垫，更是体现课堂教学不同环节设计的结构化水平，承载教与学的合理有序开展。

2. 课堂导入的价值

课堂导入于学生、教师、课堂本身而言，都有其不可忽视的价值。

（1）于学生而言，课堂导入的价值在于调动学习热情、激发学习需求，开启思维，使其积极思考并建构个人的学习意义。[1] 以往的课堂导入多以教师为中心，注重为学习内容做好铺垫，因此更多讨论的是将知识按阶梯式进行排列，用"简单的知识"导入"复杂的知识"。现代课堂教学逐渐从"以教为中心"向"以学为中心"转变，更注重学生的主动学习和深度学习，课堂导入也应适应这种转变，致力于为促进学生深度学习创造有利条件。

（2）于教师而言，有效的课堂导入通过活动、情境、任务等的设置，渲染了课堂氛围，巧妙地将学生注意力转移到课堂，转移到书本，为正式教学做铺垫，一定程度上体现了教师的教育教学机智。

（3）于课堂本身而言，课堂导入是课堂教学的首要环节，导入效果好坏直接影响后续教学进展与成效。同时课堂导入的存在本身也是为了更好地服务师生的教与学，奠定课堂教学的基调。

二、课堂导入的常用方式

综合考量使用频率、职教课堂教学特色、课程类型特征、学生认知特点等因素，本部分主要介绍预习导入、复习导入、提问导入、直观导入、实验导入、讨论导入、角色扮演导入、情境导入和案例导入等 9 种课堂导入常用方式。

（一）预习导入

1. 含义

预习导入是教师提前给学生布置预习任务，让学生在正式课堂开始之前对即将学习的主题有初步了解和思考，并在课堂上通过对预习结果的分析、有针对性地展开问答或讨

---

[1] 吴松年 . 有效教学艺术［M］. 北京：教育科学出版社，2008：62—78.

论等互动形式导入的一种方式。通过预习，学生可以提前了解新课内容，激发其好奇心和求知欲，为新知识的接收打下基础，从而更加主动地参与到课堂学习中来，同时可以培养学生的自主学习能力。预习导入的适用范围非常广，几乎可以涵盖所有类型的课程。

2. 操作要点

（1）教师需提前设计与即将教授的课程内容密切相关的预习任务，并提供清晰的指导说明，以确保学生能够开展针对性的预习。

（2）教师应为学生提供多样化的预习材料，既包括传统的阅读资料，也可以是音视频、图表或互动式的数字资源，以适应不同学习风格的学生。

（3）教师对预习结果反馈的学情进行深入分析与评估，并以之为教学起点。在课堂上，教师可以通过教学平台展示学生预习结果，也可以通过提问、小测验或其他互动形式来检查学生的预习情况，并根据反馈结果调整教学内容和方法。

3. 示例

计算机与数码产品维修——笔记本电脑检测与维护

课前预习：教师布置预习任务

（1）在教材上查阅"显卡"相关知识。

（2）观看教学平台上的"显示故障排查"微课视频，并根据视频内容完成两道故障排查题目。

课中导入：

上课过程中，教师呈现课前学生故障排查结果，请学生代表上台讲解"显卡"相关知识要点，并分享其课前两道"显示故障排查"题目的解题思路。教师将学生排查思路流程图与故障实例题库中标准排查思路流程图进行比对，引导学生总结显示故障的"观察"要点，顺势进入本次课的笔记本电脑检测与维护任务中来。

【示例分析】通过学生分享课前预习结果与教师点评，帮助学生掌握显示故障排查思路中的"观察"要点，初步建立起"观察—检测—诊断"的笔记本电脑显示故障排查思路。

（该示例由上海市第二轻工业学校徐燕提供）

4. 使用建议

（1）预习任务应该与新课内容直接关联，要具体明确，最好有一定的"载体"，如观看微课、完成问卷调研、练习等，要让学生明白预习的目的和意义，以激发学生的学习兴趣和动力。

（2）预习任务呈现差异性，考虑不同学情的学生，并为所有学生提供相应的预习材料和必要的学习支持。鼓励学生提出预习中遇到的问题，以便在课堂上讨论解决。

（3）预习任务应具有适度的挑战性，既不能过于复杂导致学生产生挫败感，也不能过于简单而缺乏激发思考的效果。

（4）教师需要及时评价并反馈学生的预习成果，以确保学生掌握的知识和技能的准确性。

（二）复习导入

1. 含义

复习导入是教师提前给学生布置复习任务，通过复习与所授新课相关的知识内容建立起新知与旧知间的关联，从而为新课教学做好铺垫的一种导入方式。通过回顾先前所学知识，有助于学生巩固已学知识，为学习新知识打下坚实基础。同时，它还能帮助教师了解学情，更好地调整教学策略，满足学生差异化的学习需求。复习导入与预习导入的区别在于，前者对学生来说是学过的内容，旨在巩固与强化；后者对学生来说是未知的内容，旨在建立新知与旧知之间的联系。

2. 操作要点

（1）教师应精心选择与新授课内容相关联的知识点设计复习任务，并通过提问、小组讨论、展示、快速测试等方式引导学生回顾和梳理这些知识。

（2）教师应关注学生的参与度，引导学生进行思考和互动，确保每位学生都有参与复习的机会，并避免机械性的复习。

（3）教师要及时给予反馈，纠正学生的错误理解，引导学生尝试用新的角度看待旧知识，强化已有认知，并进一步加深新知与旧知的关联度，增强学习的自我效能感。

3. 示例

民用航空服务礼仪——贵宾室毛巾服务礼仪

课中导入：

教师列出前课所学内容——贵宾室引导服务相关知识点和技能点，并请全班学生两人一组进行复习。一名学生进行知识点和技能点的提问讲解，另一名学生进行动作展示。

在全班展示过程中，教师观察并统计学生对知识点和技能点的掌握情况。展示结束后，教师总结并强调贵宾室引导服务动作要领，进而引入本课主题——贵宾室毛巾服务礼仪,让学生顺势融入下一服务环节的学习。

【示例分析】通过提问和演示的方式,帮助学生回顾和巩固已学过的贵宾室引导服务相关内容,为学习新内容打下基础。通过引导学生注意动作要领,帮助学生明确操作规范,避免错误和不当操作,顺势自然地引入新的教学内容。

(该示例由上海市信息管理学校哈蓓蕾提供)

4. 使用建议

(1)复习导入的关键点在于教师要根据新旧知识之间的逻辑关系,找准知识的联结点,以旧引新,温故知新,淡化学生对新知识的陌生感,使学生迅速将新知识归纳到旧知识结构中,形成知识桥梁,有效降低学生对新知识的认知难度。

(2)复习导入适用于需要温故知新的课,尤其是对前一课时或前几课时已经学习的内容进行巩固和回顾。

(3)复习的时间不宜过长,以免占用新课时间。

(三)提问导入

1. 含义

提问导入是教师在教授新课时,通过直接提出与本节课/单元/模块内容相关的问题过渡到新知识学习,或者实现新旧知识联动的一种导入方式。提问导入具有目的性、针对性强,简洁明了的特点。提问导入的关键在于问题的设计,通过单个问题或问题链的设计,快速吸引学生注意力,将其转移到课堂学习中。回答问题或者探索问题的过程可以激发学生的求知欲,使其能全神贯注地沉浸其中,在"解问"的过程中找寻学习的真谛,体现问题的价值。

2. 操作要点

(1)教师结合课次/单元/模块教学目标,紧扣学习内容,设计与所学内容高度相关的问题。

(2)教师着眼于学生先前所学知识或生活经验,最大限度地建立旧知与新知之间的联系,设计单个问题或问题链。

(3)教师通过微课学习、平台练习等渠道,获取学生学习结果反馈及学习过程,了解学情,找准问题设计的抓手。

(4)教师通过富有启发性和感染力的提问,激发学生的兴趣和好奇心,为后续教学活动做好准备。

3. 示例

汽车机械系统结构拆装——凸轮轴的拆装

课前预习：教师布置预习任务

教师通过平台发布预习资源，含视频资源、动画资源、网络资源等，并要求学生完成平台测验。

课中导入：

教师结合学生预习情况和测试结果，进行授课内容的优化。借助《更换凸轮轴》情景动画，营造"你是4S店的维修技师"的角色，引出系列问题：① 你知道凸轮轴的作用吗？ ② 作为一名合格的维修技师，你能为该车更换凸轮轴吗？ ③ 在维修过程中，如果出现发动机部件不必要的损坏，你会如何处理呢？学生则认真观看情景动画，记录并思考情景动画中维修技师需解决的问题。

【示例分析】通过课前作业布置与导入环节的强关联度，极大地从感官上强化学生对"凸轮轴"功能、结构、特点等的基本认识。在平台学习、习题测验的基础上，结合生活实际进行提问，让教学内容与实际应用情景挂钩，拉近书本与学生之间的距离，可以激发学生的求知欲和兴趣。同时通过认真思考并回答教师提出的问题，对已形成的认知加以提炼，可以更好地帮助学生明确学习目标，提高课堂教学的针对性和有效性。

（该示例由上海市青浦区职业学校王伟峰提供）

4. 使用建议

（1）提问导入几乎适用于每一堂课、每一类课，但是其重点在于如何设计问题及问题设计意图。

（2）问题设计既需要着眼于本课所学内容，更要关注其与前后内容的联动。

（3）教师要综合把握课程内容、课时内容与学生学情，巧妙地将问题的提出与本节课 / 单元 / 模块的学习串联起来。

（4）问题的设计要充分体现课程属性，同时贴近学生生活实际，对抽象的理论知识加以具象化，同时还要善于灵活运用配套资源。

（四）直观导入

1. 含义

直观导入是教师在教授新课时，通过引导学生观察实物、模型，观看图表、仿真软件或视频等活动方式，引发学生学习兴趣，导入学习内容的一种导入方式。直观导入侧重导入载体的形式，特别是外显性这一属性，尤其是在教育数字化转型大背景下，借助信息化手段，极大地拓宽了教与学的物理边界，延伸了"实物"的外延，丰富了直观导入的内涵，推动了课堂教学变革。这种导入方式也是目前课堂教学中使用最广泛的导入方式之一。

2. 操作要点

（1）教师结合上课内容，选择合适的导入载体。

（2）教师通过引导学生观察实物、模型、样本、图片等，激发其学习兴趣。

（3）在导入过程中，教师需要配以相应的图文讲解和师生互动。

（4）通过师生互动，学生产生学习新知识的强烈需求，为其学习新课内容奠定基础。

3. 示例

正常人体学基础——心内血液流动的奥秘

课中导入：

教师利用希沃白板在心脏模型图上开展填图游戏，由学生在图上填写相应的心脏结构，然后由教师对学生的填写结果进行点评，并引出本课主题——认识心脏瓣膜结构与功能的关系，为后续实验课活动做铺垫。

【示例分析】借助信息设备，学生可以直观地看到心脏的整体样态。通过心脏模型填图游戏，激发学生学习的积极性，深化对心脏结构的认识。教师的实时点评，给予学生游戏活动及时有效的反馈，强化了基本理论认知。

（该示例由上海健康医学院附属卫生学校毛海女提供）

4. 使用建议

（1）直观导入具有很强的情境性、体验感和真实感，适用于偏理论知识讲授的课型，引入丰富多样的载体，使知识点"活"起来，符合中职生的认知特点和学习习惯。

（2）直观导入并非脱离于内容的实物、模型、样本、图片等的单纯展示，而是在导入过程中，关注实物、模型、图片等与所学内容的密切联系，同时在观察过程中，教师要及时提出问题，引发学生思考，为后续学习做准备。

（3）这种由点到面、由感性到理性的导入符合中职生的思维习惯，能够最大限度地激发其学习动机和积极性。

（4）置身于教育数字化大背景下，教师需要钻研数字技术，借助虚拟仿真技术、数字化平台等手段，开展虚实结合的导入，进而丰富直观导入的内涵及呈现形式。

（五）实验导入

1. 含义

实验导入是教师在教授新课时，通过生动有趣的实验不失时机地向学生提出有关问题，引导学生认真观察、积极思考实验中的各种现象及其背后的原因，使学生及时进入学习状态的一种导入方式。实验导入富有启发性、趣味性和互动性。它符合学生的思维习惯、认知特点和基本学情，能有效吸引学生的注意力，激发其好奇心，促进其仔细观察、积极思考，化抽象的理论知识为形象的理化现象或具象活动，增加学习参与度，为后续学习奠定基础。

2. 操作要点

（1）教师有选择性地做一些启发性强的实验，注意从多个方面变换刺激；既可以是教师操作示范，也可以大胆让学生动手操作，变教具为学具，以更好地激发学生学习的兴趣。

（2）教师注意实验演示与语言讲解相结合，适时地提出问题，设置悬念，充分激发学生的好奇心和学习积极性，使其主动参与其中。

（3）针对实验中出现的各种现象和学生的各类提问，教师应紧扣学习目标，将焦点转移到本次课内容上。

3. 示例

药物检验技术——使用紫外－可见分光光度计鉴别药物

课前预习：教师布置预习任务

教师通过平台发布预习任务，寻找一种日常生活中有颜色的液体，利用能发出七色光的手电，将不同颜色的光透过液体，观察液体对不同颜色的光的吸收程度。学生通过小组（4人／组）的形式完成任务，并将实验过程与现象上传至平台。

课中导入：

教师结合学生上传至平台的资料，了解学生的探究过程，并给出评价。课堂上教师引入某药企真实工作任务，要求学生分析药品瑞德西韦的紫外吸收光谱，鉴别供试品的真伪。课前小组实验为课中学生探究波长和吸光度的关系做好了铺垫。

【示例分析】通过课前实验任务，调动学生参与的积极性，激发其好奇心与求知欲，并且将这种情绪延续到课堂。在课堂上通过新任务的导入和学习，能够直观地引发学生进行思考，同时也可以进行不同视角下的不同结果的分析与归因，突出本节课的主题。

（该示例由上海市医药学校林楠提供）

---

4. 使用建议

（1）实验导入适用于物理、化学、医药等偏理工类的课程教学，引导学生积极参与各类实验操作，有助于学生发现问题、积极思考，但要高度关注实验操作的安全性。

（2）教师在实验前须明确操作任务，如数据采集、现象记录等，为学生搭建自主学习的"脚手架"，从而有效提升教学效果。

（六）讨论导入

1. 含义

讨论导入是教师在教授新课时，借助各类载体提供相关素材，引发学生集体讨论的一种导入方式。讨论导入具有针对性强、覆盖面广的特点，提供的素材既要考虑内容层面的针对性、适宜性，也要考虑呈现形式的多样性，如文字、音视频等多媒体、小游戏等。课前讨论可以快速吸引学生的注意力，带动学生归纳概括已有经验，为新课学习做准备。它要求教师选择的论点高度凝练，且与后续内容高度相关，又能激发学生兴趣。讨论的过程既是以往经验的呈现，也是新旧认知的重组。当然讨论本身不是目的，重点在于通过讨论，激发学生的学习热情，拉近学生与课本的距离，快速且有效地进入学习状态。

2. 操作要点

（1）在讨论前，教师需要给学生提供"向导"，可以是学习材料，也可以是方向指引，进行前期铺垫。

（2）在讨论中，教师需要时刻关注话题导向，确保其朝着预设目标前进，引导学生发现问题，通过讨论，越辩越清，把握课堂生成。

（3）在讨论后，教师需要及时总结，既要肯定学生的表现，也要指出存在的问题，然后自然过渡到新知识的学习。

3. 示例

网店经营——网点选款的品牌因素

课前预习：教师布置预习任务

教师课前布置学生搜集国货品牌资料（包括品牌名称、标志、口号、创始年、所属行业、消费群体等）的任务，同时提供相应的预习资源。

课中导入：

教师播放"中国品牌快闪MTV"视频，同时要求学生观看并记录视频中提到的中国品牌信息。视频播放完毕后，教师提问，请学生说说记下的品牌及其对该品牌的了解。学生以小组为单位，围绕视频中出现的品牌，分别就品牌的名称、标志、口号、消费群体等展开讨论，由代表发言。

【示例分析】课前通过教师提供的资源，打开学生的思路，并在此基础上引导学生通过互联网搜集更多的国货品牌资料。搜集资料的过程是一种"学习—再认识—深化"的过程。基于已有的认知基础，在观看视频的过程中，调动了学生学习的积极性；在讨论环节，为其提供充分的表达和交流平台。

（该示例由上海市第二轻工业学校徐婷洁提供）

4. 使用建议

（1）讨论导入适用于开放性的教学内容，因此讨论主题的选定非常重要，主题选择需要贴近学生生活实际，让学生有话可说。

（2）整个讨论过程不是漫无目的地随意发言，而是需要教师不断引导，使其朝着本节课的学习内容延伸。因此在组织讨论的过程中，教师需要把握节奏和深度，控制时间和问题导向，将讨论内容引申到后续学习中，使学生尽早进入学习状态。

（七）角色扮演导入

1. 含义

角色扮演导入是教师在教授新课时，通过模拟真实情境或各类场景，让学生参与扮演各类角色，在角色的塑造或互动中引入学习内容的一种导入方式。角色扮演具有很强的体验感、互动性和结构性。该导入方式依托于不同情境的创设，学生可以扮演不同的角色，进而带入多重视角的思考，在角色互动和情景模拟中深入理解学习内容，并将其应用于实际情境中。

2. 操作要点

（1）教师根据学习目标，对所学内容进行必要的教学化处理，据此创设合适的情境，并设计人物角色。通过多角色的扮演，学生身临其境，充分调动学习热情。

（2）由于导入时间有限，教师必须呈现有用元素，必须是结构性强的情境，必须调动学生积极参与，必须引出所学内容。

3. 示例

健康照护——步行器的使用

课前预习：教师布置预习任务

教师课前布置学生登录学习平台观看"步行器的使用方法演示"的微课，在此基础上要求学生拍摄"演示步行器的使用方法"视频,并上传至平台。

课中导入:

教师邀请学生进行"步行器使用"现场演示,展示课程学习案例,其他学生观看表演并聆听讲解。教师根据真实情境提出系列问题:① 能否帮助老年人? ② 如何帮助老年人? ③ 用什么辅具? 学生思考并回答问题,教师结合学生的回答,进一步分析步行器相较于其他辅具的优势。

【示例分析】学生通过"观看视频—实际操作—现场观看同伴表演",能在头脑中不断强化步行器的使用方法。从理论学习到实践操作,在此过程中也会暴露出一些问题,通过课堂现场的再次演示与讲解,能够最大限度地形成关于正确使用步行器的操作方法。而教师从线上观看到线下演示的授课方式,不单是动作的简单重复,更是实现对整套动作认识的螺旋式上升。

(该示例由上海市医药学校王成文提供)

4. 使用建议

(1)角色扮演导入适用于可以进行情境创设的教学内容,尤其是面向现代服务行业的一些专业课程。

(2)角色扮演导入的关键点在于结构化情境的创设,创设的情境和角色不是无目的的,而是要围绕所学内容进行教学化处理。

(3)在角色扮演过程中,从不同视角对整个过程加以分析,可以使分析更为全面、客观,从而为后续内容学习提供对比和依据。

(八)情境导入

1. 含义

情境导入是教师在教授新课时,通过创设真实或模拟的情境来触动目标,激发学生的情感,创造良好的课堂教学氛围,促使学生带着强烈的学习兴趣参与课堂活动的一种导入方式。情境导入需要教师具备一定的教学设计和组织能力,需要教师根据不同的教学内容和学生特点创设并选择合适的情境。

2. 操作要点

(1)教师结合专业和课程特征,设计与课程内容相关的情境,使用多媒体设备或实物来构建情境,并引导学生在情境中探索问题。

(2)在情境导入的过程中,教师利用特定情境,使学生产生身临其境之感,让学生产生一定的心态和情感体验，激发学生的认知矛盾，增强学生对知识的渴望和热情，引导学生积极参与，鼓励学生提出问题并深入思考。

（3）在学生探索的过程中，教师应适时提供指导和反馈，帮助学生深化理解，并将情境活动与学习目标紧密结合起来。

3. 示例

汽车机械系统检修——汽车电子风扇故障检修

课前预习：教师布置预习任务

教师将预习内容上传至平台——复习发动机冷却系统的工作原理，观看冷却系统故障的检修视频，预习水温异常的原因和处理方法的相关知识。学生用手机或电脑登录平台，观看视频，完成预习作业。

课中导入：

教师结合本课内容，创设职场情境——一辆某品牌自动挡轿车到店维修，车主反映车辆行驶过程中发现水温异常。同时配套相应的情境视频，模拟企业接待客户，听取客户投诉，引导学生观察故障现象，分析导致故障的原因。

【示例分析】此情境导入与学生所学专业高度相关，又是生活中能遇到的真实问题。通过情境创设，激发学生的学习兴趣，可以实现前后知识点的衔接。同时该情境也是后续新课讲授的引子，是本课要重点解决的任务。职业教育专业覆盖面广的优势在于可以赋予情境更为多元、丰富、具体的内涵。

（该示例由上海市曹杨职业技术学校王群提供）

---

4. 使用建议

（1）情境导入适用于各种类型的课程，特别是需要学生主动参与和实践的课程。

（2）情境导入对教师的要求较高，需要教师在熟悉教学内容的同时，结合专业元素、思政元素、学生学情等因素，进行教学内容的二次开发。

（3）在选择情境时，应确保其与教学目标紧密关联，避免偏离主题，并尽量贴近现实生活、贴近学生所学专业、贴近岗位真实场景和职场情境。考虑到学生的多样性，可设计不同复杂程度的情境以满足不同需求。

（九）案例导入

1. 含义

案例导入是教师在教授新课时，通过引入与现实生活或未来岗位紧密联系的真实案例，引导学生将知识与实践相结合，使学生对所学知识产生浓厚的兴趣，从而激发学生的创新实践热情的一种导入方式。案例导入应针对教学内容和学生的实际需求进行选择，必要时可以对案例进行二次开发，使案例与教学内容相互补充，鼓励学生积极参与讨论和分析，提高课堂互动性，增强学生的学习体验，提高教学效果。

2. 操作要点

（1）教师根据课程标准要求，结合本课教学目标，着眼于问题解决，选取合适的案例。

（2）教师根据现有的案例，综合考虑学生专业和生活实际、未来就业岗位等因素，进行案例的二次开发和深度加工，使案例具有典型性与鲜活性。

（3）教师应提供案例背景信息，帮助学生全面理解案例。

3. 示例

新能源汽车使用与维护——充电桩故障检测

课前预习：教师布置预习任务

教师将预习内容上传至平台——充电桩微视频、原理动画等学习资源，并发布测试题。学生自主学习后，完成测试题。教师实时观看学生测试结果，掌握学生学习情况后，相应地调整教学策略。

课中导入：

教师呈现设计的案例：前不久，学校张老师驾驶的某品牌汽车在充电时出现"仪表盘上的充电故障指示灯亮起"的故障现象。播放故障现象视频，然后将实车故障现象投屏显示，在此期间请学生确认故障现象，思考可能引起充电故障指示灯亮起的原因有哪些。

【示例分析】通过真实维修案例呈现和系列问题提出，激发学生的学习兴趣和自主思考能力，在思考并解决问题的过程中，提高学生的观察能力、分析能力和问题解决能力。同时，通过真实案例的导入，提前让学生感受到所学专业对应的岗位实际，增强专业自信力和自豪感，为将来就业做好准备。

（该示例由上海市城市科技学校夏生旺提供）

4. 使用建议

（1）案例导入适用于各种类型的课程，可以是只针对导入环节的"小案例"，也可以是贯穿整节课的"大案例"。

（2）在实际应用中，教师需要根据具体的课程特点和学生需求，选择合适的案例，并确保案例的时代性和地域性，增强学生的认同感。

（3）案例应具有一定的真实性、典型性、复杂性和开放性，以激发学生思考。

三、课堂导入的基本原则

（一）关联性

1. 与后续教学内容密切相关

导入环节的设计是为了使学生顺畅运用已经掌握的学习经验和知识，自然过渡到对新知识的思考、学习中，从而使新旧知识之间建立系统的联系。[①] 导入内容必须与后续教学内容紧密关联。

在设计导入时，教师必须紧扣中心，围绕本节课主题，在课堂一开始就牢牢抓住学生的注意力。同时，也要关注导入的成效，即导入内容与课堂主题之间的关系。如果教师选择情境导入，那么最好能将该情境作为整个职业能力教学的依托；如果教师选择提问导入，那么最好能将该问题作为整堂课，甚至整个单元/模块的主要问题，激发并推动学生进行深度思考，引起情感共鸣。

2. 内容呈现的顺序性

导入内容要与课堂教学内容呈现一定的逻辑顺序，不能在课堂导入阶段就将课堂教学内容的重难点一次性呈现，也不能为了吸引学生注意力而设置过多诱导性细节，否则会将学生的注意力从教学内容转移开。导入的内容应当对学生学习课堂教学内容起推动作用，帮助学生快速进入学习状态。因此，导入应遵循内容相关、由易到难、由简单到复杂的顺序。

（二）灵活性

课堂导入的方式有很多，每一种都有其优势，也有其局限性。教师应该综合考虑教学目标、教学内容、学生特点、自身条件以及设施设备资源等多方面因素，灵活地选择导入方式。当然，在实际课堂教学中，还可能同时涉及多种导入方式，最好能将多种导入方式有机结合起来，提高导入的有效性。选择导入方式要考虑的因素有：

1. 结合目标达成

教师应依据课堂教学需要达成的目标来决定使用哪种导入方式。现代职业教育的专

---

① 赵燕蕊. 提高英语课堂导入有效性需注重方法与设计 [J]. 中国教育学刊, 2018（3）: 107.

业课程一般都是能力本位课程，其课堂教学是基于职业能力形成的逻辑展开的，注重理实一体化教学。这样的课堂教学模式一般需要教师综合使用情境导入、案例导入等导入方式，使学生快速进入职业能力的学习状态。

2. 结合内容特点

教师应依据课堂教学内容的特点来选择合适的导入方式。针对不同内容的特点，可以是简单的提问或先前所学内容的复习，也可以是实验或角色扮演等需要学生参与并展示的方式。

3. 结合学生学情

教师应根据学生已有经验和知识结构决定采取何种导入方式。一般学习新工作领域的知识时，教师在导入时可以更多考虑吸引学生的注意力，而在学习同类或可迁移知识时，教师在导入时需要更多考虑如何调动学生已有经验来促进其对新知识的理解。

4. 结合教学环境

教师应借助教学环境来帮助自己更好地进行课堂导入，这一点主要体现在对多媒体、实验实训器材等设施设备的使用上。学生一般对于新奇的事物兴趣较高，如能在导入阶段有效使用这些设施设备来引起学生的注意力，那么整个教学过程将会事半功倍，但要注意其与导入内容的关联度。教师置身于教育数字化转型的大背景下，更需要综合运用已有信息手段，丰富并拓宽课堂教学环境，为推动导入方式的更新提供条件保障。

（三）适度性

课堂导入的适度性要综合考虑内容的容量、边界和效度。

从容量来说，课堂导入时间不宜过长，一般不超过 5 分钟，因此教师必须精心设计、仔细推敲，确保导入高度浓缩、言简意赅、容量适中。

从边界来说，课堂导入需要厘清边界，导入的最重要任务是引出本堂课的教学内容，但不是具体讲解教学内容，教学内容的详细说明和解释应留到导入之后的正式教学中进行。因此，课堂导入不能"喧宾夺主"，也不能与教学内容相剥离，需要对信息进行深度加工。

从效度来说，课堂导入需要考虑与课堂核心内容的适度衔接。一个成熟的教师可以从课堂导入阶段自然地过渡到核心教学阶段，使整个课堂教学多个环节融为一体。

（四）参与性

导入的最终目的是把学生导入，而非把教师自己导入。因此，在导入时，教师应尽

67

可能地提高学生的参与度，使其参与到导入环节，而非教师一个人的"独角戏"。学生主体参与教学，可以使他们轻松、全面地发展。从教的主体而言，为了使学生主动参与教学，教师会设法调动他们的积极性；从学的主体而言，学生主动参与教学会满足他们的各种学习需要；从教学过程而言，学生主动参与教学可以让每个学生"体验成功"，他们的心理压力会明显降低。① 要提高学生的参与度，导入的素材就必须贴近学生，最好取材于学生的直接经验或所学专业。同时，课堂互动的质量也极大地影响学生在课堂导入阶段的参与性，高质量的互动能有效帮助学生参与到课堂中，有助于一体化教学过程的形成。

参考文献：

［1］郑金洲.新编教学工作技能训练［M］.上海：华东师范大学出版社，2007.

［2］肖锋.学会教学——课堂教学技能的理论与实践［M］.杭州：浙江大学出版社，2002.

［3］胡晓菲.高中思想政治课课堂导入研究［D］.上海：上海师范大学，2014.

［4］王飞.关于高中英语课堂导入有效利用的探究［D］.上海：华东师范大学，2009.

［5］周庆元.语文教学设计论［M］.南宁：广西教育出版社，1996.

［6］吴松年.有效教学艺术［M］.北京：教育科学出版社，2008.

［7］赵燕蕊.提高英语课堂导入有效性需注重方法与设计［J］.中国教育学刊，2018（3）：107.

［8］王升.论学生主体参与教学［J］.教育研究，2001（2）：39-43.

---

① 王升.论学生主体参与教学［J］.教育研究，2001（2）：39-43.

第四章　教学活动设计

　　教学活动是达成教学目标的具体途径，是连接认知发展规律与课程要求的关键所在，对于促进学生发展、保障教学目标有效达成及教学内容深度落实具有不可替代的作用。教学活动设计对于激活学生主体认知、实现教学评一致具有决定性意义。厘清什么是教学活动，教学活动设计要遵循哪些原则，教学活动设计会受哪些因素影响，在此基础上了解常见教学活动的类型，把握各类教学活动的设计要领、流程及方法，对于建立课堂教学基本规范、促进教师教学能力发展具有非常重要的价值。

一、对教学活动的理解

　　教学活动是由教师设计，教师和学生共同参与，在特定情境中按照一定的方式方法、组织形式、交互方式、实施步骤等展开教学，以达成活动目标进而达成教学目标的一系列活动。教学活动是一种教与学的双边活动，教师在其中发挥主导作用，凸显学生主体地位。通常，一堂课由若干个教学活动组成。

　　教学活动设计是指教师根据课堂教学目标、学情和环境等要素，设定活动目标、选择活动内容和方法、规划活动过程和评价方式等一系列工作的总和。

二、教学活动设计的基本原则

（一）目标性原则

　　目标性原则是指教师设计教学活动应以教学目标为导向，并让学生明确通过教学活动所应达到的目标。

　　目标达成度是评价教学活动有效性的重要依据。首先，教学活动目标要符合学生实际、与教学目标相匹配，以此引导各个活动步骤实现有机衔接。其次，教学活动目标要清晰、明确，以便学生清楚地知道他们需要学习什么、应达成怎样的结果，促进关键知识和技能的习得。此外，教学活动目标应具体、可测量，即教师能通过具体的评价方法来判断活动目标达成度，活动成果直接反映教学目标达成情况。

（二）主体性原则

主体性原则是指教学活动必须尊重学生的主体地位，根据学情设计合适的活动策略和活动过程，充分发挥学生的主观能动性。

教学活动应以学生为中心，尊重学生的主体地位，符合学生的认知规律。首先，活动目标应关注学生在学习基础、认知能力、思维水平等方面的差异，满足不同学生的需求。其次，活动形式要兼顾学生不同的学习风格和学习习惯，鼓励学生个性发展，支持绝大多数学生参与。此外，活动过程要注重调动学生的积极性，激发学生的学习兴趣，创设民主、和谐的课堂氛围，给学生足够的自主空间。在教学活动设计中应注重数字技术赋能，遵循学习科学相关原理，整合智能工具与认知支架，促进学生的深度参与和高阶思维发展。

（三）实效性原则

实效性原则是指教学活动要承载符合教学目标和学生实际的教学内容，通过教学活动有效建立教学内容与学生先前知识的关联，推动教学进程，促进教学目标达成，提高学习效果。

教学活动要追求实效。首先，教师在设计教学活动时，要确保每个活动步骤都是有意义的，是为了一步步实现活动目标而设计的。其次，教师在教学活动过程中要密切关注学生的反应，及时收集反馈信息，根据反馈信息调整教学活动，确保教学活动的实效性。

（四）多样性原则

多样性原则是指在教学过程中，教师应根据教学目标、学生特点、教学内容等诸多因素，灵活运用各种方法、手段和组织形式等，使教学活动丰富多彩，以满足不同学生的学习需求，提高教学效果。

教学活动不片面追求形式。首先，教师要充分考虑活动方式的适应性，针对不同属性的教学内容、不同学习特点的学生选择相应的活动方式。其次，教师可根据活动目标和所具备的教学条件，设计小组合作、对组练习、个别辅导、线上线下混合等不同组织形式的教学活动，体现教学方法的多样性和教学手段的丰富性。此外，为提升教学活动效果，教师可创设贴近学生、贴近生活、贴近社会的问题情境，促进知识技能的迁移和应用。

（五）整体性原则

整体性原则是指要将教学过程作为一个有机整体，既要确保单个教学活动的各个步骤相互衔接、相互支撑，又要强化活动之间的关联，确保各个教学活动之间的逻辑性和连贯性，还要确保教学活动内容能有机整合知识、技能、情感、态度、价值观等。

一方面，在单个教学活动设计时，教师应充分考虑活动目标、活动内容、活动形式、活动资源、活动评价等各要素的合理性，以及各步骤之间的有序性。另一方面，教师应基于教学整体目标，构建教学活动目标链，强化教学活动的关联性，促进活动之间相互衔接，体现由易到难、从简单到复杂的层次性，推动学生逐步建立知识结构，达成更高的学习水平。

三、教学活动设计的影响因素

（一）课程因素

教学活动设计需关注不同课程的定位和功能。例如，基础理论类课程需注重知识的积累、内化、整合和提升，可设计自主型、合作型、探究型等教学活动。专业技能类课程则需关注职业场景的选择、学习情境的创设，可设计实操型、角色扮演型等教学活动。

（二）学情因素

教学活动设计需关注学生实际，包括学生的认知能力、学习动机、学习风格等。例如，对于低年级和中高年级的学生，在教学活动的难易度和复杂度方面应有所区别。此外，教师可结合教学经验和课堂观察，敏锐识别"班级性格"。若学生整体偏向内向自主的场独立型学习风格，可设计自主、发现式的教学活动；若学生整体偏向外向依赖的场依存型学习风格，可设计合作、互动型的教学活动。

（三）环境因素

教学活动设计需关注物理环境和心理环境。教室空间布局、教学设备与资源、实验实训环境等物理环境在很大程度上会对教师的教学活动设计产生影响。例如，在配有电子白板、智能课堂系统等技术设备的教室中，教师可设计更加灵活多样的互动活动（如在线讨论、实时投票、虚拟实验等）。此外，包括师生关系、生生关系在内的心理环境也是教学活动设计的重要影响因素，和谐的师生关系、生生关系对交互性强的教学活动能起到重要的保障作用。例如，在一个鼓励合作的班级氛围中，教师可设计更多合作学习的教学活动；在有较强竞争氛围的班级中，教师可设计一些适度竞争的教学活动。

四、常见教学活动及其设计

（一）自主型教学活动

1. 基本含义

自主型教学活动是指学生个体在教师为其搭建的自由发展平台上，在教师的指导和同伴的支持下，以解决本人或教师所提出的课题为目标，制订学习计划、选择学习方法、自主监控学习过程、评价学习结果的过程。在这个过程中，学生采取有效的策略与方法获得知识、形成技能、实现人格的健康发展，充分体现"学生是学习的主体"。

自主型教学活动适用于开放性、探索性或实践性较强的教学内容，突出学生自主学习能力、创新能力和终身学习意识的培养。在设计自主型教学活动时，教师要充分考虑学生是否具备一定的知识、技能储备，注重构建问题链等形式的学习支架，提供多样化的课程资源支持。

2. 活动意义

（1）有利于培养学生的学习能力

在自主型教学活动中，培养学生的学习能力是重要的活动目标。学生通过自主查阅资料，理解并建立基本的知识框架，运用现有知识在解决问题的过程中构建新的认知。自主型教学活动引导学生学会学习。

（2）有利于激发学生的主体意识

自主型教学活动重在充分激发学生的主体性。此时，学生不再是被动接受知识的客体，而是主动探索、解决问题的主体。自主型教学活动引导学生成为"学习的主人"。

（3）有利于培养学生的创新能力

在自主型教学活动中，许多问题的提出与解决是靠学生自主完成的，这对于培养学生的创新意识、创新思维、创新能力具有重要的意义。自主型教学活动释放学生的创造激情。

3. 活动设计

（1）活动准备

方法策略准备：教师应根据学生现有的知识技能储备情况，巧妙地将教学内容融入符合学生认知水平及特点的问题情境。同时，教师要给出或引导学生形成相应的方法策略。有时，还要设计活动空间布局，以促进学生的自主学习。

材料工具准备：包括学生自主学习所需要的文本资源和数字资源，如引导文、学案、任务单和自主学习平台等。

（2）活动流程

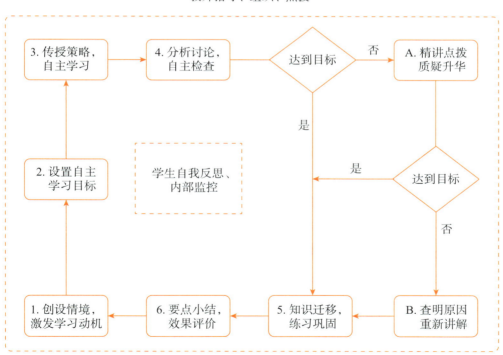

图 4-1 自主型教学活动基本流程

步骤一：创设情境，激发学习动机。

教师针对活动目标，根据教学内容和学情，创设问题情境，充分激发学生的学习动机。

步骤二：设置自主学习目标。

目标的设置包含教师展示目标、学生接收并确定目标两个方面。从严格意义上来讲，学习目标可以由学生自己确定，也可由教师给出学习的可信目标，即根据学生实际情况设置分层多级目标，并清晰地呈现给学生，既保证目标的准确性，也满足学生的可选择性。

步骤三：传授策略，自主学习。

学生在目标导引下自读学习材料，教师针对目标、学习内容、学情创设问题情境，提出或引导学生提出系列问题，并进行巡视、答疑。在这一过程中，教师应提供适时的指导，帮助学生寻找并明确解决问题的途径。在学生开展自主学习的早期阶段，教师的指导尤为重要。

步骤四：分析讨论，自学检查。

教师根据教学目标提供诊测材料，组织诊断性测试或评价。学生根据自主学习初步掌握的知识和技能进行尝试性解答。诊测题主要侧重识记类认知目标或基础性操作流程的考查，教师可运用数字技术进行整体批改、集体矫正，同时针对个别学生进行辅导，确保全体学生及时了解自己的诊测达标状况。对于学生通过自主学习已经掌握的内容，教师无须重复讲解。对于学生还未理解或掌握的内容，教师需要重点讲解。

步骤五：知识迁移，练习巩固。

针对学生课内提出的疑难问题，教师应适时予以点拨和指导，帮助学生加深认识，并通过巩固练习，举一反三，促进知识迁移。在此环节，教师尤其要关注学习能力极弱和学习能力极强的学生，解决教学过程中学生个体差异较大的问题。

步骤六：要点小结，效果评价。

首先，教师引导学生形成自己的观点，并分析其观点的合理性和局限性。其次，教师引导学生认识到互相矛盾的观点和事实，进行点拨与答疑、阐释知识联系，帮助学生建立完整的知识结构。最后，教师还需对学生自主学习和讨论情况进行点评。

4. 活动案例

本案例选自旅游服务与管理专业展馆讲解课程中"展馆讲解互动设计"的内容，教师设计自主型教学活动，帮助学生在自我尝试中发现问题并初步解决问题，引出本节课的第一个学习成果"问答赞"互动活动设计。具体的教学活动设计见表4-1。

表4-1　"展馆讲解互动设计"教学活动设计表 [①]

活动名称	展馆讲解互动设计
活动类型	自主型教学活动
活动目标	说出"问答赞"的操作技巧；能使用"问答赞"的技巧，改善互动内容。
活动准备	设计校史馆讲解的任务；教师展示片段，通过"学习通"平台布置讨论题；课前分析预约单、小组观察表。

活动过程

活动步骤	学生活动	教师活动	设计意图
指导学生确认目标	1. 阅读预约单分析结果，明确互动讲解任务。 2. 选取任务。	1. 组织学生观看预约单分析结果。 2. 布置任务。	在学生了解校史馆讲解内容的基础上，根据游客的需求设置互动讲解的任务要求，激发学生的学习兴趣。
传授策略自主学习	1. 根据展馆任务单对客人进行分析，选择互动问题。 2. 小组讨论，结合选取的展馆相关内容设计互动问题。	1. 要求各组根据任务单分析结果给出合适的互动问题。 2. 检验各组讲解方案。	推动学生的思维策略形成，促进以学生小组探究为主体、以教师适时指导为支撑的自主学习。
分析讨论自学检查	1. 分组活动，学生根据方案进行讲解实践。 2. 小组内部对讲解效果进行分析。	1. 观察各小组的讲解情况。 2. 组织学生交流，协助整理归纳。	通过实践反思发现问题，总结经验。
知识迁移练习巩固	1. 聆听教师的讲解示范。 2. 对照检查本小组的讲解内容，明确优势与不足。	1. 教师示范讲解，提出改良方案，"问答赞"互动。 2. 组织学生讨论，及时归纳总结讲解知识点。 3. 布置任务再次讲解。	学生通过教师示范与自己练习之间的对照，发现问题。
要点小结效果评价	1. 总结互动问题设计的技巧。 2. 提炼"问答赞"的要点。	1. 教师提出问题：如何提高互动效果？ 2. 总结改良方案。	进一步思考问题，组织小组讨论，在学生寻找解决方案的基础上凝练学习成果。

① 该案例由上海工商信息学校谢俊琳提供。

（二）合作型教学活动

1. 基本含义

合作型教学活动是指学生通过小组合作形式，在共同目标的引导下相互协作、分享资源和信息的教学过程。在合作型教学活动中，学生被分成若干小组，通过共同完成学习任务建构知识，习得技能。

合作型教学活动适用于较为复杂、有一定难度或需要同伴协作才能完成的学习内容，如开放性问题的讨论、复杂的实训项目等。在设计合作型教学活动时，教师要依据学生的能力、性格、学习基础等因素合理分组，每组以 3~5 人为宜，学生在小组中承担相应的角色，通过分工协作完成任务。在活动设计中，教师要向学生明确清晰的合作目标和具体任务，活动规则兼顾公平性与协作性，并要注重引导，帮助学生解决困难，推动合作顺利进行。

2. 活动意义

（1）有利于提升学生的协作能力和沟通能力

合作型教学活动强调学生在团队中进行有效沟通和协作分工，不仅有助于提高学生的语言表达能力，还能培养学生在团队中处理意见分歧、倾听他人以及有效分享信息等重要的社会能力，对学生未来职业发展具有重要意义。

（2）有利于培养学生的批判性思维

合作型教学活动通过讨论、辩论等方式，引导学生从不同的角度看待问题，提升分析与判断能力，发展批判性思维。

（3）有利于增强学生的团队责任感

合作型教学活动通过合理的角色分配与任务执行，能够培养学生的团队意识、合作精神，增强学生在团队中的责任感，激发学生学习的主动性和参与热情。

3. 活动设计

（1）活动准备

方法策略准备：包括确定小组名单、明确合作任务、确定组员分工、细化合作要求、规划活动时间、设计活动空间等。

材料工具准备：包括课前导学材料、课中活动材料、评价量表、观察表等。

（2）活动流程

步骤一：明确活动目标。

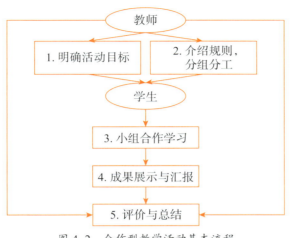

图 4-2　合作型教学活动基本流程

教师要设计清晰的活动目标，并设定合作基调，营造合作学习的氛围。在此过程中，教师可以借助流程图或思维导图，将活动整体目标分解为多个子目标，便于学生整体把握；通过展示以往的优秀活动成果或者行业的优秀案例，让学生理解所要达成的活动目标。

步骤二：介绍规则，分组分工。

教师要解释活动规则，包括分组原则、分工规则、时间安排、奖励制度等。当小组目标相同时，为促进小组之间相互竞争，可采用组内异质、组间同质的分组原则。当小组目标不同时，为促进能力各异的学生都有所发展，可采用组内同质、组间异质的分组原则，即分层教学。对于开放型的分组讨论和需要思维辨析与碰撞的情况，可采用自由组合方式。

小组成员的角色分工可根据活动性质、组内成员特长及兴趣差异等来确定，通常一个合作小组会有主持人、记录员、报告员、检查员等不同角色。小组成员的分工也不是一成不变的，在不同的活动阶段可以轮换角色，增进成员之间的相互理解和默契程度，促进学生个体的全面发展。

步骤三：小组合作学习。

学生开展合作学习时，教师要对各个小组进行观察和介入，为他们提供及时有效的指导。当个别学生或小组对合作学习的投入度不足时，教师要及时引导、明确指出。当小组讨论偏离主题或讨论受阻时，教师应及时关注、及时纠偏。当小组交流出现浅层次、表面化的现象时，教师要及时鼓励学生积极思考，推进讨论不断深入。当小组提前完成任务并开始讨论其他话题时，教师应立即检验其是否正确完成了任务，并适量布置新的任务。当学生在交流的过程中思维碰撞出火花时，教师也应给予及时的肯定。

步骤四：成果展示与汇报。

各小组完成学习任务后，教师要组织小组汇报。第一，教师要说明汇报时长，让学生在规定时间内展示成果。第二，教师应记录各组的汇报内容和表现，以便后续评价、总结。第三，教师可以在小组汇报后提出相关问题，激发学生进一步的思考和讨论。

步骤五：评价与总结。

虽然合作学习是以团体表现为评价依据的一种教学活动，但为了促进小组内部的合作，尤其是促进每位学生在小组中尽其所能、有效学习，除了在各小组汇报时安排组间评价，还可以设置组内评价。教师要将对小组的学习过程评价与学习结果评价相结合，对小组的集体评价与对小组成员的个体评价相结合。

4. 活动案例

本案例选自高星级酒店运营与管理专业三年级的英语课程中 News and Media 阅读部分 Newspaper articles 2 的内容。教师依托拼图的方法，引导学生对打乱的文章进行重新排序，并结合关键词对文章进行复述。具体的教学活动设计见表 4-2。

表 4-2 "拼图组给文章排序"教学活动设计表 [1]

活动名称	拼图组给文章排序		
活动类型	合作型教学活动		
活动目标	通过拼图完成材料排序，形成完整的文章。		
活动准备	1. 根据组内异质、组间同质的原则，将 25 名学生分为 5 组，每组 5 人。 2. 细化合作要求，每组设置组长、记录员、观察员、计时员、报告员 5 种角色。 3. 新闻材料、E-book、评价量表。		
活动过程			
活动步骤	学生活动	教师活动	设计意图
明确活动目标	学生明确此次活动的目标和规则：采用拼图的形式，对文章材料进行第一次排序。	教师口头发布任务，详细讲解活动要做什么和怎么做，让学生明确活动目标和规则。	让学生明确活动目标。
介绍规则分组分工	1. 学生 5 人一组，检查组内是否拿到 5 个不同的材料。 2. 明确角色分工，组长、记录员、观察员领取评价表。	1. 教师组织分组，并进行必要的协调，保证各组的小组成员拿到的是不同的材料。 2. 角色分工，分发评价表。	让学生明确活动内容及各自职责，为后续的合作学习打好基础。

① 该案例由上海市商贸旅游学校曾晨提供。

（续表）

活动过程			
活动步骤	学生活动	教师活动	设计意图
小组合作学习	1. 小组成员表达自己排序的观点，讨论文章的顺序。 2. 有疑问及时向老师提出。 3. 组里形成一致的排序结果。	1. 巡视学生讨论的情况：讨论的程度，讨论的内容，讨论的结果。 2. 在学生有疑问时，及时提供帮助。	鼓励学生表达自己的观点，激发思维生成，学生互相学习，聆听对方观点，培养合作意识和合作能力。
成果展示与汇报	1. 各组将形成的排序结果（即拼图）上传到 E-book。 2. 各组派报告员对排序结果进行汇报。	1. 在 E-book 上检查学生上传的拼图。 2. 聆听各小组学生的发言，检查评分表。 3. 适时点评与指导汇报。	让学生增强团队合作意识，能够按照要求完成任务。在聆听其他组学习成果汇报中，加深对学习内容的理解。
评价与总结	1. 组长评价组员的表现。 2. 组内成员相互点评表现。 3. 学生根据交流自我反思。	1. 听取各组组长汇报组员的表现。 2. 听取学生相互点评表现和学生的自我反思。 3. 对各组进行整体点评，并对部分学生开展个体点评。	提升学生的评价能力，在评价中学会反思；促进学生学会合作，学会学习。

（三）探究型教学活动

1. 基本含义

探究型教学活动是一种以问题为导向，强调学生自主探索与研究的教学活动。教师通过提出具有深度和开放性的问题或主题后，引导学生围绕问题进行观察、提问、假设、实验、分析，进而得出结论。

探究型教学活动充分体现以学生为中心的理念。探究型教学常用于解释科学原理、揭示社会现象背后的复杂成因等内容，对于跨学科的综合性问题也非常适用。在设计探究型教学活动时，教师要明确各阶段任务与时间安排，使探究能够有序推进；教师要准备充足的学习资源，便于学生获取信息，辅助探究；在教学评价环节，教师应从参与度、团队协作、探究过程、知识技能掌握、创新思维等多方面进行综合评价，及时反馈结果，激励学生改进提升。

2. 活动意义

（1）有利于培养学生的实践能力与创新精神

探究型教学活动注重让学生实现动手与动脑的有机统一。学生运用已学知识和技能，对问题展开分析与解决，并创造性地提出观点和结论，以此促进实践能力的提升和创新精神的培养。

（2）有利于培养学生的科学精神

探究型教学活动让学生经历明确问题、建立假设、搜集信息、验证假设、评价交流、得出结论等一系列探究过程，有助于培养尊重事实、探索真理的科学精神。

（3）有利于提升学生的问题解决能力

探究型教学活动以问题为导向，学生在解决问题的过程中把握揭示问题、分析问题的关键要素，尝试多种解决问题的策略并评估结果，提升解决问题的能力，有效促进思维发展。

3. 活动设计

（1）活动准备

方法策略准备：包括设计问题情境、提供探究线索、引导深入思考。

材料工具准备：包括实验器材、相关文献及数据资料、课程资源包、问题清单、任务单、实验记录表等。

（2）活动流程

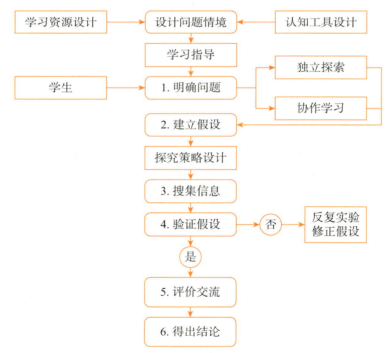

图 4-3　探究型教学活动基本流程

步骤一：明确问题。

探究型教学活动以提出问题为起点。教师结合学生学情、教学目标、学习内容设计问题情境，引导学生提出科学的、难度适中的问题，激发学生的探究热情。

步骤二：建立假设。

学生深入分析问题、充分猜想，提出初步假设。教师可利用思维导图、概念图等思维工具引导学生分析问题、提出猜想、建立假设。教师注意把握假设的科学性或合理性，可提供预设答案作为参考，但只提供问题解答，不评判结论的好坏。

步骤三：搜集信息。

学生根据假设提出探究思路，确定探究目的、探究内容、探究路径，搜集有价值的证据，确保数据或者信息能够回应假设。教师提供学习资源，协助学生广泛搜集信息，并指导学生筛选有效信息。教师可事先讲解常用的探究方法，如实验法、问卷法、访谈法、文献研究法等，帮助学生制订科学的探究计划。

步骤四：验证假设。

学生对所搜集的信息和资料进行筛选、归类、统计和列表分析等综合处理，得出初步结论，对假设作出解释，评估假设的科学性和合理性。如果结论与假设不吻合，应重新确定方向、调整探究方案。教师在这个过程中可进行针对性的引导或指导，主要是帮助学生解决探究过程中的问题、讨论解决办法等。

步骤五：评价交流。

该阶段，学生的探究任务基本完成，可通过制作模型、撰写报告、展示成果等不同方式进行展示，总结交流自己的探究成果，认真听取他人意见。

步骤六：得出结论。

教师引导学生回顾探究任务的完整流程，总结知识、经验，为今后改善探究过程提供依据。

4. 活动案例

本案例选自园林技术专业园林植物病虫害识别与防治课程中"化学防治——农药的选择"教学的探究活动。教师创设"选农药除虫害"的情境，引导学生分析针对具体病虫害如何选择农药，进而归纳出农药的选择原则。具体的教学活动设计见表4-3。

表4-3　"对症下药——正确选择农药"教学活动设计表[①]

活动名称	对症下药——正确选择农药
活动类型	探究型教学活动

---

① 该案例由上海市工程技术管理学校艾娟提供。

（续表）

活动目标	1. 能针对斜纹夜蛾，正确选择农药。 2. 归纳农药选择的基本原则。		
活动准备	建立假设策略、信息搜索策略、验证假设策略、企业真实工作情境视频、不同颜色的纸条（写上常用农药的名称）、常用农药的实物教具、课程资源包。		

活动过程			
活动步骤	学生活动	教师活动	设计意图
明确问题	观看视频，明确探究问题：企业员工遇到的实际害虫所属种类是什么？对此选择哪些适用的农药？	播放视频，引导学生提出探究问题。	培养学生主动思考、发现问题的能力。
建立假设	初步选择首选农药和备选农药，将结果用相应颜色的纸条张贴在小黑板上，提出假设。	提供帮助和指导，把握假设的科学性。 巡视各组的农药选择方案。	以学生为主体，通过启发探究，学生在教师引导下，利用所学知识提出解决方案。
搜集信息	针对问题，结合已学农药与病虫害基本知识，借助互联网和教师提供的资源，搜集支持假设的信息。	教师提供相关学习资源。	协助学生获取信息、筛选有效信息。
验证假设	借助教师提供的实物教具，对比、验证所选农药是否适用。	巡视指导，答疑解惑。	通过实验方法对初步方案进行验证，培养科学精神。
评价交流	针对不同的农药选择方案，组间使用评价量表互评、辩论。	组织学生交流评价，适时引导。	学生做到做后思，在讨论中认识不足，在思辨中提高认知。
得出结论	1. 方案重选：在同学间的争辩和老师引导的基础上，再次优化农药选择方案。 2. 在完成选择农药的基础上，归纳农药选择的基本原则。 3. 认真聆听专家建议。	1. 巡视指导，答疑解惑。 2. 协助整理归纳。 3. 连线植物保护专家，对真实工作场景中农药的选择原则进行拓展说明。	学生从理论到实践，再从实践回归理论，提升思维能力，为后期解决同类问题梳理思路、提供指导。

（四）实操型教学活动

1. 基本含义

实操型教学活动又称为"实操教学"或"实践教学"，是以培养学生实际动手操作能力为主要目标，通过创设真实或准真实的职业情境，在实验实训室或实习场所内根据教师指导、任务要求，以做学结合方式获得专业知识与技能、提高综合实践能力的教学过程。

实操型教学活动是基于工作过程的，适用于与职业岗位或生活实际密切相关的实操内容。在实操型教学活动设计过程中，教师通常借助某一实践项目来开展教学，发挥校企合作资源创设真实工作场景。问题设计不仅强调情境化和典型性，更强调工作流程的衔接性、完整性。教师可以借助虚拟现实、数字孪生等现代教育技术手段丰富实操教学的形式和内容。

2. 活动意义

（1）有利于提高学生的实践能力

实操型教学活动强调让学生通过动手操作、观察、思考和分析等，在实践中掌握知识、提高技能。这种教学活动有助于促进知识的迁移、技能的发展，从而提高学生的动手操作能力和问题解决能力。

（2）有利于激发学生的学习兴趣

实操型教学活动能让教学内容更加具体、生动且形象。此类活动通过明确的任务角色设定，进一步突出学生的主体地位，从而有效激发学生的学习热情和兴趣。

（3）有利于促进学生职业素养的发展

实操型教学活动通常以真实工作场景为背景，学生需要按照具体的工作要求完成任务。这就使得学生在学习操作技能的同时，逐步习得职业规范、职业操守和职业道德，为其从事相关职业打下良好基础。

3. 活动设计

（1）活动准备

方法策略准备：包括设计活动空间、拟定实践操作形式等。

材料工具准备：包括课程必备的实训设备、实训耗材和信息技术支持，行业前沿的技术、理论成果，课程资源包，等等。

（2）活动流程

步骤一：活动准备。

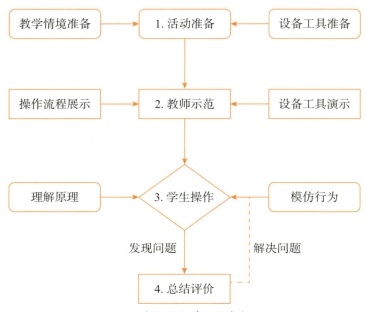

图 4-4　实操型教学活动基本流程

　　活动准备是实操型教学顺利开展的重要前提。教师需要根据活动目标、学生学情等创建适宜的教学情境，设置贴近现实的问题或任务，提出与学生未来要从事的职业活动密切相关的知识技能要求，帮助学生更好地适应未来职业世界。

　　步骤二：教师示范。

　　教师示范是实操型教学顺利开展的重要支撑。教师通过展示实物、图像、教具或现场操作等进行示范教学，把专业领域内基础性、关键性的技能技巧、术语规范等传授给学生，向学生展示操作流程、技术要领、工艺规范等，使抽象、复杂的教学内容变得直观、具体。

　　步骤三：学生操作。

　　学生操作是实操型教学顺利开展的核心环节。学生通过对教师示范过程的观察、分析、模仿，理解工作原理，明确工作流程，并在效仿其语言、行为的过程中，不断提升操作技能水平。在学生的操作过程中，教师应巡回指导，密切关注学生的实操情况，关注学生的操作安全，及时纠错、示范、答疑、解释，以加深学生对实操内容的理解和掌握程度，提升他们的实操能力和解决问题的能力。

　　步骤四：总结评价。

　　学生初步掌握知识技能后，教师应针对学生具体学习情况进行总结，并提供针对性的评价与指导，引导学生积极、反复尝试，直至操作熟练、规范。

4. 活动案例

本案例为汽车车身修复专业车身结构课程中"汽车车门门皮撕裂焊接修复"的内容。教师根据课程标准及学情分析，确定准确调整参数、明确诊断并改进缺陷、提升修复质量的教学目标，以 PDCA 质量循环控制为主线，组织学生进行两次实践操作。下面以第一次焊接实训操作为例，具体的教学活动设计见表4-4。

表4-4　"汽车车门门皮撕裂焊接修复"教学活动设计表[①]

活动名称	汽车车门门皮撕裂焊接修复		
活动类型	实操型教学活动		
活动目标	通过实训操作掌握车门门皮撕裂的焊接工艺流程，能严格遵守焊接操作规程进行焊接操作。		
活动准备	多媒体课件、真实维修案例、汽车车门门皮撕裂焊接修复工艺参数卡、教师示范操作视频、在线教学平台等。		
活动过程			
活动步骤	学生活动	教师活动	设计意图
活动准备	阅读工作任务单，明确任务。	展示企业维修车辆，发放工作任务单。	通过企业真实维修案例，引入本次操作任务。
教师示范	1. 观看教师的示范操作视频。 2. 完成汽车车门门皮撕裂焊接修复工艺参数卡的填写。 3. 学生分享记录结果。	1. 播放示范操作视频，展示门皮撕裂焊接修复的操作流程。 2. 组织学生分享结果，针对问题进行讨论。	教师示范操作视频，引导全体学生更清晰地看到操作流程；通过参数卡的填写，检验学生观看操作视频的成效。
学生操作	1. 各组分设操作员、观察员和质检员，组内合作完成车门门皮撕裂的焊接修复操作。 2. 组内同学进行角色轮换，轮流操作。	1. 组织学生开展汽车车门门皮撕裂焊接修复的轮流实训操作。 2. 教师巡视指导。	组内的轮岗操作有助于学生熟悉和掌握不同岗位的操作要求。
总结评价	1. 操作完毕将成品拍照上传至学习平台。 2. 开展组内自查自评。 3. 最佳小组分享操作心得。	1. 组织学生开展自评互评师评，选出最佳小组。 2. 分析焊接缺陷产生的原因。	通过评价总结，学生能正确诊断焊接修复过程中的常见缺陷，并明确诊断改进的措施。

① 该案例由上海市城市科技学校姚雪峰提供。

（五）角色扮演型教学活动

1. 基本含义

角色扮演型教学活动是通过让学生扮演不同角色，参与真实或者虚拟情境中的对话和行动，体验并解决实际问题，培养学生实践能力和团队合作精神的教学过程。就职业学校的专业课而言，角色扮演型教学活动就是由某个或某几个学生在特定情境中，通过扮演不同角色，呈现出相应的专业知识、职业技能；或模拟重现工作情境中的某个历史性事件，通过表演学生的切身体验以及旁观学生的直接观察，加深对职业岗位或工作环境的认识，提升职业素养。

角色扮演型教学活动通常适用于需要借助模拟真实场景扮演，直观呈现相关知识技能的教学内容。在角色扮演型教学活动设计中，教师选择学生感兴趣的、与实际生活经验相关的主题，提高他们参与的积极性和主动性；设定具有代表性和多样性的角色，确保学生能够在活动中找到适合的角色；为每个角色设定明确的职责和任务，避免角色之间的混乱和冲突；选用多媒体、道具等方式创设尽可能真实和符合场景特征的环境，为角色的行动提供背景和依据。

2. 活动意义

（1）有利于提升学生的职业认同感

教师设计特定工作情境，引导学生通过角色演绎掌握专业理论知识的同时，激发学生的职业认同感。

（2）有利于提升学生发现、分析及解决问题的能力

为了准确演绎角色，学生需要分析角色特点，独立思考在特定情境下角色的心理状态及行为表现。这种活动有助于发掘学生潜能，提升学生发现问题、分析问题和解决问题的能力。

（3）有利于促进学生个性品质养成

在角色扮演活动中，学生不仅能充分发挥个人优势，展现自我，表达个人见解，还需要与他人及时沟通，换位思考、加深交流。角色扮演为学生提供了展现自我、发挥个性的平台，有助于个性品质的养成。

3. 活动设计

（1）活动准备

方法策略准备：包括设计情境内容、角色安排、表演环境等。

材料工具准备：包括情境剧本、角色卡片（包括角色的基本信息、性格特点、外貌特征、情感变化、语言行为等内容）、表演道具、观察记录表格等。

（2）活动流程

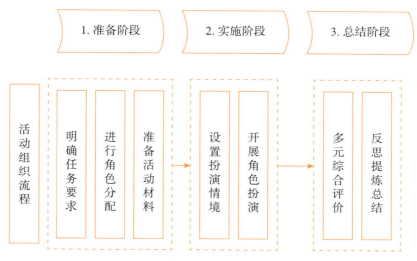

图4-5　角色扮演型教学活动基本流程

步骤一：准备阶段。

首先，在角色扮演活动前，教师围绕教学目标、教材内容及真实工作岗位要求设计情境剧本，明确任务要求。其次，教师根据情境剧本设计角色特征描述的卡片，进行角色分配，指导学生搜集背景资料，设计角色台词。最后，根据角色扮演需要准备道具材料，以及对"观察员"进行评价培训。

步骤二：实施阶段。

根据角色扮演活动方案创设情境，并根据准备阶段设计的角色台词进行角色扮演。在此过程中，教师不能完全放任不管，也不能要求扮演者每一步都机械地服从教师的指令。教师应当密切观察各个角色的行为和反应，并在学生遇到疑惑、扮演困难时，及时提供支持。

步骤三：总结阶段。

角色扮演结束后，教师对学生的表演进行综合评价，并为此设计科学有效的量表，全面了解学生的学习情况和成长进步的具体表现。教师还要组织学生进行反思和总结，让学生分享自己在活动中的收获、感受和体会，总结成功的经验和存在的问题。在此环节尤其要注意，角色扮演的目的不是培养职业演员，而是通过角色的语言、行为表现等，分析表演的真实性与合理性，挖掘人物的内在动机、行为产生的原因，由此培养学生正确的情感、态度和价值观。

4. 活动案例

本案例选自中职思想政治教材《哲学与人生（修订版）》第五单元第十四课"人生价值与劳动奉献"中的内容。教师通过角色扮演活动帮助学生理解价值判断与价值选择的特性，以体会在个人利益与集体利益发生冲突时如何作出选择，并结合材料促使学生理解环境保护与经济发展之间的关系，理解要站在最广大人民的立场上思考问题。具体的教学活动设计见表4-5。

表4-5 "价值判断与价值选择"教学活动设计表 [①]

活动名称	价值判断与价值选择		
活动类型	角色扮演型教学活动		
活动目标	1. 通过分析孙家村育保苗场的去留，理解价值判断与价值选择的特性，掌握如何作出正确的价值判断与价值选择。 2. 联系实际，能够理性分析不同主体的价值诉求，培养在价值冲突时站在集体和社会角度思考问题的能力。 3. 通过扮演其他社会角色，提升自觉参与公共事务的责任感，牢固树立奉献意识，把人民的利益作为价值判断和价值选择的最高标准。		
活动准备	设计活动剧本及教辅资源、设定角色安排、制作并发放角色卡。		
活动过程			
活动步骤	学生活动	教师活动	设计意图
准备阶段：明确任务要求进行角色分配准备活动材料	1. 观看视频。 2. 表演组成员理解分析不同人物角色特点，做好扮演准备，包括道具等材料的准备。 3. 观察组成员接受观察评价培训及任务。 思考题：在过去，为什么孙家村作出大力发展育保苗场的决定？	1. 播放视频《育保苗场的日夜》，呈现育保苗场的发展历程以及孙家村不同时期的面貌对比。 2. 给表演组学生分配角色任务。 3. 给观察组学生进行观察评价培训，分配观察评价任务。	提供声音和画面的双重刺激，生动展现孙家村的发展历程，引导学生迅速进入情境，为后续的角色扮演打好基础。

---

① 该案例由鲁东大学李海怡提供。

（续表）

活动过程

活动步骤	学生活动	教师活动	设计意图
实施阶段： 设置扮演情境 开展角色扮演	1. 表演组成员按角色扮演村民 A、村民 B，发言辩论。 2. 观察组以小组为单位进行讨论，1~3 组讨论问题一，4~6 组讨论问题二，完善本组观点以备发言。 问题一：为什么孙家村要"毁掉"当初大力发展的育保苗场，其价值判断与价值选择有什么特性？ 问题二：为什么村民内部对育保苗场的去留问题意见不一，其价值判断与价值选择有什么特性？	1. 组织表演组学生进行角色扮演：请"育保苗场工人""孙家村村民A""孙家村村民 B"就"要不要拆除育保苗场"这一问题发表自己的看法，每人发言不超过 4 分钟。 2. 组织观察组学生讨论发言。	引导学生多角度思考问题，理解不同的历史时期对育保苗场作出的价值选择与价值判断是不同的，不同的主体基于自身需要对育保苗场的态度也有所差异；通过具体事例帮助学生理解价值判断与价值选择的两个特性。
	1. 表演组角色扮演村干部发言。 2. 观察组以小组为单位进行讨论。 3. 观察组报告员发表观点。 4. 观看视频，了解孙家村村民的真实做法，思考并分享：在部分村民的利益与建设生态文明综合实验区的倡议有冲突时，孙家村居民为何还是选择拆除育保苗场？	1. 组织学生进行角色扮演：提出"面对村民意见不一致的状况，村干部该如何做"这一问题，请"村干部"发表自己的观点，发言时间不超过 3 分钟。 2. 组织观察组成员讨论发言：是否支持村干部的观点？ 3. 巡视倾听学生想法。 4. 播放视频，展示孙家村村民的真实做法。	通过角色扮演，学生切实体会在个人利益与集体利益发生冲突时如何作出选择；通过材料呈现的孙家村的现实发展，学生理解环境保护与经济发展之间的关系，理解要站在最广大人民的立场上思考问题。
总结阶段： 多元综合评价 反思提炼总结	1. 表演组成员回到座位，思考并分享心得。 2. 观察组主持人总结发言。 3. 聆听教师点评。	1. 明确宣布角色扮演活动结束，邀请角色扮演者结合评价表分享在角色扮演活动中的感悟。 2. 引导学生回到课堂最初提出的问题：为什么孙家村会发生如此大的变化？ 3. 对各小组学生点评进行补充和完善。 4. 梳理本节课所学及课本知识。	师生合作，梳理本节课的知识点，利用评价表评估自身和其他同学的表现，感悟价值判断与价值选择的标准。

参考文献：

［1］邓泽民 . 职业教育教学设计：第四版［M］. 北京：中国铁道出版社，2016.

［2］夏家发，彭近兰 . 教学活动设计［M］. 武汉：华中师范大学出版社，2010.

［3］徐国庆 . 职业教育课程、教学与教师［M］. 上海：上海教育出版社，2016.

［4］崔晨捷 . 合作型学习模式的实用性和可操作性［J］. 才智，2016（24）：108+110.

［5］黄福兴 . 基于中职思想政治学科核心素养的教学活动设计与运用［J］. 现代职业教育，2020（3）：82-83.

［6］高向斌 . 我国合作学习理论研究的问题与方法［J］. 天津师范大学学报（社会科学版），2005（4）：70-74.

［7］李海怡 . 角色扮演法在高中思想政治课中的运用探究［D］. 烟台：鲁东大学，2022.

［8］吴志华，俞素平，陈艳琼 . "项目引领，任务驱动"模块化教学模式的创新与实践［J］. 福建建材，2022（8）：108-112+34.

［9］阳大胜 . 德式"四步教学法"在高职商科课堂教学中的运用探析［J］. 广州城市职业学院学报，2020（4）：26-30.

第五章　教学内容组织与呈现

教学目标是教学活动的指南针，教学内容的组织与呈现则是实现这些目标的路径和方法。它不仅决定了教学内容是否能够被学生有效掌握，也影响着教师课堂教学活动的顺利实施。教师不仅要关注教学内容的科学性和准确性，更要重视其组织与呈现的合理性和生动性，为学生提供一个契合其认知水平、兼具深度与广度的学习体验。

一、对教学内容的理解

（一）教学内容的含义

教学内容是指在教学过程中学生所要学习的知识、技能、素养等内容的总称。教学内容是教师根据教学目标和学生的学习需求，经过选择、组织和安排而确定的。教学内容的组织与呈现直接关系到教学的效果和质量。在职业教育中，教学内容主要包括以下几个方面：

1. 知识类内容

知识类内容是指教学中学生所要学习的各种理论知识，包括学科知识（如语文、数学、英语、历史等）和专业知识。这些知识类内容是学生学习的理论基础，教师需要根据学生的学习需求，选择和组织相应的知识内容。例如，在数学学科教学中，知识内容包括集合的概念、任意角的概念等；而在酒店管理专业教学中，知识内容包括酒店运营管理、客房服务、餐饮管理等方面的专业知识。

2. 技能类内容

技能类内容是指教学中学生所要学习的各种技能，包括实践技能、创新能力等。教师需要设计相应的教学活动和任务，帮助学生掌握和运用这些技能。例如，在汽车维修专业教学中，教学内容包括汽车维修技术、故障排除、维修工具使用等方面的实践技能。当然，在学科教学中也包括技能类内容，如数学教学中几何图形的绘制和计算即属于技能类内容。

3. 素养类内容

素养类内容是指在教学过程中学生应学习和养成的情感、态度、价值观，以及职业道德、职业精神、职业意识和职业作风等方面。教师需要通过讨论、互动和实践等方式，引导学生形成正确的观念和积极的态度。例如，在会计专业职业教育中，素养类教学内容包括法律意识与观念、职业道德、团队合作、持续学习和自我提升等方面的内容。

（二）教材内容与教学内容的关系

教材内容是教材编写者依据一定的标准或大纲，系统设计的学习内容、选取和组织的学习材料；教学内容是教师依据课程标准确定的学生所需要学习的具体内容。

长期以来，人们常常把教材内容和教学内容混为一谈，这种认知存在局限性。教师必须处理好教材内容与教学内容的关系，才能实现从"教教材"向"用教材教"转变，从而不再只是教材的执行者，而成为教学内容的实施者。

教材内容是教学内容的基础和依托，其经过精心选择和组织而成，是教学的重要资源，为教学内容提供了基本的教学素材和框架。教学内容是在教材内容的基础上进行选择、取舍、加工、提炼，围绕教学目标和学生需求进行设计的，以适应不同的教学环境和需求。教材内容有时与教学内容匹配度较高，教学内容基本上就是教材内容，但有时教学内容不仅仅局限于教材内容，需要教师对教材内容作适当处理。需要说明的是，教学内容应严格执行课程标准，尤其是具有国家统一标准的公共基础课。

（1）教材内容是教学内容的重要组成部分，但不是全部。教学内容不仅包括教材内容，还包括对学生的引导与激发作用、方法论指示、教师的教育性价值判断、规范概念等要素。换言之，教学内容涵盖了师生在教学过程中实际开展的全部活动。

（2）同相对固化的教材内容结构相比，教学内容呈现出一系列的可能性。教师会根据所教学生和所处教学环境的需要，对教材所呈现的知识内容和知识结构进行整合，生成教学内容。因而教学内容是一个开放的系统。

（3）教材内容相对静态且稳定，教学内容则是现实而生动的。教学内容涉及复杂多变的教学情境、教师的主观能动性以及学生动态的学习过程，始终处于动态变化之中。它既体现着时代和产业发展的内容导向，又包含适合教学对象的针对性内容组合。

随着教育教学改革的不断深化，教材和教学的关系变得更加密切，两者相辅相成，相互促进，相互影响。教师应基于对课程标准的领会，把握教材中知识间的内在联系，超越对教材内容的机械传递，进行合理必要的调整，或增加，或重组，或替换，以生成丰富多样的教学内容，开展创造性、个性化的教学活动。

二、教学内容的确定

（一）确定教学内容的原则

职业教育由于科技进步、产业转型发展较快等因素，以及学生将直接进行社会实践等原因，其教学内容相对来说要求更新较快。这就需要教师依据教学目标，根据学生的实际能力和需求，在最大限度地发挥教材指导作用的前提下，对教学内容进行选择和优化。这也是提高教学质量的关键所在。教师在确定教学内容时，需要遵循以下原则：

1. 基于标准原则

课程标准是教育行政部门颁布的重要教学文件，它规定了课程的性质、课程目标、课程内容与学习要求，是教学的直接依据。因此，教师在确定教学内容时，必须深入钻研课程标准，理解并掌握其精神实质，以确保所教内容符合课程标准的要求。同时，教师还需要根据学生的实际情况，包括他们的认知水平、心理特征、学习规律等，对教学内容进行有效处理，使其更加贴近学生的实际需求。

2. 循序渐进原则

教学内容应具有连贯性，形成一个有机的整体，并且是循序渐进的。教师可以根据知识结构和学生的学习能力，将教学内容分为不同的单元或模块，逐步推进学生的学习。

3. 多样性原则

教学内容应具有多样性，以满足学生的不同学习需求和兴趣爱好。教师可以通过多种教学方法和资源，提供丰富多样的教学内容，激发学生的学习兴趣和主动性。

4. 实用性原则

教学内容应具有实用性，能够与学生的实际生活和职业发展相结合。教师可以通过案例分析、实践活动等方式，将教学内容与实际应用相联系，帮助学生将所学知识和技能应用到实际问题中。

5. 与时俱进原则

教学内容应紧跟社会的发展和变化，与时俱进，具有更新性。教师需要关注行业和学科的最新动态，及时更新教学内容，以保持教学的时效性和前瞻性。

（二）教学内容确定的步骤

教学内容是学与教相互作用过程中指向传递的主要信息。确定职业教育教学内容的步骤可以根据不同的教学环节和课程特点而有所不同，但通常包括以下步骤：

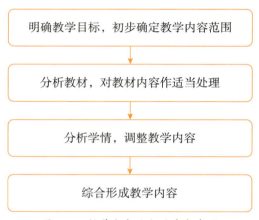

图 5-1　教学内容确定的基本步骤

1. 明确教学目标，初步确定教学内容范围

确定教学内容先要明确应该达到的具体教学目标，包括知识目标、技能目标、素养目标等，从而确定教学内容的范围，即教学中包括什么，不包括什么。此外，要通过合适的教学内容有效地突出重点、突破难点，保证教学的科学性、思想性和系统性，使学生更容易理解，有利于记忆、巩固。

中职护理专业"药物应用护理"课程中"肾上腺糖皮质激素类药应用护理"的教学目标要求是：掌握糖皮质激素的作用、用途、不良反应和用药注意事项；能严格把握糖皮质激素类药使用的适应证和禁忌证，对糖皮质激素类药的使用具备合理护理能力；能正确指导病人的合理用药；养成对患者具有爱心、耐心、细心和高度的责任心，以及良好的人际沟通、团队协作能力。

依据教学目标，可以把教学内容设计为三方面：一是基础知识部分，阐述糖皮质激素的作用、用途、不良反应；二是能力与方法部分，借助教材、教学辅助用书、药品说明书等教学资源，给长期应用糖皮质激素的患者制订用药指导方案；三是情感体验部分，通过播放肾病综合征患儿的多媒体视频及图片，加深学生对糖皮质激素的作用、用途、不良反应的理解，丰富学生的情感体验。

2. 分析教材，对教材内容作适当处理

根据教学目标、教学重难点，以及初步确定的教学内容范围，分析教材中的内容，了解教材内容、结构、难易程度，以及教材中各知识点、技能点之间的联系等，对教材内容作适当取舍，有时还需补充适当内容或材料，从而形成以教材为基础的教学内容。

中职旅游服务与管理专业"旅游基础知识"课程是对旅游各方面基础知识的教学，教材编写注重一般性知识的介绍。职业教育主要是为地方经济发展服务的，旅游服务与管理专业的学生必须弄清本地的旅游资源状况，尤其是具有代表性的旅游资源的特色和各种文化内涵。因此，在"古典园林文化"的教学内容中可以适当地补充本地的内容，讲解上海五大古典园林（豫园、秋霞圃、醉白池、古猗园、曲水园），以加强学生对本地景观的了解。

3. 分析学情，调整教学内容

只有在了解学生的学习需求和学习特点的基础上，根据学生的实际情况和接受能力，才能设计出合适的教学内容。

（1）学习基础

教学内容的选择要以学生的学习经验为出发点。教师应了解学生对于与即将学习的新知识相关的基础知识和基本技能的掌握情况及程度，调动学生已有的知识积累，循序渐进地开展一系列实践活动，从而帮助学生建构新的知识体系。

"会计基础"课程中"记账凭证的填制和审核"的教学要安排在"原始凭证的填制和审核"之后。记账凭证的教学内容可以从复习原始凭证的填制和审核知识开始；在各种记账凭证的填制和审核实操训练中，也要求学生熟练地选择出所附的原始凭证。

（2）学习特点

教学内容的确定必须符合学生的年龄特点及其相应的接受能力和思维方式，包括学生的年龄、性别、兴趣、认知水平、学习风格等方面。

中职护理专业的学生文化基础较弱，但直观行动思维倾向较强，教学内容中可以安排一些动手操作的内容，如让学生从无序摆放的众多药品中挑选出糖皮质激素类药，按使用方法分类排列，并依据药品说明书列表比较各药的临床用途和不良反应。

（3）职业需求

教学内容的确定，还必须考虑学生的职业需求和专业特点，以行业企业发展需要和完成职业岗位实际工作任务所需的知识、技能、素养要求为导向。

体育教学要从体质上培养学生的专业工作能力。在烹饪专业的体育课上，增加上肢和肩、胸部的力量训练等教学内容，以此来应对"翻锅"这一专业技术动作所需要的力量；在旅游专业的体育课上，增加耐力跑和跳绳等教学内容来加强耐力素质的提高，以应对学生将来在当导游时的体能要求。

4. 综合形成教学内容

根据教学目标和教材、学情分析结果，紧密结合学生的实际情况和职业需求，确定需要重点讲解的内容，以及需要补充或扩展的相关内容。教学内容应该注重实用性和职业性，注重知识点的系统性和连贯性，提高教学效果。

中职会计专业"会计基础"课程中"填制、审核记账凭证"教学内容的确定步骤

一、 明确教学目标及教学重难点

（一）教学目标

1. 知识目标

（1）复述记账凭证的概念和基本内容。

（2）列举记账凭证的种类。

（3）记住记账凭证的填制要求。

（4）记住记账凭证的审核要点。

2. 技能目标

（1）能正确、规范、完整地填制记账凭证。

（2）能按会计人员职责分岗位完成记账凭证的修改、作废和审核。

3. 素养目标

（1）恪守认真、细致、严谨的工作作风。

（2）养成良好的会计职业操守。

（二）教学重点与难点

1. 教学重点

（1）根据经济业务内容，正确选择记账凭证种类。

（2）正确填制和审核记账凭证。

2. 教学难点

记账凭证填制的正确、规范和完整。

二、再析教材

本次课选自教材《基础会计》第六章。填制与审核记账凭证是会计工作的重要环节，分析结果的好坏直接影响后面核算程序账务处理的正确与否。教材中介绍了记

账凭证的概念和种类、具体填制要求、审核方法等。由于记账凭证种类繁多，综合性强，应用广泛，因此教学内容可以在教材内容的基础上丰富实例，配合进行讲解。

另外，"会计基础"是一门实用性很强的课程，教学中应注重理论联系实际，利用现代教学手段和会计凭证、账表等实物展示，运用实务案例，让学生多做练习，加强基本技能训练，提升学生的感性认识和动手能力，培养学生分析和解决问题的能力。教学内容中应增加练习，突出基本操作技能的培养和训练。

三、再识学情，明确学习需求

（一）知识储备及基础

学生基本掌握了填制原始凭证的操作技能，理解了会计凭证的基本含义和相关内容，但对于原始凭证的填写还不够熟练规范。教学内容中强化对原始凭证相关知识、技能的掌握，如复习原始凭证知识；在各种记账凭证的填制和审核实操训练的同时，要求学生先熟练地对所附的原始凭证进行审核。

（二）学习能力及特点

学生学习会计的兴趣较高，态度认真；专业思维能力及解决实际问题的能力较薄弱，个别学生在填制原始凭证时还缺乏严谨、规范的实际操作作风，有待提高；喜欢实操课。利用案例导入，创设情境，结合工作实际进行实操；开展讨论，激发学生思维，引导其用已有的知识去解决未知的问题。

（三）职业岗位实际需求

实际工作中多数单位使用收款凭证、付款凭证、转账凭证的复式记账凭证，在教学内容中要重点突出讲解和加强练习。实际工作中会计凭证具有多变性，相关岗位人员要能够灵活运用所学知识举一反三。

四、确定教学内容

（一）知识学习

1. 记账凭证的概念。

2. 记账凭证的基本内容：名称、日期、编号、会计科目、金额、摘要、所附原始凭证张数、相关责任人员签字或盖章等。

3. 记账凭证的种类：按照不同分类标准，分为收款凭证、付款凭证、转账凭证；单式记账凭证、复式记账凭证；汇总记账凭证、非汇总记账凭证。

4. 填制记账凭证的要求：审核原始凭证，正确填写记账凭证的日期、编号、摘要，正确编制会计分录，注明所附原始凭证的张数，记账凭证应按行逐次填写，记账凭证的签章、记账凭证的更正应符合规定。

5. 填制记账凭证的方法。

（二）技能学习

1. 收款凭证的填制：案例引入；讲解示范填制步骤与要求，学生参与讨论。

2. 付款凭证的填制：案例引入；讲解示范填制步骤与要求，学生参与讨论。

3. 转账凭证的填制：案例引入；讲解示范填制步骤与要求，学生参与讨论。

4. 记账凭证的审核内容：所附原始凭证是否齐全；填制内容是否完整，金额是否正确；摘要是否符合规定；会计分录是否正确；编号有无重号、漏号现象；有关人员应在凭证规定的位置签章。

5. 会计凭证的传递、装订与保管。

（三）素养养成

1. 相关法律条款。

2. 案例分析。

（四）实践训练

1. 提供一些会计凭证，让学生进行分类和辨别。

2. 提供一些实际工作中的会计凭证编制案例，让学生进行模拟填制、审核各类凭证。

3. 分组竞赛：以差旅费报销业务为例创设情境；分若干小组，由学生分别扮演出纳员和财务主管，并准备好差旅费报销单和记账凭证；出纳员根据审核无误的原始凭证填制记账凭证，财务主管审核记账凭证。

上述案例中的这些步骤是确定教学内容的一般过程，但具体实施时可能需要根据不同的课程和教学环境进行适当的调整和完善。之后，将确定的教学内容进行有序组织，形成一个有机的整体。

三、教学内容的组织及拓展

教学内容确定之后，教师需对其进一步组织和安排，以便让教学内容更易于被学生学习和接受，进而促进学生知识、技能与素养的提升，增强教学的实效性。

（一）教学内容组织的主要方式

恰当、有效的组织方式或结构，有利于顺利实施教学，产生良好的教学效果。通常，从不同的分类视角来看，教学内容的组织方式主要有以下三种：

1. 纵向组织和横向组织

纵向组织，如图 5-2 所示，或称序列组织，就是按照某些准则的先后顺序排列教学内容。这里主要是按照知识掌握的先后顺序，从已知到未知、从简单到复杂、从具体到抽象等，强调知识的体系和深度。

图 5-2　教学内容的纵向组织

在英语课教授词类时，教师可以先从学生平时接触较多的、形象性较强的名词、动词、形容词等词类入手，接着再讲解接触较少或较抽象的副词等词类，引导学生逐步掌握词类的基本概念和特点。

横向组织，如图 5-3 所示，是以知识之间的横向联系组织教学内容，即构建一个个相对独立的内容模块，强调教学内容的综合性和知识的广度。

图 5-3　教学内容的横向组织

在机械制造基础课上讲授机械加工中的金属切削时，教师可从切削刀具、切削机床、切削夹具等模块展开，引导学生熟悉和掌握常用切削工具设备的特点及操作要领，综合了解金属切削的工具设备等知识。

2. 直线式和螺旋式

直线式组织，如图 5-4 所示，是把教学内容组织成一条在逻辑上前后联系的直线，前后内容基本不重复。对一些操作性强、理论性相对较弱的教学内容，直线式较为合适。

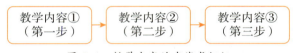

图 5-4　教学内容的直线式组织

> 　　按照某一工序流程，从操作的第一步依次组织教学，逐步进行下去。比如制作一件成衣，首先选择原材料，然后裁剪，裁剪完成后进入缝纫，接着是整理和染烫，最后包装。

　　螺旋式组织，如图 5-5 所示，则要在不同阶段使同一教学内容重复出现，后面内容是对前面内容的重复和加深。对一些理论性强、学生不易理解和掌握的内容，尤其对低年级学生来说，螺旋式更合适。

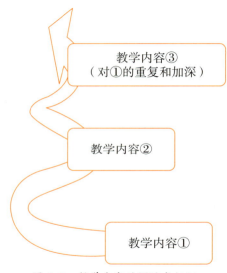

图 5-5　教学内容的螺旋式组织

> 　　在语文课古典诗歌教学中，教师可以先引导学生回忆之前学习过的诗歌，大致了解、熟悉我国古典诗歌的发展历程，再组织学生通过一组特色突出、代表性强、难度相对提升的诗歌，深入理解我国古典诗歌的发展历程及特点，并在此基础上评析不同时期不同体式的诗歌。

　　这两种编排方式各有利弊，直线式可以避免不必要的重复，螺旋式容易照顾到学生的认知特点而加深对课程的理解。在教学内容的编排中，可以根据需要综合运用两种方式。

　　3. 逻辑顺序和心理顺序

　　逻辑顺序，主要是从学科出发，根据学科本身的体系和内在联系组织教学内容，是以赫尔巴特为代表的传统教育派的主张。

在历史课上，教师可以按照时间顺序讲解历史事件发生的过程，引导学生了解历史事件的发展演变及其对社会的影响，提高对历史事件的把握和分析能力。

心理顺序，主要是从学生出发，按照学生心理发展的规律来组织教学内容，是以杜威为代表的现代教育派的主张。

心理学研究表明，学生的课堂注意力、意志力、情绪状态，通常分别在课的前半部、中后部、后半部达到高峰。比如，在体育课教学中，宜将新授知识或技术性强的复习内容放在课的前半部，耐力性、对抗性练习内容宜放在课的中后部，竞争性强的练习放在课的后半部。这样既能满足学生的生理需求，又能满足学生的心理需要，还有利于对学生进行有效的思想品德教育。

教学内容的组织既要考虑逻辑顺序又要考虑心理顺序，即在组织教学内容时，既要考虑客观事物的发展和内在逻辑联系，也要考虑学生的认知特点。

（二）教学内容组织的常见方法

在上述组织方式的指导下，教师可以针对教学内容的特点，选择合适的、具体的组织方法。常见的教学内容组织的方法有：

1. 顺序组织法

按照知识点的逻辑关系和学习难度，从简单到复杂、从基础到进阶、由易到难、由浅入深的顺序进行组织。这种方式可以帮助学生建立起知识的框架，提高学习效果。

在 Photoshop 课上学习抠图时，学生应先了解抠图的基础知识，接着熟悉常用工具的操作方法。随后，从简单的通道抠图入手，进而学习蒙版抠图、钢笔抠图等方式，逐步提升难度。

2. 分类组织法

将相关的知识点按照一定的分类标准进行归类，然后进行组织。这种方式可以帮助学生理清知识之间的联系，提高学习的整体性和系统性。

在生物学课上学习生物多样性时，教师可以按照动物、植物、微生物三个模块来组织教学，以增进学生对生物多样性具体表现的认识与理解。

3. 问题中心组织法

以问题为中心，将知识点按照解决问题的需要进行组织。这种方式可以培养学生的解决问题能力，增强学生的实践能力和创新能力。

> 在语文课上教授鲁迅的小说《祝福》时，教师可以设置问题"是谁杀死了祥林嫂"，引导学生寻找线索和证据，找出祥林嫂的死因，从而深入理解小说的主题思想。

4. 活动中心组织法

以活动为中心，将知识点按照活动的需要进行组织。这种方式可以帮助学生通过实践活动来掌握知识和技能，增强学生的动手和实践能力。

> 在数学课上讲解"百分比的应用"时，教师可结合学生"存钱"的生活体验，将其转化为"百分比的应用——利息"这一具体情境。教师可以邀请学生扮演储户和银行储蓄员，开展"存钱"活动。在活动中，学生通过利息的计算和调整，理解和掌握百分比在实际生活中的应用。

5. 模块化组织法

将教学内容分为若干个模块，每个模块包含相关的知识点和技能点，按照模块的顺序进行组织。这种方式可以方便教师进行教学设计和实施，也可以帮助学生按照模块进行自我学习和复习。

> 口腔医学课上，教师在分析下颌第一磨牙深龋临床病例时，组织学生从理论模块（口腔基础医学）、实践模块（口腔临床医学）两大模块进行学习。理论模块，着重涉及口腔解剖生理学、口腔组织病理学、口腔材料学等相关内容；实践模块，着重涉及窝洞充填、嵌体修复等技能的训练。

总之，教学内容的组织应该根据教学目标、教学内容的性质和学生的实际情况进行选择和设计，以达到最优的教学效果。

（三）教学内容的拓展

教师在组织教学内容时，需要对其进行合理的增减与整合。其中，对教学内容进行适度拓展尤为重要。这意味着教师要适时围绕教育教学的主题，通过综合性教学活动，实现知识、技能、思维等方面的延伸。

如图5-6所示，教学内容的拓展，有助于充实课堂，丰富教学，搭建教学台阶，优化教学效果；有助于开阔学生的眼界，活跃思维，培养和提升思维品质；有助于强化前后学习的连接互动，打造系统关联的学习结构体系；也有助于训练学生的迁移应变能力，帮助学生提高自适应力等。

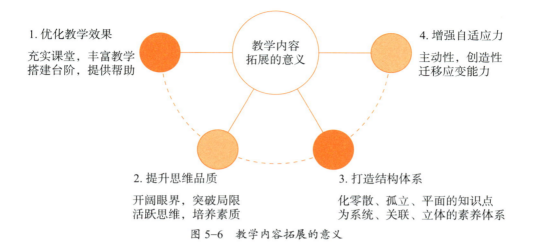

图 5-6　教学内容拓展的意义

按照不同的分类标准，教学内容拓展的形式可以有不同的类型，其中主要有以下两种，如图 5-7 所示。

图 5-7　教学内容拓展的主要类型

1. 按引导方式划分

按照引导方式的不同，主要有类比性拓展、对比性拓展、延伸性拓展、试错性拓展等。

（1）类比性拓展

类比性拓展即采用同类相比的推理方式进行拓展，侧重于两者的相似点。比如，在课堂教学中遇到难以直接理解或掌握的教学内容时，可以从生活中常见的同类事物、便于理解的同类现象、学生已有的同类认知等方面入手，再过渡到对该教学内容的学习。又如，检测学生是否真正理解并掌握了所学知识或技能时，可以拓展设置同类型的练习。

　　数学课上，教师启发学生运用类比猜想；语文课上，教师阅读了一篇描写"春天"美景的文章，引导学生掌握写景技巧，安排学生运用所学，描写"夏天""秋天"或"冬天"的景色特点。

（2）对比性拓展

对比性拓展即采用异类相比较的方式拓展教学内容，侧重于两者的不同点。比如，为了掌握新知识或新技能，可以选择一些已知的但与之相反的、相对的知识或技能来进行比较，在比较中完成对新知识或新技能的理解和掌握。又如，为了加深对所学内容的理解，可以选择与之形成反差的内容进行比较，在探寻差异的过程中强化认识与把握。

在语文课上，讲解创作风格、创作特色时，教师可引导学生将不同作家的作品或同一作家不同时期的作品进行对比；在外国建筑史教学中，教师可尝试引入本地或国内的一些与外国建筑有对比性的材料，引导学生进行比较分析。

（3）延伸性拓展

延伸性拓展即围绕核心教学内容在广度、深度或范围等方面进行延伸，侧重于两者的关联性。比如，在学习甲内容前，需要先引入与之有关的乙内容作为铺垫，待学生了解了乙内容后，再开展甲内容的学习。如此一来，学生对内容的理解会更轻松，理解程度也能得到加深。又如，在学习了甲内容后，为了深化、升华或迁移所学所获，可以增设与之有关的丙内容作为巩固，这在教学的课后拓展模块经常使用。

在思想政治课上，正式学习劳动观教育内容前，可以安排学生观察、交流生活中的劳动现象，以此激发探知的兴趣，这对后续劳动观的引导教育有很大帮助。在英语课上，教师可以组织以"Animals and Me"为主题的阅读活动，要求学生在学习原文的基础上，自主寻找与主题相关的阅读素材，并在阅读之后谈一谈自己的收获。

（4）试错性拓展

试错性拓展即引导学生根据已有的认知基础或经验，进行尝试，以寻找正确答案，侧重于尝试与改进。比如，面对新情境、解决新问题时，可以通过"实验—失败—改进—再实验—再失败—再改进"螺旋式的上升过程，不断排除错误答案，从而无限接近并最终找到正确解答。又如，在已知正确答案的情况下，改变某个或某些因素，得到一个错误的示范或失败的结果，以强化学生的理解。

在数学课上，当学生遇到了一道从未做过的数学题时，按照经验判断，他们会想到可以运用设未知数、逻辑推算、加辅助线等方法尝试解答，以寻求正确的解题思路。在铁道机车运用与维护专业课上，针对某个维修问题，教师可让学生通过反复实验寻找解决办法，或者改变正确做法中的某一个步骤，让学生体会到不合规后的失败或潜在危险。

2. 按学习时空划分

按照学习时空的不同，主要分为课内拓展和课外拓展，其中课外拓展又可细分为课前拓展和课后拓展。

（1）课内拓展

课内拓展是将所拓展的教学内容安排在课堂教学环节中，即在课堂上进行拓展。课内教学内容的拓展，主要是针对这堂课的核心教学任务，设置一些需要学生当堂完成的拓展内容。衔接得当的课内拓展有助于整堂课顺利开展，更好地实现教学目标。

> 在语文诗歌教学中，教师结合文本指导学生诵读技巧，引导学生多读、有感情地读；在数学课上，学习了一个新的知识后，教师及时拓展一道题目，让学生练习。

（2）课外拓展

课外拓展是将所拓展的教学内容安排在课堂教学以外，即在课前或课后进行拓展。其中，课前拓展延伸，主要是布置学生做相关知识、生活积累方面的准备，做好知识和情感铺垫，激发学习和探究兴趣；课后拓展延伸，主要是设计有利于学生巩固提高的生活性、操作性题目，使所学得以巩固，能力得以提升，特长得以施展。

> 专业课，教师在课前查询、准备某知识的背景资料；语文、英语等科目，教师在课后设置拓展延伸的阅读或写作任务。

四、教学内容的呈现

随着对素质教育重视程度的提高，职业教育课堂教学越来越注重教学内容的呈现。合适的呈现可以帮助教师优化课堂设计的结构，把握课堂教学的进程，为师生互动式教学提供活跃的氛围和丰富的资源。同时，它可以为学生提供多样化的学习方式，帮助学生有效建构知识结构，培养学生的能力，提高学生的素质，为学生创造自主探究、合作交流的空间。

（一）教学内容呈现的方式

教师应结合教学目标、学情以及教学环境，选择最符合需求的教学内容呈现方式，在课堂教学的各个环节进行合理、高效的内容呈现。基于职业教育教学内容的特点，常见教学内容呈现方式包括口头表达、可视化表达、实操呈现和情境呈现四种，如图5-8所示。

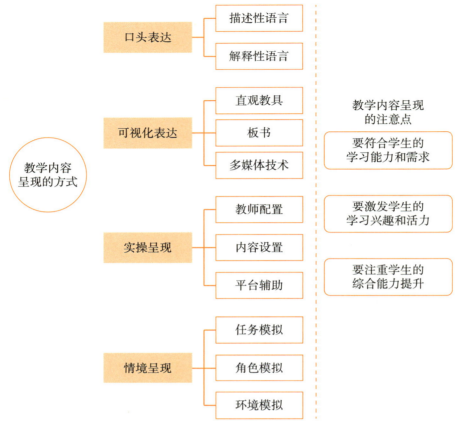

图 5-8　教学内容呈现的方式

1. 口头表达

口头表达，即通过口头语言的方式来传达信息，对教学内容进行解释和分析，帮助学生理解、记忆、掌握教学内容。这种呈现方式常见于课堂讲授环节，口头表达的内容一般包括描述性语言和解释性语言。

（1）描述性语言

描述性语言是对客观存在的事物、现象、概念和过程等的真实描述，它强调中立、客观。

适用范围：描述性语言表述的范围通常是对事实、概念以及规律、原理等方面的"陈述性知识"的阐述，常用于新知识、新技能的引入，也是教学内容中较为基础的部分。

在讲授唯物主义知识时，教师把唯物主义的主张和内涵以文字形式呈现在屏幕上，并运用描述性语言向学生解释：唯物主义是哲学的两个基本派别之一，与唯心主义相对。它主张物质是世界的本原，世界是物质不同的表现形态，精神是物质的产物，物质不依靠精神而独立存在；人的认识是对事物的反映。

（2）解释性语言

解释性语言，又叫说明性语言，是指在客观事实的基础上，适时穿插解释或补充信息，介绍事物的形状、构造、类别、关系、功能，解释事物的原理、含义、特点、演变等，帮助学生理解。

适用范围：

其一，对于其他呈现方式的补充，即在教学内容的呈现中，将语言与其他形式结合，适当地穿插解释或补充信息，或是衔接各个教学环节。

教师可以用解释性语言帮助学生充分理解图表，后者是可视化表达中常用的内容呈现形式。例如，在物流专业分析库存管理情况的图表时，教师需要将安全库存、库存上限、库存周转率、平均库存等数据维度和专业知识背景联系起来，以帮助学生理解图表信息。

其二，对实践情境、操作逻辑等"程序性知识"的解释。相较于陈述性知识，程序性知识具有隐性、间接、难表达的特点，可以结合学生生活实际、专业特点、职业岗位需要进行解释说明。

在制冷和空调设备运行与维修专业的制冷辅机安装课上，教师在介绍操作步骤时，可以结合施工图、设备图、岗位需求和操作规范等内容，解释每一步的操作要求，以此帮助学生深刻理解并掌握制冷辅机安装的操作步骤。

2. 可视化表达

可视化表达是指教师利用实物工具、模具模型、图形表格等直观教具，或运用多媒体等教学手段，把经学生思考、讨论后仍无法解决的抽象、复杂的内容以简明化、具体化的方式呈现给学生。可视化表达具有生动、有趣的特点，能够让学生直观地感受教学内容，激发学生的学习兴趣。

（1）直观教具

直观教具是教学中为学生提供感知的实物、模型、图表等教学用具，可以让学生对教学内容产生感性认识。比如，图 5-9 水质检测工具箱、图 5-10 宝石检测工具属于实物教具，图 5-11 属于用 Excel 制作的图表教具。

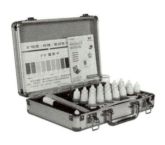  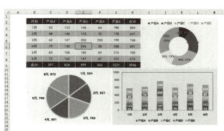

图 5-9　水质检测工具箱　　　图 5-10　宝石检测工具　　　　图 5-11　Excel 图表

适用范围：可以用于新课的起始阶段，激发求知欲；用于引导学生提出问题；用于突出教学重点，突破教学难点；用于揭示机理；用于设置悬念；用于巩固知识。

在会计凭证的教学中，教师为学生展示原始凭证和记账凭证的实物、银行结算凭证扫描仪的模型等教具，可以使得抽象、枯燥的教学内容更具说服力。在光照数据采集系统搭建的教学中，教师将操作的步骤以流程图形式分段、分步骤地呈现，把复杂、抽象的内容简明化、具体化。

（2）板书

即便现代教学辅助手段越发多样化，板书在课堂教学中仍具有独特的作用，尤其是在落实教学计划、突出教学重点、发挥示范作用、强化形象直观、加深学生印象、巩固记忆等方面，其教学辅助功能是明显的，如图 5-12 所示。

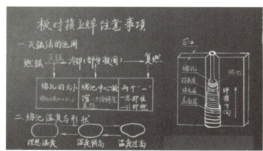 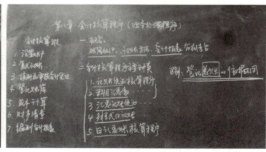

图 5-12　板书

在机械设计制造专业的模具设计课程中，教师可以设计结构清晰、内容规范的板书，为学生理清教学内容的思路和知识架构，构建认知结构的示范，突出教学内容的重点和难点。

（3）多媒体技术

多媒体技术是指通过计算机对文字、数据、图形、图像、动画、声音等多种媒体信息进行综合处理和管理，促进多种感官与计算机进行实时信息交互的技术，具有直观形象、生动逼真、便于控制等特点。

适用范围：

其一，多媒体技术的应用范围广泛，可以用于调动学生的感官知觉，提高学生的学习兴趣，提升课堂参与度。

在讲授"社会变革与百家争鸣"时，教师可以用多媒体互动游戏或视频导入课程，引出课程主题，激发学生兴趣。但要注意，不能只停留在感官刺激，更需要引导学生对教学内容形成更深层次的探索欲望。

其二，多媒体技术可以用于转换理论知识，利用其图像、声音和动态效果，让教师在教学中将抽象的教学内容更清晰地呈现出来，使细节内容进一步放大，降低教师的教学难度和学生学习的理解难度。

在活塞连杆组拆卸的教学中，教师可以通过多媒体来展示不同原因导致机油不足而产生的不同寻常的现象，让学生更容易理解和掌握。

其三，多媒体技术还可以用于实践场景的复刻，或模拟错误、危险的实验／实践现象。由于学校环境、师资水平及实验室设备等条件的限制，职业教育中很多实践场景无法实现；有时，一些具有危险性的实验或错误操作，教师不能演示给学生看，不具备直观性。而多媒体技术可以解决这些问题。

在民航运输服务专业讲解民航危险品装卸规定的知识点时，教师可以通过多媒体展现出真实案例中错误操作所引起的危害，向学生强调有序规范操作的重要性。

3. 实操呈现

实操即对理论知识的实践应用，实操呈现则是借助教师操作演示、学生实操练习等形式，将教学内容直观地展现出来。

适用范围：常用于中职专业课程和基础课应用型内容的教学中。职业教育不同于普通教育，职业教育更侧重于实践技能和实际工作能力的培养，强调实际训练，突出技术、技能培养。实操呈现能帮助学生更好地理解教学内容在实际生产场景中的应用，熟悉并掌握企业的生产规律、工艺、设备和技术等。

教师可以通过实操对教学内容进行解构与重构，以技能引导知识学习，将知识嵌入技能学习，让学与做相结合，避免学生陷入纸上谈兵的误区。

（1）实操的教师配置

实操呈现中，教师要完成操作前的示范演练、操作中的答疑解惑、操作后的点评总结。这就要求配置的教师同时具备专业的理论知识和丰富的实操经验，能够解决实际工作中的问题。

> 在学习银行存款余额调节表的编制过程中，学生在理论题完成度和准确率方面表现尚可。但如果给他们一份真实的银行存款日记账和银行对账单，让其进行银行存款清查的实操时，仍然会面临一定困难。这就需要教师先进行实操示范，再提醒学生操作中的细节，比如日记账和银行对账单的记账方向是相反的。

（2）实操的内容设置

职业教育和行业发展息息相关，教师需要将教学内容对标企业生产实际和行业人才培养需要，在实操呈现中融入行业发展的变化和专业技能比赛的要求。

> 示例1：将电子商务运营课程与电子商务技能竞赛项目对接，根据学情和教学目标对教学内容加以整合与调整，促使课堂实践教学与专业技能竞赛形成相互促进的关系，以此提升课堂实践的教学质量。
>
> 示例2：在网络营销课程中，学生对不同营销渠道的特点难以有直观的认识，教师可将"某品牌新品发布"作为案例，结合行业中不同渠道和平台的营销风格进行比较分析，培养学生运用知识于实际的能力。

（3）实操的平台辅助

教师在以实操方式呈现教学内容时，可以充分利用校内实训平台。数字技术已经从教学方法、评价体系、师生互动模式等角度深刻地改变了课堂。其中，虚拟仿真实训平台把虚拟现实（VR）技术、增强现实（AR）技术、大数据技术等应用于职业教育领域，通过计算机模拟真实的自然现象或社会现象，以供学生开展技能训练。

相比于传统的内容呈现方法，虚拟仿真实训平台的适用范围广泛，既能解决实训场所、实训设备有限的问题，又能避免易燃、易爆、有毒、有腐蚀性、高温等常规实践教学带来的危险。同时，它可以辅助教师，将枯燥生涩的不同科目知识点通过图像、音频和3D形式具象化，并赋予可交互的属性，为学生带来更好的沉浸感和数字化内容体验，从感官方面加深对知识点的记忆和理解。

> 示例1：在无人机操作课程中，教师可以通过VR技术创造有趣味的仿真学习环境，在相对安全的操作环境中提供沉浸式的交互，培养学生自主学习的能力。
>
> 示例2：在叠合板构件生产课程中，教师可以引导学生通过AR交互平台观看三维图纸，来决定跨度方向钢筋和宽度方向钢筋正确的叠放顺序。

此外，借助人工智能（AI）技术，教师可以通过实操平台的机器学习算法，通过对各类课堂数据的应用，更加精准地开展个性化教学和诊断。

在检修智能驾驶辅助系统的学习中，AI可以收集学生在实训中各阶段仿真操作数据，使得学习评价更加客观和公正，并根据反馈的学生能力及偏好，提供个性化的学习路径。

4. 情境呈现

情境呈现即情境教学，是指利用外界的环境，实现与学生心境共鸣的呈现方式。这个环境可以是人为的，也可以是客观存在的。在教学过程中，教师通过演示、模拟等方式创设情境，避免"说教式"呈现。

适用范围：一般适用于技能性和实践性较强的课程，要求学生在过程中调动多方面的能力，包括实践能力、团队合作能力、创新能力和表达能力等，帮助学生理解教学内容和价值观，提升职业素养，促进学生综合素质发展。教学内容的情境化呈现一般可以通过以下几个方面来实现：

（1）任务模拟

教师根据行业工作实际设计出具体的、可操作的学习任务，学生通过参与、体验、互动、合作等学习方式来解决问题，完成任务，进一步掌握理论知识和操作技能。

在商务英语品牌营销的教学中，教师设置课堂任务，要求学生完成一份关于某一中国品牌出海的营销方案，方案涵盖市场调研、数据分析、营销策划、英文文案设计等内容。通过这一任务，引导学生借助观察、探究和体验等方式，理解和掌握品牌营销相关的教学内容。

（2）角色模拟

在课堂教学过程中，教师针对不同的教学内容，创设相应的情境，让学生以某种角色进行体验，形成积极的情感态度和正确的认知。

在进口业务的教学中，教师可创设整箱货进口流程的教学情境，让学生作为教学的主体参与知识构建。学生可分别扮演委托代理人、收货人、船公司工作人员等角色，以此了解整箱货进口涉及的职能部门和实践中的注意事项。

（3）环境模拟

教师可以调整传统的座位布局，通过教室装饰和多媒体技术等教学资源，为教学活动的开展创设特定的场景和氛围，创设既契合职业技能使用场景，又符合当代中职学生的学习习惯的教学环境。

示例1：在餐饮智能管理的点心设计与制作的教学中，教师将教室布置为试菜环境，邀请企业专家点评小组的点心作品。这一教学方式有助于培养学生的团队合作精神，促进学生价值观的形成、职业道德规范的建构与职业习惯的养成。

示例2：在语文的古诗词背诵的教学中，教师可借助多媒体手段播放中古音朗诵，将其与现代发音进行对比，并通过板书标注平仄，以此引导学生感受古诗词的音律之美，激发学生的情感共鸣。

在此，我们将上述"教学内容呈现的方式"归纳为表5-1。

表5-1　教学内容呈现的方式

呈现方式	内涵	适用范围
口头表达	即通过口头语言的方式来传达信息，对教学内容进行解释和分析，帮助学生理解、记忆、掌握教学内容。可分为描述性语言和解释性语言。	1. 描述性语言： 　通常是对事实、概念以及规律、原理等方面的"陈述性知识"的阐述，常用于新知识、新技能的引入，也是教学内容中较为基础的部分。 2. 解释性语言： （1）对于其他呈现方式的补充，与其他形式结合，适当地穿插解释或补充信息，或是衔接各个教学环节。 （2）对实践情境、操作逻辑等"程序性知识"的解释。
可视化表达	可视化表达是指教师利用实物工具、模具模型、图形表格等直观教具，或运用多媒体等教学手段，把经学生思考、讨论后仍无法解决的抽象、复杂的内容以简明化、具体化的方式呈现给学生。可分为直观教具、板书和多媒体技术。	1. 直观教具： 　新课的起始阶段，激发求知欲；引导学生提出问题；突出教学重点，突破教学难点；揭示机理；设置悬念；巩固知识。 2. 板书： 　重要的教学辅助手段，有助于落实教学计划、突出教学重点、发挥示范作用、强化形象直观、加深学生印象、巩固记忆等。 3. 多媒体技术： （1）调动学生的感官知觉，提高学生的学习兴趣，提升课堂参与度。 （2）转换理论知识，使抽象的教学内容更清晰地呈现出来，降低理解的难度。 （3）用于实践场景的复刻，或模拟错误、危险的实验/实践现象。

（续表）

呈现方式	内涵	适用范围
实操呈现	实操即对理论知识的实践应用，实操呈现则是借助教师操作演示、学生实操练习等形式，将教学内容直观地展现出来。	1. 用于中职专业课程的教学。 2. 用于基础课应用型内容的教学。 3. 注意事项： （1）实操的教师配置。 （2）实操的内容设置。 （3）实操的平台辅助。
情境呈现	即情境教学，是指利用外界的环境，实现和学生心境共鸣的呈现方式。	1. 用于技能性和实践性较强的课程。 2. 用于要求学生在过程中调动多方面的能力的任务环节。 3. 情景模拟的角度可分为：任务模拟、角色模拟、环境模拟。

（二）教学内容呈现的注意事项

1. 要符合学生的学习能力和需求

教学呈现方式的选择应服务于教学内容与学生。教师要准确把握学生在学习能力方面的特点和需求，从学生现有的发展水平和教学目标所要求的最终状态之间的差距着手，充分考量学生的接受程度，选择合适的呈现方式，从而帮助学生准确理解知识、熟练掌握技能、提升职业素养。

有时候，教师应避免过分追求"新"的呈现方式，而完全摈弃传统呈现方式，进而忽略学生需求的情况发生。例如，板书是对课堂重点知识的细致概括和高度总结，便于学生系统掌握、深度思考。而在有些教师的课堂中，完全用多媒体代替了板书，忽略了板书在课堂教学中所发挥的作用。

2. 要激发学生的学习兴趣和活力

教师应该为不同的课堂环节、课程内容选择不同的呈现方式，把握课堂节奏，张弛有度，以激发学生的学习兴趣和活力；避免为了在有限的时间内将所有要掌握的知识与技能传递给学生，而忽视了学习者原有的知识结构与实际心理需求。

例如，在一些理论课程中，可以将常规的"教师讲，学生听"的被动教学转变为角色模拟、实际操作等多种呈现方式相结合，在教学中有意识地激发学生的学习兴趣，使学生达到好学、善学、乐学的目的。

3. 要注重学生的综合能力提升

课堂教学不仅是为了开发学生的智力，更是为了培养学生具备现代化社会所需要的各种能力。合适的教学内容呈现方式可以拓宽学生的思维，加深学生的理解，提升学生的综合能力。

针对不同的教学内容、教学环节设置恰到好处的呈现方式，有助于提升学生的思维品质。例如，教师可设置一些拓展性的模拟任务，营造出开放、灵活且自由的课堂氛围，帮助学生开阔眼界，突破认知局限，活跃思维，进而培养思维的广阔性、灵活性、逻辑性、深刻性与创造性等品质。

参考文献：

［1］钟启泉，汪霞，王文静 . 课程与教学论［M］. 上海：华东师范大学出版社，2008.

［2］徐国庆 . 职业教育课程、教学与教师［M］. 上海：上海教育出版社，2016.

［3］覃隶莲 . 基于药物应用护理能力的"药物学基础"教学内容设计［J］. 职业教育研究，2015（1）：63–66.

［4］孙聘 . 中职学校体育教学内容的选择［J］. 河南教育（职成教版），2011（8）：54.

［5］秦书莉 . 中职导游专业《旅游地理》课程教学内容的选择——以长江中下游旅游区为例［J］. 职业教育研究，2010（9）：70–71.

［6］邓泽民，赵沛 . 职业教育教学设计［M］. 北京：中国铁道出版社，2006.

［7］郑娴 . 多媒体技术在中职机械教学中的应用［J］. 专用汽车，2022（5）：82–84.

［8］曹明宇，曲艺，李明月，等 . 浅谈虚拟仿真实验实训平台在中职实训教学中的应用［J］. 科教导刊—电子版（上旬），2021（10）：120–122+150.

第六章　教学环境创设

教学环境是课堂活动所必需的各种主客观条件，积极良好的教学环境能从不同的侧面对教学活动和学生的身心发展施加正面影响，从总体上提高教学活动的效果和促进个体的发展。对于职业教育来说，创设真实的职业环境，更有利于提升学生的职业能力。创设良好的教学环境需要明确教学环境包括的要素、教学环境的分类及其适应情况、创设要求等相关基本原则和方法。

一、对教学环境的理解

教师的教学与学生的学习都必须在一定的教学环境中完成。针对课堂教学，教学环境指的是开展课堂活动所必需的各种主客观条件，包括学生人数、各类设施及安排、自然条件，以及课堂教学中的各种关系、信息和气氛等心理因素。教学环境可概括为物理环境与心理环境这两大方面。

教学环境的构成要素，包括：（1）教学设施；（2）班级规模；（3）座位编排方式；（4）人际关系；（5）课堂教学气氛；（6）班风；（7）社会信息；（8）自然条件，包括空气、温度、光线、声音、颜色、气味。其中，社会信息是指学校外部的各种信息，对职业教育的教学而言，教师重点关注的是行业/专业变化的信息。这些因素分别属于物理环境和心理环境（见图6-1）。

此外，还有一些其他因素，如师生的仪表和言谈举止、教室中的人际距离、教学目标的结构、学生中的非正规团体及其规范等因素，作为教学环境的组成部分，从各个不同的方面对师生的认识、情感和行为，对教学活动各个环节及其整体效果，发生着潜移默化、深刻有力的影响。

二、创设良好的教学环境的目的和作用

积极良好的教学环境能从不同的侧面对教学活动和学生的身心发展施加影响，并最

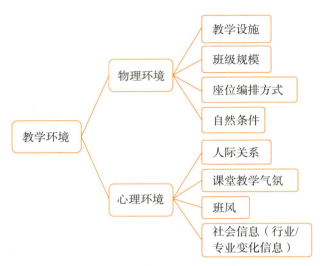

图 6-1　教学环境的构成要素

终通过全面提升教学活动的成效，推动个体发展，显示自身在教学中的重要性。首先，教学环境是按照一定的目的和需要专门设计和组织起来的一种特殊环境。构成这一特殊环境的因素都经过一定的选择、提炼和加工，因而比其他环境更易于集中、一致、系统地发挥作用。其次，教学环境可以及时调节控制，强化其中对人的身心发展具有积极意义的因素，消除不符合发展需要的消极因素，使教学环境向有利于教学活动顺利进行的方向发展。①

一是创设职业氛围。学习与工作的有机融合，有助于学生在学习过程中考虑真实的职业要求，提升职业意识与专业认同感，对达成职业教育的教学目标有良好的促进作用。

二是提升学生职业能力。构建职业情境下的学习，将职业标准、职业规范、职业意识融入教学，从而提高人才培养质量。

三是构建新型学习生态。创新职业教育学习空间，打造共享、协作的教学环境，重塑职业教育学习的结构与方式，构建学习、工作世界中建立联系的途径、方法。

四是引导和激励学生。促进智力发展、激发学习动机、改善课堂行为以及提升学习效果。教学环境的各要素，例如课堂教学气氛、师生人际关系、教师期望、学生群体的凝聚力和群体目标、群体舆论、学习中的竞争与合作、教学环境的布置及其新异程度，如果得当，可以激发学生的情感，为智力的发展提供丰富良好的刺激。同时，也对学生的学习动机产生着潜在的积极影响，改善课堂行为并有效地提升学习效果。

---

① 李长萍．职业教育教学原理［M］．北京：中国农业出版社，2005：120.

五是关注师生心理健康。安静整洁的教室条件、充足完善的教学设施、和谐宽松的学习气氛、良好互助的人际关系，对师生的心理健康状况具有积极的影响。教学环境对人的教育作用不是强行灌输的，而是寓教育于生动、形象且美好的情境中，通过有形的、无形的或物质的、精神的多种环境因素的综合作用，在耳濡目染、潜移默化中熏陶、感化学生，从而产生一种"随风潜入夜，润物细无声"的教育效应。

三、教学环境各构成要素的创设

（一）教学设施

构成学习物质环境的主要因素，是教学活动赖以进行的物质基础。传统意义上，学习物质环境包括教学场所内部的课桌椅、实验仪器、图书资料、电化教学设备、各种器材和设备。教师应基于教学通盘考虑，充分准备相应的资料、仪器等教具。对于行动导向的教学，教具还需相应的工具、设备、材料等。

各种新设备的出现，也给教学设施提供了更多的选择。随着技术的不断发展，各种虚拟设备、软件、平台、App、数据等也可列入教学设施的范畴。例如，教师可充分利用互联网搭建交互式网络学习平台和在线教学资源，预习新课，满足学生课后学习需求，进一步巩固教学成果，拓展学习机会。尤其是利用企业的网站，可以及时了解新技术。此外，也可以利用大数据技术对已有学习资源进行整合筛选，及时发现学生的学习兴趣和学习障碍，再根据学生的个性化需求制订相应的学习方案，满足学生的差异化发展需要。在教学过程中，教师可以通过灵活运用信息化工具调动学习者的积极性，监督其学习过程，并予以及时的反馈，提升教与学的效率。在促进教学互动方面，教师可以通过开展特定主题研究、组织测验、安排学生个人工作或小组合作等方式，引导学生对学习成果和学习策略进行口头汇报，或组织学生反馈投票，在论坛中互动交流等。

"技术＋"教育在教学环境下的运用可以打破传统的单向度的课堂时空，使师生拥有更加广泛的时空交流互动，进而关注学生情感、意志、创造力的培养。[①]

选择不同的教学设施，或者按照不同的方式布置教学设施，就组成了不同类型的教室。

---

① 沈贵鹏，杭玉婷.暖认知理念下教学环境的改造［J］.教育理论与实践，2020（31）：55-59.

1. 理论讲授教室

理论讲授教室是传统课程以教师讲授为中心的主要场所，讲台区配备多媒体视听设备、黑板、实物、教具等。

特点：一种传统的教室布局风格，为以教师为中心的教学而设计；教师拥有信息化的终端，可以展示多媒体内容；学生可以清楚地看到教室的正面，有利于教师的教学。

要求：关注学生的学习情况，尽量利用新技术，提升教师和学生之间的交互机会，并依据学生的反应及时调整教学进度。

适用情况：讲授式（例如文化基础类课程、理论的讲解）的教学组织与实施。

2. 理实一体化教室

理实一体化教室大体上划分为教学区、实训区、资料查询区和工具存放区等四大功能区域。不同专业的划分和区域功能有一定的区别。例如，工科专业的四个区域功能大致为：

（1）教学区配备多媒体视听设备、数字化仿真教材、零部件及示教板等教具，同时要保证有充足的照明，配备舒适的座椅等，为教师更好地教授知识与技能提供良好条件。

（2）实训区配备实训仪器设备、相应工具和工作台等。

（3）资料查询区配备参考书、查询手册、专业教学资料库、网络技术查询系统、思政图册等多维教学资源。

（4）工具存放区模拟企业情境，集中存放与生产实际相配套的仪器、工具和耗材等。一体化教室里实行"5S"（整理、整顿、清扫、清洁、素养）行为管理制度，注重培养学生勤奋、节俭、务实、守纪的职业素养。

特点：教室中既有用于讲授的教具，也有用于操作的设施设备。教师可根据学习的不同阶段（教师讲解与示范、学生实操、班级讨论等）和需求，灵活地选择视听、模拟等实际设备。

要求：尽量模拟企业实际情境，但也需考虑教学的需求，利用各种方式辅助教学的有效实施。例如，在汽车维修操作教学中，借助工位摄像仪、触控一体机等设备，可以帮助学生更清晰地看到教师示范，及时发现学生的学习障碍和安全问题。此外，通过录屏回放功能，教师能有针对性地分析学生的操作情况。此外，理实一体化教室应特别注意保持安静，避免噪声干扰学生的学习。教师可以通过合适的音量和语调来吸引学生的注意力。

在实操中，以专业教学质量国家标准、国家职业标准为依据，以教师为主导、学生为主体，以项目任务为载体，教学设备的摆设以工作任务为中心。师生双方在边教、边学、边做中全面构建专业知识体系及专业技能、素质体系。

适用情况：行动导向教学的组织与实施。

比如"汽车转向灯的故障维修"这节课[①]，教师采用理实一体化教学，为保障将教学情境与真实的生产过程相互融合，形成沉浸式的教学环境，选取的授课地点是现代汽车实训中心（见图6-2）。

图 6-2　现代汽车实训中心

结合汽车维修调试的不同内容模块，实训中心分别设置了理论学习区、操作实训区，旨在促进师生、生生之间的交流与互动。学生的操作空间宽敞，设备安置和通道布局合理，充分考虑了实际操作的需求。在课前，实训室严格遵循"5S"原则，确保整个实训室环境整洁、空气清新、光线适宜，营造出一个舒适、专业的汽车维修工作环境，符合企业汽车维修工作岗位要求。

3. 校企共建新型教室——产教融合工程训练中心

产教融合工程训练中心集教学、企业生产实践于一体，部分专业在此基础上还设有野外考察基地。学生进入产教融合工程训练中心后，其课堂教学和生活作息制度参照企业管理机制，上课与上岗交替进行。学校教师直接到企业进行专业知识教学，企业技术人员也承担部分教学任务，并指导学生上岗操作。实习期间，学校与企业共同对学生的实习过程进行综合评价，考核评价采用理论成绩、实操表现、操行评定、实习报告成绩、学生互评和自评相结合的方式。

特点：产教融合工程训练中心把理论和实践融合于生产现场的真实环境，将生产现场当作教学课堂。这里的教学设施就是实际的生产设施，并依据工作场景进行布置，促使职业教育培养模式从传统的以学校和课程为中心，转变为以企业和工作为中心。

要求：学生对应公司员工，以职业情境中的实际问题为中心，以小组为单位，以完

---

① 该示例由上海食品科技学校邓永龙提供。

成一个具有实际价值的项目任务为目标，强调引导学生在完成工作任务的过程中自主学习，主动建构理论知识和实践技能，实现学习者和工作者角色的统一，提升学生的职业能力。

适用情况：专业拓展课程及企业实践项目课程。

4. 教室的智能化——智慧教室

借助信息技术、物联网技术、云计算技术和智能技术，上述各类教室可进一步优化，构建智慧学习空间。在这样的教室里，教师和学生都配备了性能优良的数字化、智能化、多媒体的终端设备。借助这些设备，学生可以根据教师的讲解进行频繁互动，小组交流也变得便捷。学习空间是物理空间与数字空间的结合，本地与远程的结合，在学习空间实现人与环境自然交互，利于交流、协作和共享，促进个性化学习、开放式学习和泛在学习。

特点：教师在智慧教室里上课，是跟三个空间在打交道。第一个空间是物理空间，即教室内看得见的东西，比如桌椅板凳、教师、学生等。第二个空间是网络空间，它涵盖了网络资源，教师可以随时随地从网上便捷地获取高质量的数字化的教学资源，这些资源可能分布在校内也可在校外。第三个空间是社交空间，教师与学生之间可以进行实时的互动。同时，每一个人都有一个相对独立的学习阵地，方便教师和学生随时进行交流、讨论、做作业、答疑。[①]

要求：教师应及时了解新的信息技术及可用的教学资源和教学辅助工具，分析其利弊，从中选择有利于提升教学效率的信息技术与教学资源和工具。

适用情况：沉浸式体验学习、个性化定制学习、小组研讨式教学、合作探究式教学等。

（二）班级规模

班级规模会影响学生参与课堂活动的计划和程度。在人数较少、规模适宜的班级中，课堂纪律往往较好，教师用于课堂管理的时间也较少。而且，每个学生都有机会参与课堂讨论，回答教师的问题，与教师及其他同学开展正常的交往活动等，也可以更好地满足学生的不同需要。

在人数过多、规模膨胀的班级中，仅有一部分学生能够参与正常的课堂活动，相当一部分学生被剥夺了这一权利，其课堂行为受到极大限制。一般而言，被剥夺了参

---

① 孙利宏．构建新型教学环境 支持以学生为中心的连接教育［J］．科技资讯，2019（34）：141-142+144.

与课堂发言讨论机会的往往是那些性格内向或能力较差的学生。所以，班级规模所影响的不仅仅是学生课堂行为和表现，实际上它无形中也带来了学习机会的公平性问题。如果受外部因素制约，班级规模比较大时，教师应多关注性格内向或能力较差的学生。

具体来说，根据我国国情，职业院校理论教学班级规模大致可定为45~50人，有条件的话，能控制在25~30人更佳。

与理论教学相比较，实验实训课程的班级规模还必须考虑设备数量和教学场地。如果太多人共用一套设备，会出现部分学生没有机会参与课堂活动的情况。若教学场地过于拥挤，则可能会对学生的操作产生影响。而且，教师指导学生的人数是有限的，特别是在涉及具有一定危险性的操作，或者使用设备比较昂贵时，班级规模的设定必须将这一因素纳入考量。

（三）座位编排方式

座位编排方式对学习者的学习态度、课堂行为和学习成绩有一定的影响。下面介绍几种常见的座位编排方式。

1. 秧田式

这是学校里常见的一种座位编排方式，学生的课桌一排排地面向教师、面朝讲台（见图6-3）。

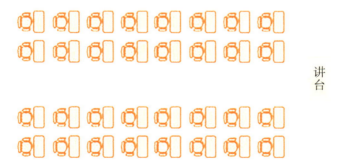

图6-3　秧田式排列示例

适用情况：使环境简单化，能让学生聚焦于报告人。对教师、学生做报告，多媒体展示都很合适，也适用于学生两人一组一起学习、独立完成作业。

特点：教师监控对于前排和中排学生所造成的压力是较高和适中的，在这种有效的监控下，学生自然能较好地约束自己的课堂行为，认真听讲，积极反应。而对后排学生来说,压力明显减弱,监控有效性降低,学生容易分心,搞小动作。

教师应对措施:环绕课堂走动,定时调换座位,与后排的学生进行眼神接触,对他们提问。

2. 小组排列式

小组排列式是将学生分成若干组(见图6-4)。

适用情况:能够让学生看到彼此,也便于教师融入学生之中,方便教师指导、同伴交流、小组合作,打破了沉闷的教室空间格局,有助于学生人际交往能力的培养。[①]适用于小组合作型教学模式。

特点:比较适用于讨论,在针对全班的讲授和展示方面效果较差。另外,小组各成员的活跃程度可能有很大的区别。

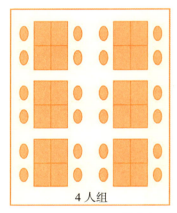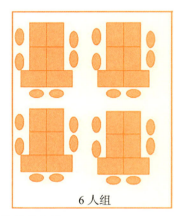

图6-4　小组排列式示例

教师应对措施:在分组活动中,每个小组的人数以4~6人为宜。尽量借助数字化方式,例如用实时投屏示范操作,帮助学生看清教师展示的内容。同时,引导学生合理分工,并引入一定的评价措施,促进每个学生积极参与。在分组时,教师可酌情进行指导和帮助,例如将能力强弱的学生予以一定的搭配。

比如有教师在"缮制商业发票"的教学中,选择了小组排列式。教师根据学生前期学习情况和平时的学习接受能力水平,对学生按照组内异质、组间同质的原则进行分层分组,每组4位学生。教师将每组学生再细分为制单组和审核组(见图6-5)。学生根据派发的任务订单,完成相应订单的商业发票的制作和审核。但这里需要注意的是,每个角色的学习机会不同,应安排轮换。

---

① 沈贵鹏,杭玉婷.暖认知理念下教学环境的改造[J].教育理论与实践,2020(31):55-59.

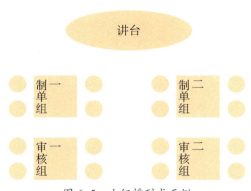

图 6-5　小组排列式示例

3. U 形排列式

U 形排列式又称马蹄形排列，将教室里的课桌椅编排成 U 形，教师一般处在 U 形的开口处（见图 6-6）。

图 6-6　U 形排列式示例

适用情况：既可以充分增进师生之间的交流，又可以突出教师对整个活动的调控作用。适用于问题讨论、实验演示、即兴表演等教育教学活动，有助于个体特质的发展。

特点：所需教室空间相对较大，仅适用于小班制教学。[1]

其他座位排列方式还有圆桌形、队列式等，教师应根据教学方式灵活转换，选择或组合不同的座位编排方式。

需要说明的是，各种座位编排方式都应做好空间规划，充分利用空间资源。同时座位的排列应保持适当的距离和通风，以保证教室的空气流通和学习环境的舒适。

对于实训类课程，座位的安排方面还应考虑安全性。例如，座位的间距应适当，以确保学生有足够的空间进行操作和学习。此外，应确保电源插座等设施的位置安全，避免学生在操作过程中发生意外。

---

[1] 曾茂春，陈威，陈燕，等. 座位编排方式对高中班级管理的影响［J］. 内江师范学院学报，2008（S1）：197-199.

（四）人际关系

学校中的各种人际关系，能够通过作用于人的情绪、认知以及行为，进而对教学活动的成效产生影响。其中，师生之间、学生之间的关系，对教学活动的影响最直接、最具体。就职业教育而言，在真实岗位环境中的教学还会涉及其他人际关系，例如不同教师、学生、企业专家以及社区的其他人之间的协作关系。

1. 师生关系

师生关系是教师和学生在教育教学过程中结成的相互关系，包括彼此所处的地位、作用和相互对待的态度等。

（1）良好师生关系的构建

要建立良好的师生关系，首先，教师应树立民主平等的教育理念，重新定位师生关系。教师应转变观念，既要充当学生学习的组织者、引导者、合作者，又要成为与学生平等的对话者。把学生视为与教师完全平等且具有独立人格价值的学习的主人，从而让学生的人格得到充分自由的发展。其次，在具体的教学中，教师应将民主平等的教学理论贯穿于教学的各个方面（见图6-7）。

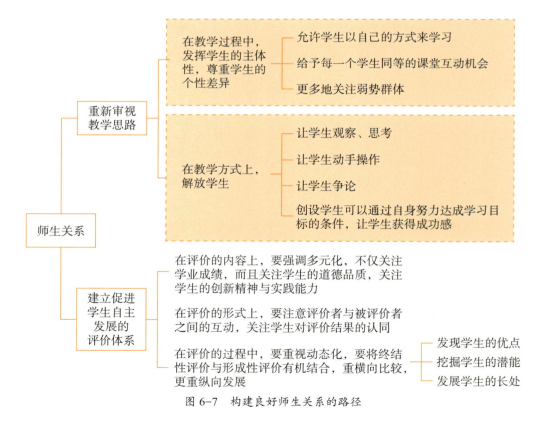

图 6-7　构建良好师生关系的路径

① 重新审视教学理念

在教学过程中，发挥学生的主体性，尊重学生的个性差异，允许学生以自己的方式来学习。教师不仅给予每一个学生同等高质量的课堂互动机会，而且要更多地关注弱势群体的参与机会和质量，给予他们更多的爱、鼓励、支持和促进，使每一个学生都得到发展。①

在教学方式上，要解放学生，让他们去观察、去思考，让他们动手去操作，让他们动口去争论，去发表自己的见解与观点。同时，教师创设学生可以通过自身努力达成学习目标的条件，并使学生获得成功感。②

在师生互动方面，教师可以通过提问、讨论、示范等方式，了解学生的需求和问题，及时调整教学策略，使教学更有针对性。同时，教师还可以通过互动，引导学生主动参与学习，激发他们的学习兴趣和积极性。这些都有助于师生关系的和谐。

② 建立促进学生自主发展的评价体系

改变以学业成绩为唯一评价标准的观念，建立促进学生全面发展的评价体系，对调动学生的积极性，改善师生关系有着特别重要的意义。因为，教育评价不仅影响着学生的学习行为，而且影响着教师的教育行为（包括教师对学生的态度等）。教师在对学生进行评价时，应关注每一位学生、尊重每一位学生。通过评价，激发出每一位个体的内在潜能与主体精神，进而促使每一位个体最大可能地实现自身价值。

教师既应同等对待每一个学生，也应区别培养每一个学生。因为学生在人格、身份上是平等的，但同时他们的个性、特长又是不同的。

评价能让学生感受到教师的鼓励和鞭策，体会到自身的进步，这些对于建立和谐的师生关系极为有利。例如，在学生完成学习任务的过程中，及时关注学生的进展情况，当学生出现自身无法解决的困难时予以适当的指点，都可以让学生真切体会到教师的关爱和帮助。

· 在评价的内容上，要强调多元化，不仅关注学业成绩，而且关注学生的道德品质，关注学生的创新精神与实践能力。

· 在评价的形式上，要注意评价者与被评价者之间的互动，关注学生对评价结果的认同。

· 在评价的过程中，要重视动态化，将终结性评价与形成性评价有机结合，重横向比较，更重纵向发展；应以敏捷的目光发现每个学生身上不同的优点，以无比的耐心挖掘每个学生不同的潜能，以因材施教的态度发展每个学生不同的长处，把鼓励与肯定作

---

① 王红."和谐课堂"建构之浅见[J].当代教育论坛（下半月刊），2009（6）：11–12.
② 苏力.论教学环境对培养学生素质的作用[J].江西科技师范学院学报，2004（6）：132–134.

为促进学生发展的催化剂与改善师生关系的润滑剂。①

（2）不良师生关系（师生冲突）的解决

① 抓住主要矛盾

面对冲突，教师要抛开表面现象，切忌就事论事，不要和学生纠缠具体细节的是与非，要找出冲突发生的根本原因及产生的背景。

② 加强师生间的思想沟通，敞开心扉，坦诚以待，增进相互理解

教师要向学生说明其思想和行为的真正动机，同时让学生说出他们的真实想法和感受。当学生承认了自己的错误时，教师应在讲明道理并给予适当批评的同时，对学生的过激行为展现出宽宏大量的态度。

③ 师生要共同分析产生冲突的原因

教师要全面地、耐心地听取学生的意见，共同分析原因，找出解决冲突的一致看法。但是，教师切忌迫于学生的压力而放弃原则和立场。只有师生双方通过共同讨论，达成共识，才能使冲突顺利解决。②

2. 生生关系

学生之间的人际关系也是影响教学活动的一个重要因素，尤其对于团队合作的教学方式而言，直接关系到教学能否顺利开展。教师应引导学生积极地交往，形成学生之间稳定的心理联系，增强对集体的凝聚力和向心力（见图6-8）。

图 6-8　构建良好生生关系的路径

---

① 王红．"和谐课堂"建构之浅见［J］．当代教育论坛（下半月刊），2009（6）：11-12.

② 李朝辉．教学论［M］．北京：清华大学出版社，2022：52-57.

（1）教师发挥积极作用

教师平等对待每一位学生的态度，会起到良好的榜样示范作用，有助于学生之间建立起平等、和谐的关系。同时，教师要引导学生之间的交往，多为学生创设一些展现自我的机会，让学生学会发现别人身上的闪光点，学会虚心学习别人身上的优点，从而协调同学关系。

（2）构建新型的学习伙伴关系

① 提倡合作学习与良性竞争

学生之间的关系应呈现出平等、互助、合作与竞争的特点。教师可通过安排小组共同完成学习任务，引导学生进行合作，与同学和谐相处，取长补短，让学生在潜移默化间感受合作的重要性，形成伙伴式的彼此信任、相互依赖、相互支持的同学关系。[1]在班级内逐渐形成兴趣浓厚、友爱互助的学习氛围，提高团队的学习能力，从而共同进步。同时，通过相互合作交流，培养学生的团队合作能力。学生通过良性竞争充分调动学习积极性，使他们发挥聪明才智，提高学习效率。

② 实施相互评价

教师组织学生进行相互评价，以增进生生之间的相互了解，协调彼此之间的关系[2]，锻炼学生的沟通能力。同时，引导学生在此过程中相互启发。

比如把"防雷接地工程项目计量"的教学分解为两个学习任务，在任务完成后，把学生分为四组，其中两组对任务一完成过程中遇到的重难点、易错点进行总结分析，并展示交流。另两组对任务二进行分析展示。这样，学生之间可取长补短，同时提高学习效率，有助于学生关系更加融洽。

（五）课堂教学气氛

课堂教学气氛主要是指班集体在课堂教学过程中形成的一种情绪情感状态，包括师生的心境、精神体验和情绪波动，以及师生彼此间的关系。它反映了课堂教学情境与学生集体之间的关系，它的形成有赖于课堂教学中师生情感的交流。课堂教学气氛由教师与学生相互作用而形成，同时，它又能促进师生的自我建构，是一个动态的、相互作用的反馈过程。

---

[1] 余添长 . 构建和谐课堂　促进学生发展［J］. 甘肃教育，2013（23）：61.
[2] 王红 ."和谐课堂"建构之浅见［J］. 当代教育论坛（下半月刊），2009（6）：11—12.

　　为营造良好的课堂教学气氛，教师在教学过程中应秉持严谨认真的态度，为学生树立榜样，助力培养学生端正的学习态度和良好的工作习惯。此外，教师应努力创造民主的课堂气氛，灵活运用班级教学管理方式（见图6-9），激发学生的学习兴趣和动力，提升学习效果，促进学生综合素质的发展。

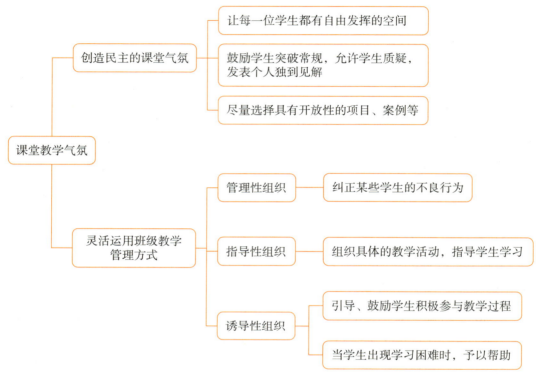

图6-9　课堂教学气氛的创设路径

1. 创造民主的课堂气氛

　　在宽松、和谐、民主的课堂气氛中，学生可以消除顾虑、恐惧心理，从而最大限度地激活思维。教师在教学过程中应和学生建立一种和谐合作的关系，尊重学生、相信学生，把学生当朋友对待，这是学生树立自信心、主动参与学习过程、自己体验成功的前提。教师应尊重学生的兴趣爱好、情绪情感、个性特点，尊重学生的选择、判断和意愿，维护每一个学生的人格尊严。在学习过程中，教师要把自己摆在与学生平等的位置上，融入学生中，与学生共建课堂，与学生一起学习，一起分享。

　　课堂上，教师要为每一位学生提供自由发挥的空间，让他们真正体验到平等、民主、信任、理解。教师应尽可能地尊重学生的多样性，承认他们的"异己"思想，真诚地倾听学生的意见和内心感受。教师要善于营造和维持学习过程中积极的心理氛围，学会鼓励与赞赏，给学生以心理上的安全和精神上的鼓舞，积极帮助他们树立自信心和体验成功的喜悦，使学生的思维更加活跃，探索热情更加高涨。

在此基础上，教师应鼓励学生突破常规，允许学生质疑，发表个人独到见解，使学生的身心得到彻底解放，最大限度地释放出探索真理的能量，以良好的心态去主动学习，从而培养学生的创新意识和创新精神。[①]

教师还应该有意识地激发学生产生疑问，引起学习的欲望，调动学习积极性，这是深入思考问题的一种好办法。教师要善于就要求学生掌握的内容提出问题，引导学生思考。[②] 同时，鼓励学生大胆探索，自主学习与成长，并予以帮助和引导。

此外，教师可以通过幽默的语言、生动的案例等方式，营造轻松愉快的氛围，缓解学生的学习压力和焦虑情绪，让学生更加享受学习过程。

对于行动导向的教学方法，例如项目教学法、案例教学法等，项目和案例的选择应尽量具有开放性，允许学生采用不同的思路、途径，产生不同的结果。在此过程中，教师应善于发现学生的优点并积极鼓励；对于不足之处，应注意引导，向学生说明原因，帮助其提高，绝不能冷嘲热讽。

例如"推刀切——方腿的切配"教学，教师安排了两个活动：第一个活动通过对方腿进行切片，引出推刀切的基础动作方法；第二个活动让学生以前一个活动作为基础，完成方腿丝的切配工作。教学最后是评价环节，包括学生互相评价对方的作品，以及学生聆听教师的点评。这里需要注意的是，对于教师的点评，学生一方面需要"聆听"，另一方面，教师也应鼓励学生表达自己的想法，允许学生质疑，甚至有意识地激发学生产生疑问，从而有针对性地与学生交流并进行说服，同时发现学生想法的合理之处。

2. 灵活运用班级教学管理方式

教师需依据课堂教学的具体情况，在管理性组织、指导性组织、诱导性组织等多种方式之间及时转换，营造良好的教学气氛，让整个教学过程既紧张有序又愉快，富有强烈的节奏感。与此同时，要防止和消除破坏课堂纪律的不良现象，对偶发事件要机智地处理，确保其不干扰教学的正常开展。

（1）管理性组织

管理性组织用于进行课堂纪律的管理，不断地纠正某些学生的不良行为，其作用是

---

① 李春燕.营造和谐的教学环境　焕发课堂新的活力［J］.教师教育科研，2006（5）：70.
② 徐朔.职业教育教学法［M］.北京：高等教育出版社，2012：65-67.

使听课、讨论、完成教学项目等教学活动能在一种有秩序的环境中进行，并尽量保证学生全身心投入。

（2）指导性组织

教师针对某些具体教学活动展开组织工作，以此指导学生学习。例如，对课堂讨论的指导组织，要确保班上每位学生都有机会参与学习活动。教师应促使所有学生积极思考问题，真正成为学习的主体，通过讨论彼此启发、相互补充、处理不同意见，对问题得出结论或概括。

对于行动导向的教学，教师应指导学生自我管理，学会负责。可以通过引导学生自主获取信息、计划、决策、实施、监控、评价，提高他们在面对问题时管理时间、协作学习、调停争执、自我修正、与老师和同学建立信任关系等方面的能力。

（3）诱导性组织

教师引导、鼓励学生积极思考，参与教学过程。例如，当运用新的教学方式时，教师需要与学生充分沟通，才能使学生更好地配合教学。在课堂交流中，当学生回答问题时，成绩较差或不善于表达的学生一般比较紧张，教师应给予鼓励。当学生回答得不准确或不完善时，教师应先肯定他们的优点及正确的回答，然后给予适当的提示。对于不能回答问题的学生，也应比较委婉地处理。经过不断鼓励和引导，学生就会积极地参加到教学过程中。

课堂教学气氛是由每个成员的精神面貌和情感倾向积聚而成的。教师不能歧视后进生，要能理解和宽容后进生。事实上，每个人都是想学好的，我们应该帮助他们找回自信。其方法是鼓励和引导他们完成学习任务，善于发现他们的优点和进步，鼓励他们大胆地展现自我；使他们敢于尝试，乐于探索，在失败和挫折面前永不气馁。

（六）班风

班风指的是班级所有成员在长期交往中形成的一种共同心理倾向。班风一经形成，便成为一种约束力，反过来又影响班级社会体系的每个成员。它既塑造了学生的态度和价值观，又影响他们在教室里的学习活动。

班风以心理气氛的形成呈现，这种心理气氛一旦成为影响整个群体生活的规范力量，就是一种具有心理制约作用的行为风尚。正因如此，班风对集体成员的约束作用，并非最终依赖管理规章的制定以及组织纪律的强制力，而是依靠群体规范、舆论、内聚力等无形的力量。

营造积极向上的班风，需要从三个方面着手（见图6-10）。

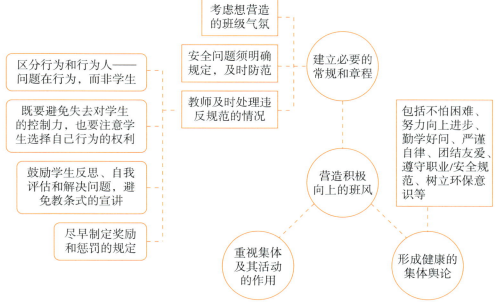

图 6-10　积极向上的班风的营造

1. 建立必要的常规和章程

教师应建立一些班级常规，具体说明在班级哪些行为是被禁止的，哪些行为是受鼓励的。例如，是要求学生一定要举手并获得允许才可以发言，还是允许他们等别人谈话结束后就发言？

在建立班级规范时，需要思考想要营造何种班级气氛，学生的哪些行为有助于开展有效教学，以及学生的行为需要受到哪些约束。例如，学生之间进行交流学习更能让学生受益，所设定的班级规范就不能阻碍这种相互交流。班级规范应该是积极的，可观察的。

对于涉及人身和设备安全的问题，必须作出明确规定，并严格落实要求。同时，要及时察觉事故苗头，对相关人员进行严肃教育，形成班级共识。

例如，"钢结构墙面质量验收"的教学，不仅可通过播放仪器验收操作视频，梳理仪器验收要求，培养学生的规范施工意识和安全意识，还可针对学生出现的不规范操作引出案例，进行强化。

确定好班级规范后，如果出现违反规范的情况，教师必须及时处理。在处理时，要注意以下问题：（1）要区分行为和行为人——问题在行为，而非学生；（2）既要避免失去对学生的控制力，也要注意学生选择自己行为的权利；（3）鼓励学生反思、自我评估和解决问题,避免教条式的宣讲;(4)帮助学生认识到在相似的情况下,还可以有哪些不同的反应,并对自己的行为能力作出客观的评价。其中最关键的一点是,要尽早制定奖励和惩罚的规定。①

2. 重视集体及其活动的作用

通过组织团结向上的学生集体和丰富多彩的集体活动,陶冶学生的集体主义精神。努力构建良好的集体,使大家有着与社会期望相一致的共同目标,有以集体主义精神为纽带所维系的团结友爱、平等互助的人际关系,有和谐、高昂、积极向上的集体心理气氛和纪律。

3. 形成健康的集体舆论

健康的集体舆论,能够促进良好道德行为的形成和巩固。集体舆论是指在集体中占据优势地位的言语和意见,它通常以议论、褒贬、奖惩等形式,对集体成员的行为予以评价,进而促使学生调整自身行为。一般说来,受到集体舆论支持并引起积极情感体验的行为,学生倾向于继续坚持和发扬;受到集体舆论谴责并引起消极情感体验的行为,会使学生努力改正、克服。因此,健康的集体舆论一经形成,就是一种无形的力量,调节着学生的行为,促使学生形成良好的行为习惯,并能持久地巩固下来。②健康的集体舆论,包括不怕困难、努力向上进步、勤学好问、严谨自律、团结友爱、遵守职业/安全规范、树立环保意识等方面的内容。

良好的班风还包括良好的师生关系,学生应尊重教师的教学成果,积极与教师沟通交流,配合教师完成教学任务。

(七)社会信息(行业/专业变化信息)

学校环境并非封闭环境,它向社会环境开放,并持续与社会环境以多种方式展开交流。职业教育与社会的联系更紧密,社会信息对其教学活动的影响更大。这是因为职业教育的育人目标具有"教育界""产业界"的双向跨界特点,需要与社会密切联系,与产业实时对标,与行业与时俱进。

尤其对于教学工作,教师应重点关注专业/行业的信息,包括行业的生产方式、规范的变化以及可能影响到职业工作的技术发展等,如工业4.0、人工智能、大数据等重要

---

① 安妮塔·伍尔福克.教育心理学:主动学习版[M].伍新春,董琼,程亚华,译.北京:机械工业出版社,2021:411-412.
② 李长萍.职业教育教学原理[M].北京:中国农业出版社,2005:126-127。

的技术转型。教师在教学中应适时响应，并引导学生及时了解与思考。

首先，教师应与行业合作，通过调研等方式，了解行业需求和发展趋势、对人才的要求，创设相应的教学环境，为教学提供更贴近实际的案例和资源，帮助学生更好地适应职业发展。在教学中，引入相关的社会信息，可帮助学生了解市场趋势和需求，提高他们的市场适应能力。例如，对于汽车运用与维修专业而言，消费者需求的变化和市场竞争的加剧带来了市场需求变化，这些变化对汽车专业的教育和人才培养提出了新的要求。教师应指导学生通过最新版汽车维修手册，获取前沿专业信息。同时，以真实的工作任务为教学载体，并邀请企业专家进行技术点评，从而让学习内容和评价标准能够及时契合最新要求。此外，企业师傅展现出的工匠精神，有助于促进学生良好职业素养的形成。

其次，教师应引导学生多关注、多交流、多思考，也可组织学生讨论，帮助学生了解、分析和运用行业/专业信息。教师在教学过程中，指导学生通过书籍、网络等途径获取最新的专业信息，帮助学生学会从丰富的信息中选择和鉴别自己所需要的信息，分辨信息的真伪和重要性。

再次，教师可以组织学生通过参加社会实践活动等方式接触社会。职业教育具有很强的职业性、实践性。教师可以利用校内外实践教学基地、党建中心、科创走廊、博物馆等，充分挖掘各种社会资源，并将其融入"课程思政"内容之中，培养德技并修、知行合一，具备良好职业精神的高素质毕业生。在实践教学中，培养学生的工匠精神以及团结合作、求真务实、细心严谨等优良品质，并体现在职业素养、专业能力和行为习惯中，将价值塑造和能力培养融为一体，从而内化于心、外化于行。[1] 同时，指导学生对接收的信息进行价值判断。例如，学生在企业会接触到各类信息，其中既有爱岗敬业等优良品质的展现，也存在个别职工不重视规范的情况。对此，教师应引导学生树立正确的是非观。

最后，教师还应关注当前的热点概念（话题），在教学中巧妙地加以利用，以引起学生的兴趣。热点包括可预见性热点和突发性热点。可预见性热点主要包括国家法定节日、纪念日、大型赛事活动、大型商业活动（如国庆节、奥运会、"双十一"购物节和旅游节等）；突发性热点一般多为社会新闻事件、重要技术突破等。

---

① 饶明晓.以"课程思政"提升高职院校育人能力的实践路径［J］.濮阳职业技术学院学报，2022（3）：39-42.

（八）自然条件

自然条件包括空气、温度、光线、声音、颜色、气味，这些因素可以直接影响教师和学生的身心活动。它们一方面可以引起教师和学生生理上的不同感受，另一方面使教师和学生在心理上产生情绪，形成情感。[①] 为了有效地促进教师的教与学生的学，教室应具有良好的通风、充足的采光、适宜的温度、宁静的色调及低噪声背景。此外，空气品质、光环境需要符合国家标准的相关规定。

职业教育的专业课程中，教师应考虑专业的特殊需求，针对课程内容设计与之相适应的教学环境。教师可以用图像、色彩、声音、音乐、气味以及数字化技术等手段，营造职业环境与氛围，强化职业文化、企业文化。

比如餐饮、航空服务等专业的特定服装，能够帮助学生更快地融入职业情境。对于汽修专业，实训室内的设备和工具可采用鲜艳色彩，吸引学生注意力，提升他们的学习兴趣。同时，应注意避免过于刺眼的色彩对学生的视觉造成疲劳。此外，汽车实训室内应保持空气清新，避免因刺激性气味而影响学生的健康和学习效果。

实验室和实训车间的采光、通风、电器安装、防火、安全环境须遵守相关规定。

四、教学环境创设与优化的原则

（一）教育性原则

教学环境是培养人的场所，环境中的各种因素都可能对学生的精神世界产生潜移默化的作用。因此，教学环境中的所有设计、装饰及布置，都应当有助于启迪学生的思想、陶冶他们的情操，激励学生积极向上，必须充分体现各种环境因素的正面教育意义。

必须注重安全性与健康性，无论物理环境还是数字环境，都应确保学生的身心健康和安全，避免任何可能造成人身伤害或不良心理影响的情况。

（二）情境性原则

职业教育教师在教学设计时坚持理论与实践相结合，教育与生产劳动相结合。尤其是专业课程，应按专业特点对教学环境进行多样化创设，关注细节。要创设与职业主题

---

① 李秉德.教学论［M］.北京：人民教育出版社，2001：271.

相关的尽可能真实的工作情境，有效融入行业特色、企业文化、岗位元素以及精神内涵、职业素质、工匠精神等方面的内容。创设教学情境是课堂工作化的基本途径，使课堂教学更接近现实工作，使学生身临其境，加强感知，突出体验，让学生在实践中学习理论，在理论指导下进行实践。

教师在创设情境时，应依据教学目标的要求和知识学习的特点，构建适于生产组织形式的合作学习时空环境。教师可以充分借助小组合作学习模式，让小组成员能够愉快地交流、协作，共同克服学习中出现的困难。人际关系方面，还应反映职业场景中的各种情况，涵盖与客户、同事的交往等方面。

对于某些专业，教学环境应该特别考虑学生的安全和健康，避免出现意外问题或存在健康隐患。例如，保持教学场所的通风和卫生，需使用电器设备的实训室要严格遵守用电安全规定和操作流程。

（三）学习者中心原则

创设以学习者为学习主体、能与环境相互作用的交互式教学环境，让学习者在多样化的教学情境中，主动建构知识结构，形成学习意义。教师要深入分析学生的基础和学习特点，包括他们的年龄、性别、兴趣、认知水平等，提供"学习者中心"的教学环境，搭建新旧知识的桥梁，引导学生积极思考，启发学生主动思维，勇于解决问题，使学生在现有的基础上提升综合职业能力。

（四）协作性原则

学生获取新知识的渠道，不仅有教师，还包括同伴。学习者与同伴所构建的学习共同体环境，直接影响着学生学习品质的高低和各种学习习惯的养成。教师需要在一定的规则之下创造相互支持的氛围，让学生与学习共同体紧密相连，共同进行知识建构、合作协商以及分享成果，例如共同完成真实任务，展开相互讨论等，将学习转变为基于合作探究解决问题的过程。如此一来，学生不仅能够相互学习、彼此支持，还能锻炼沟通与合作能力。

（五）实用性原则

教学环境的设计、建设和优化应根据学校的资源状况和经济条件等实际情形，秉持经济、实用、有效的宗旨来开展。创设优化良好的教学环境，并不意味着刻意追求豪华的设施和讲究排场,其主要目的是更好地服务于教学。所以,要立足于本校实际需要和自身经济能力,创造美好的教学环境。[1]

(六)发展性原则

职业教育必须敏锐地识别外部环境对学校工作的影响,并及时将其体现于教学环境的创设过程中,如此才能让学生更好地适应社会发展。同时,还应根据教学效果和学生反馈持续地优化和改进教学环境,以适应变化的教学需求和学生发展。其一,及时接轨产业;其二,以先进的教育教学理念引领;其三,善于借助新的工具。

近年来,互联网、大数据、人工智能等技术的飞速发展,为教学环境的设计开创了许多新的可能,也为教学环境的改造提供了相应的技术支持。利用数字技术和信息化手段可以提供丰富的教学资源和学习工具,有助于提升教学效果,改善学生的学习体验。例如,教师可以通过在线课程、虚拟仿真、数字游戏等方式,让学生更好地理解和掌握专业知识。

五、教学环境创设与优化的方法

教师应依据某些特定的要求,对教学环节的各种因素进行必要的选择、组合、控制和改善,撷取环境中各种有利因素,抑制、改变或消除各种不利因素,力争教学环境的最佳状态,使教学环境有利于学生身心的健康发展和教学活动的顺利进行。同时,依据教学实施情况、外部环境的变化、同行的建议、学生的反馈等,不断优化教学环境。

(一)整体协调法

在教学环境调控的过程中,必须考虑全局,从整体上对教学环境的各个方面进行规划和调整,把各种环境因素有机地协调为一个整体。

在职业教育中,营造(接近)真实的职业环境非常重要,可以使学生感受到职业氛围,提高职业综合能力。校企深度合作,构建真实的生产工作环境,设计贴合实际的学习任务。学校积极借鉴和吸纳企业价值观、企业精神、经营理念等,把企业文化渗透到学校的专业教育教学全过程,实现把先进经验和成熟标准以及新技术、新工艺、新规范

---

① 田慧生,李如密.教学论[M].石家庄:河北教育出版社,1996:279.

纳入教学，把企业典型生产案例引入教学，把职业资格标准、职业技能等级标准内容及要求融入教学，实现环境育人、价值育人、文化育人。

对于职业教育而言，专业特色是非常重要的因素。学校应基于现有条件，综合考量数字化程度、教师信息化能力等因素，有针对性地对教学场所设施设备进行配置，并充分利用各种数字技术与数字资源，努力建成有专业特色和职业特性的教学环境。在教学过程中，注重将现代企业管理文化与学生的理论实践相结合，保证文化的交融贯通。如此一来，既有利于培养学生的团队精神，促进其竞争意识的形成，又能在注重职业技能培养的同时，强化职业精神的塑造。

（二）增强特性法

在教学环境调控的过程中，通过增强或突出环境的某些特性，有意形成某种特定的环境条件来影响教学活动及师生行为。例如，在讨论课上将课桌摆成圆圈，可以增强气氛，提高讨论、发言的效果；在实践教学场地，标注一些要求，就可形成约束学生行为的环境，提高教学质量。对于有一定危险性的工作，用醒目的标识，突出学生安全注意事项。

（三）利用优势法

在教学环境调控的过程中，要充分利用学校已有的条件。另外，也可以与企业（尤其是行业标杆或产业代表型企业）开展合作，借助企业的设备，甚至承担部分企业的工作，创设具有真实职业氛围的教学环境。

（四）筛选转释法

在教学环境调控的过程中，对存在于教学环境中的各种信息进行一定的选择转化处理，实现信息优控，使信息成为促进学生健康发展的积极因素。

随着大众传媒的迅猛发展，学生可以从各种渠道接收越来越多的社会信息。丰富的社会信息对于求知欲旺盛的青少年来说，无疑起到了增长见闻、开拓思路的作用。但是，社会信息本身是良莠混杂的，既有积极因素，也有消极因素。青少年学生往往不能正确地分辨选择信息。他们可能对积极的信息持怀疑或排斥的态度，而反过来去追求和接受一些不健康的信息。因此，教师应当对大量涌入学校的各类社会信息进行及时的筛选转释处理，保留有利于教学、有益于学生学习和发展的各种信息，并利用有益信息排除不利信息的干扰，将自发的信息影响转化为有目的的信息影响。在此基础上，教师还需进一步指导学生分辨和选择信息，使学生能够正确地筛选信息，用良好的信息来丰富自己的精神生活，增强抵制不良信息影响的能力。[1]

（五）自控自理法

在教学环境调控的过程中，既要重视教师调控，又要调动学生的作用，培养学生自控自理教学环境的能力，让学生学会控制管理教学环境。

同教师一样，学生也是教学环境的主人，学生在教学环境的改善和建设中往往发挥着极为重要的作用。因此，教师应该调动学生参与教学环境建设和改善的积极性与主动性，培养学生对教学环境的责任感，提高学生控制环境和管理环境的能力。例如，让学生积极参与实训环境建设，产生主人翁意识，自觉维护实训环境，养成良好的职业素养。这样，创建良好的教学环境的工作才能得到广泛的支持，形成的良好教学环境才能得到长久的维护。[2]

运用这一方法，教师应该注意以下几点：

其一，教师要对学生调控教学环境的活动进行必要的指导。自控自理，并非放任自流，教师必须经常对学生在创建和维护教学环境活动中取得的成绩和存在的问题进行适当的评价和指导，帮助学生发展自我调控教学环境的能力。尤其是当设施的摆放不符合安全规范时，教师必须及时纠正，并说明原因。

其二，注意培养优秀的班集体。实践证明，良好的班集体对学生个体的影响是深远和巨大的，青少年学生对教学环境的责任感、维护良好教学环境的行为习惯、控制教学环境的能力，总是在良好的集体中形成的。

其三，要充分地信任和尊重学生。这是树立学生管理教学环境的自信心，激发学生积极参与创建和维护良好教学环境的热情的关键。因此，教师应当鼓励学生在建设和管理教学环境活动中充分显示自己的才干。[3]

此外，在创设与优化学校的教学环境时，需充分考虑其他相关因素的影响，例如外部环境的变化、教学设计的其他要素、学生身心发展的特点、学校的实际状况以及具体的教学情境。

---

[1] 李秉德.教学论［M］.北京：人民教育出版社，2001：305.

[2] 田慧生，李如密.教学论［M］.石家庄：河北教育出版社，1996：281-282.

[3] 李长萍.职业教育教学原理［M］.北京：中国农业出版社，2005：129-132.

六、教学环境创设的典型案例及分析

"鲜虾金鱼饺的制作"一课[①]的教学设计中，教师以学生为中心，以任务为载体，课前精心创设良好的教学环境，课中引导学生边学边做、小组合作、可视化操作、成果展示等，使学生很好地将知识与技能融会贯通。

（一）教学环境创设案例及分析

1. 教学设施

教师选用理实一体化教室（学校的烹饪电气化综合实训室），对接岗位要求，配备操作所需要的工具、材料等。

实训室采用开放式设计，包括工作区、学习观察区和展示区。学生的操作空间充足，已考虑到生生、师生交流，以及设备放置和通道的合理布置。还设有洗涤区、备料区、储藏区等功能区域，方便学生进行清洁、备料和储存工作。

此外，考虑到学生观察与模仿有基础，对网络学习有兴趣，可借助平板、手机等终端辅助学习。同时，充分利用各种新技术提升教学效果。

- 用实训室内的触控一体机、工位摄像仪等实现教与学的强力交互。
- 实时投屏示范操作，助力掌握细节。
- 智慧在线学习平台通过课堂现场直播，推送企业专家点评；整合评价信息，展示汇总数据；收集课后练习成果，搭建交流平台。
- 配套在线开放课程和数字教材中的交互游戏闯关、数字文化故事，激发学生兴趣，提高参与积极性。
- "技能难点动画"解决了无法即时学习以及课后巩固学习的问题。
- 虚拟仿真增加练习时长，提升实训成效。

2. 班级规模和座位编排方式

考虑到实训空间及教师指导学生的数量，学生人数为 16 名，保证所有学生都有独立工位、操作空间及交流空间，也便于教师观察和指导学生。

配合以学生为中心的教学方式，选择小组排列式。考虑到每位学生都应有学习机会，将班级学生前后 4 人分为一组，并安排 1 名专业基础扎实、组织协调能力较强的学

---

① 该示例由上海市曹杨职业技术学校周文雯提供。

生担任组长，这样既能完成个体操作，也能开展团队协作实践，以群体效应弥补个体差异与不足（见图 6-11）。

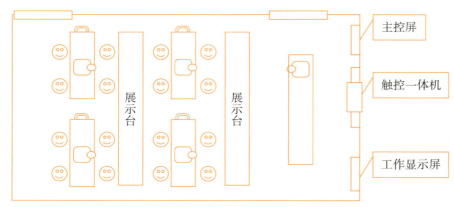

图 6-11　教学环境布局示意图

3. 人际关系

（1）师生关系

为构建良好的师生关系，"鲜虾金鱼饺的制作"教学采用以学生为中心的教学方式，教师创设条件，让学生自己思考、操作、展示。在学生讨论和操作过程中，教师巡视，根据学习情况调整进度，及时发现问题并给予帮助，使学生跟上学习的节奏。

在教学过程中，发挥学生的主体性，尊重学生的个性差异，允许学生以自己的方式来学习。例如，先让小组尝试 3~4 个鲜虾金鱼饺的成形（皮坯和馅心可以不同），然后对照金鱼饺成形标准，组内讨论选出鲜虾金鱼饺的最佳形态并上台分享展示。经过讨论，最后完善小组设计任务单，确定原料配比并记录。

需要注意的是，虽然每个小组都有组长带领，教师仍需要对能力较差的学生给予更多的关注，帮助他们跟上进度。

（2）生生关系

为营造和谐的生生关系，教师可采取以下措施：首先，组织学生以小组合作的方式完成鲜虾金鱼饺的制作任务。在合作过程中，引导学生学会换位思考，鼓励他们与同学加强沟通交流，进而实现共同进步，同时有效培养学生的团队合作能力。其次，引入竞争机制，对照金鱼饺成形标准，组内讨论选出鲜虾金鱼饺的最佳形态，并上台分享展示，相互评价、相互启发、相互了解，从而调动学生的学习积极性，促使他们发挥聪明才智，提高学习效率。

需要注意的是，在此过程中应创设宽松的环境，允许学生发表自己的见解与观点，并进行辩论。尤其是各组根据酒店宴会要求进行装盘简饰时，一方面，教师应引导学生提升审美水平；另一方面，教师也需要听取学生的看法，善于发现其"闪光点"并加以鼓励。

4. 课堂教学气氛

教师组织学生进行线上测试、观看视频、头脑风暴、讨论、展示、评价等学习活动，让他们在玩中学、做中学、用中学，符合学生的心理特征，给学生以适时启发，让学生在求知的同时感到有趣，促进学生创造性思维的发展。

此外，还安排多次学生的展示、分享活动，教师给予肯定和鼓励，照顾学生的个性差异，营造充满自信、民主平等的课堂气氛。

5. 班风

在成品评价阶段，教师安排自评、组间互评和专家点评，并安排最受欢迎小组的"面点师"介绍创意点心的特色和亮点，以及设计方案的调整过程。通过这些集体活动，引导学生积极向上、努力进步、遵守职业规范，形成良好的行为习惯和舆论倾向。

6. 社会信息（行业／专业变化信息）

课堂学习任务源自企业经理的要求，即为某公司预订酒店 10 人桌的员工制作"秋季时令"象形点心——鲜虾金鱼饺。在这种基于企业真实的工作任务情境中，学生面向未来真实岗位。将中式面点师岗位工作任务、工作过程及岗位要求带入课堂，可引导学生关注市场的真实需求。

在对学生设计的作品评价阶段，教师邀请该酒店的中式点心大师走进课程教学，与教师共同指导学生。随着食品行业的发展、顾客需求的变化，教学要求应及时反应，以帮助学生更快地适应现实工作。企业专家的参与，能使学习内容和评价标准及时契合最新要求。同时，企业师傅所展现的精益求精的工匠精神，有助于学生形成良好的职业素养。

7. 自然条件

进入实训室时，教师和学生必须穿戴整齐工作服、工作帽，佩戴口罩。通过身着专业特定服装，助力学生更好地沉浸到职业情境之中。

课前实训室的卫生清扫工作到位，走进去让人感受到窗明几净、空气新鲜、光线适宜，符合企业的中式面点工作岗位要求，这是教师从专业角度出发考虑自然条件。

（二）教学环境创设原则与方法的分析

1. 教学环境创设与优化的原则方面

"鲜虾金鱼饺的制作"案例，在教学环境的创设方面，结合教学内容，融入了课程思政的内容。例如，通过不断改进方案，培养学生精益求精的工匠精神。同时，在教学中鼓励学生积极探索，引导学生遵守职业规范，注重安全，遵循教育性原则。

充分考量学生的身心发展特点和教学规律，在细致分析学情的基础上，基于企业真实的工作任务情境设计学习任务，创设接近真实岗位的教学环境。在此过程中，将企业要求、岗位元素以及精神内涵、职业素质有效融入其中，同时兼顾对顾客的服务意识等，符合情境性原则。

学习活动以学生为主体，并安排学生相互讨论、合作、评价，符合学习者中心原则和协作性原则。

利用本校现有设置，教学环境具有可持续性，符合实用性原则。

通过真实的任务和企业专家的点评，及时接轨产业前沿；利用各种先进的教学设施，以先进的教育教学理念为引领，运用理实一体化教学，符合发展性原则。

2. 教学环境创设与优化的方法方面

案例运用了整体协调法，从整体视角对教学环境的各个方面进行通盘考量。同时，运用优势法，充分借助学校现有条件及与企业的合作关系。

在自控自理法方面，教师安排学生根据企业的中式面点工作岗位要求，课前对实训室进行清扫；进入实训室时，自查和互查工作服、工作帽是否穿戴整齐、是否佩戴口罩。在其他方面，教师可考虑采用增强特性法，设置醒目的标识，突出安全注意事项。这一点也可以结合自控自理法，邀请学生共同参与完成。

参考文献：

［1］李长萍.职业教育教学原理［M］.北京：中国农业出版社，2005.

［2］沈贵鹏，杭玉婷.暖认知理念下教学环境的改造［J］.教育理论与实践，2020（31）：55-59.

［3］孙利宏.构建新型教学环境 支持以学生为中心的连接教育［J］.科技资讯，2019（34）：141-142+144.

［4］曾茂春，陈威，陈燕，等.座位编排方式对高中班级管理的影响［J］.内江师范学院学报，2008（S1）：197-199.

［5］王红."和谐课堂"建构之浅见［J］.当代教育论坛（下半月刊），2009（6）：11-12.

［6］苏力.论教学环境对培养学生素质的作用［J］.江西科技师范学院学报，2004

（6）：132-134.

［7］李朝辉.教学论［M］.北京：清华大学出版社，2022.

［8］余添长.构建和谐课堂 促进学生发展［J］.甘肃教育，2013（23）：61.

［9］李春燕.营造和谐的教学环境 焕发课堂新的活力［J］.教师教育科研，2006（5）：70.

［10］徐朔.职业教育教学法［M］.北京：高等教育出版社，2012.

［11］安妮塔·伍尔福克.教育心理学：主动学习版［M］.伍新春，董琼，程亚华，译.北京：机械工业出版社，2021.

［12］饶明晓.以"课程思政"提升高职院校育人能力的实践路径［J］.濮阳职业技术学院学报，2022（3）：39-42.

［13］李秉德.教学论［M］.北京：人民教育出版社，2001.

［14］田慧生，李如密.教学论［M］.石家庄：河北教育出版社，1996.

第七章 课堂教学反馈

在课程实施过程中，教学反馈作为教学的重要环节，其质量与效果直接关系到学生的学习结果和教师的教学成效，对于提高中等职业教育教学质量、推动学生全面发展具有重要意义。为顺利实施教学反馈并增进反馈实效，教师需要准确理解教学反馈的内涵、分类、原则、策略，以及提升教师教学反馈素养的路径。

一、对教学反馈的理解

（一）教学反馈的含义

教学反馈是指教学过程中教师为学生、学生为同伴或学生为教师提供的助力学习目标达成并满足学习需求的信息。本章主要探讨教师为学生提供的课堂教学反馈。教学反馈应该与学习目标高度相关，不仅聚焦已有的学习结果，而且须着眼于未来，旨在改进后续的学习。

（二）教学反馈的要素

课堂教学反馈作为教学过程中的一个环节，其重要性不言而喻。为确保反馈的有效性和针对性，需要厘清其内含的各个要素。

1. 教学反馈的结构

有效的教学反馈由评述和改进构成。一方面，教师须对学生的学习状况或结果进行评述，这种评述不必总是肯定性的。另一方面，教师还须给予学生具体的指导以便学生改进学习。只用"很好""正确"等简单评语对学生的表现进行评述，不足以构成有效的教学反馈。教师还需针对学生的表现提供更为具体的指导，帮助其改进学习。例如，教师可以给出解释，或者为学生提供不同思路，引导学生在某些方面进一步探索，从而寻求解决问题的方法与路径。

2. 教学反馈的内容

一般来说，应将教学反馈的内容设定为学生的表现和学习结果，而不仅仅是对学生进行等级评定。教师在反馈时可以对学生进行表扬，但需要谨慎使用赞扬话语。例如，最好不要用"聪明""天才"等话语来进行反馈，以防学生将教师的赞扬归因于个人素质，而非学生所做的具体工作。

3. 教学反馈的焦点

反馈应关注有限的关键内容，设置过多的反馈点可能会让学生无所适从。为避免反馈内容过多，教师可以结合学习目标和学生表现，聚焦少数最核心的反馈点，筛除与学习目标关联度相对较小的其他反馈点。

4. 教学反馈的时机

教学过程是教师和学生利用相关教学反馈信息，调整各自的行为和方式，有效完成教学任务、实现教学目标的过程。教学反馈主要是在教学过程中发生，教师既可以选择立即给出反馈（即时反馈），也可以选择适度推迟一段时间再给出反馈（延迟反馈）。一般来说，即时反馈有助于学生理解所学习的内容。例如，当语文课上的学生接触新的阅读理解材料，或者智能制造等专业的学生在实习工作时遇到了操作困难，教师的即时反馈能有效推动学生的学习进程。延迟反馈则有助于学生吸收、内化所学内容，并将教师后续提供的反馈建议转移到类似问题或任务上，实现正向的学习迁移。例如，教师在专业实训课上对学生在操作过程中遇到的问题有意推迟反馈时间，给予学生足够的攻克难关的思考与探索时间，培养学生自主解决问题的能力，增强学生问题解决的自我效能感。

二、教学反馈的分类

基于对教学反馈的理解，将教学反馈分类如下：

（一）基于反馈对象的分类

根据反馈对象的不同，教学反馈可以分为面向全体的反馈和面向个体的反馈。面向全体的反馈是教师针对全班学生的整体表现给予的反馈，这种反馈方式通常以表扬、鼓励、提示和纠正等为主要手段。面向个体的反馈是教师针对学生的个体表现给予的反馈，这种反馈方式通常以个别辅导、单独交流、作业批注和纠错等为主要手段。

（二）基于反馈内容的分类

根据反馈内容的不同，教学反馈可以分为认知反馈、情感反馈和动作技能反馈等。认知反馈是教师针对学生对知识、技能和概念的理解与掌握给予的反馈，这种反馈方式通常以提问、测试和练习等为主要手段。情感反馈是教师针对学生的情感、态度和价值观等方面的表现给予的反馈，这种反馈方式通常以表扬、鼓励、批评和调整等为主要手段。动作技能反馈是教师针对学生的动作技能、操作规范和实验效果等方面给予的反馈，这种反馈方式通常以示范、纠正、实验操作指导和练习等为主要手段。

（三）基于反馈途径的分类

根据反馈途径的不同，教学反馈可以分为直接反馈和间接反馈。直接反馈是教师直接对学生的回答或表现作出肯定或否定评价的反馈方式，包括对学生的答案进行重复、称赞、表扬或者纠正等。间接反馈是教师不直接对学生的回答或表现作出评价，而是通过其他方式提示或引导学生自行发现并纠正错误或不足之处的反馈方式。例如，教师可以采用委婉的、启发性的语言提示学生，引导学生进行自我纠错，也可以通过提供范例等手段帮助学生发现学习问题并加以改进。

（四）基于反馈形式的分类

根据反馈形式的不同，教学反馈还可以分为书面反馈和口头反馈。书面反馈是教师以文字形式向学生传递反馈信息，具有内容详细、条理清晰、易于保存等特点。例如，教师可以为学生写评语、评定等级或者为学生提供书面作业的详细批注和修改建议等。口头反馈是教师与学生进行直接的语言交流，向学生传递反馈信息，具有即时性、交互性、情境性等特点。例如，教师可以当面向学生提出其课堂表现、作业或考试中存在的问题，与学生共同探讨解决方案。

（五）基于信息性质的分类

依据教师为学生所提供信息的性质，教学反馈可以分为评价性反馈和描述性反馈。评价性反馈提供的信息是结论性或判断性的，如告知学生与他人比较的结果，或好与差的判断，或者等级、分数等。评价性反馈通常在学习结束时或课堂总结时发生，能够让学生知道自己是否达成了学习目标，是否需要提高，但无法提供足够的信息让学生知道应该如何改善。例如，在专业课上，小组活动结束后，教师以授予等级或星级的方式为各个小组提供评价性反馈。描述性反馈提供的信息是关于学生课堂表现的较为翔实和特定的信息，教师通过描述性反馈帮助学生理解现有水平与目标水平的差距，并提出有助于缩小这个差距的建议，目的在于提高或改进学生的学习，而不是仅仅提供简单的结论或价值判断。例如，在导游基础知识课上，学生进行模拟导游讲解时，若中途出现忘词，教师会采取以下做法：首先，教师认可学生的努力；其次，教师站在学生身边，给予关怀的微笑并使用关键词进行提示，引导学生缓和紧张情绪，重新整理思路，继续进行导游讲解；最后，讲解结束，教师还会向学生强调记忆关键词的重要性，引导学生摒弃一字一句死记硬背的方式。

三、教学反馈的原则

在教学过程中，教师需要时刻关注学生的反应和表现，了解学生对知识与技能等的掌握程度和运用能力，及时发现学生的问题，并提供科学有效的教学反馈，帮助学生找到解决问题的方法。教学反馈须遵循以下原则：

（一）及时性原则

反馈须及时，趁热打铁。当学生完成一项任务后，教师应及时给予反馈，帮助学生明晰自身的表现以及需要改进之处。

（二）针对性原则

反馈须直击问题，一针见血。对于学生普遍存在的典型性问题和他们无法自行发现的重大问题，教师应予以准确反馈，帮助学生发现自身存在的问题并明确努力改进的方向。

（三）建设性原则

反馈须有建设性，启发思考。教师不仅要告诉学生哪里做得好、哪里需要改进，还要提供具体的建议和策略，帮助学生更好地成长。

（四）多样化原则

反馈须形式多样，丰富多彩。除了语言上的反馈，教师还可以借助表情、肢体动作或运用数字技术等方式传递信息，让反馈更加生动有趣。

（五）差异化原则

反馈须尊重个体差异，因材施教。每个学生都是独一无二的，教师应尊重学生的个性特点，给予个性化的反馈，帮助学生发挥自己的潜能。

（六）积极性原则

反馈须积极正向，推动学生投入学习。教师应充分发挥反馈的激励作用，激发学生的学习兴趣，增强学生的自信，并强化其学习动机。

（七）持续性原则

反馈须持续跟进，持之以恒。教学是一个长期的过程，反馈也应贯穿始终。教师应依据反馈情况，对所提供的教学反馈进行深刻反思，及时调整教学反馈策略。

四、教学反馈的策略

教学反馈策略是指教师在教学过程中对学生的表现和学习结果进行反馈所采取的一系列的方法和手段。本章从以下七个方面探讨教学反馈策略：

（一）关注职业素养

职业素养是决定一个人职业生涯成败的关键因素之一。职业素养一般是指除专业知识、技能之外，与非智力因素相关的情感、态度、价值观等要素，如职业道德、职业意识、职业态度、职业精神等。教师在职业教育教学过程中提供的反馈信息应多关注学生的职业素养。在教学反馈过程中，教师须细化职业素养的内涵。例如，学生在机械工程专业中本转段"基础技能训练"一体化课程实操练习中，由于加工综合零件时涉及多次拆装、测量工件，需要频繁使用工量具。部分学生的工量具摆放杂乱且未放在规定位置，不符合职业素养要求。教师在课堂上观察到学生的学习情况后及时给予针对问题的指导，告知学生涉及职业素养的工量具摆放要求是装刀具的刀架钥匙和装工件的卡盘钥匙要放到工具盒内，游标卡尺和千分尺要放在对应的量具盒子内。面对加工过程中工量具摆放不规范问题，通过具有针对性的反馈进行职业素养教育，强化了学生的职业意识，有助于学生职业素养的形成。

（二）匹配教学目标

教学反馈应与教学目标相匹配，偏离教学目标的反馈会削弱对学生学习的指导价值。例如，"定配技术"课程中有一个"操作定中心仪，完成对需要加工的眼镜镜片进行针对性移心"的实训目标。教师进行分组教学，将学生分为四组，其中两组学生正确操作定中心仪，顺利完成教学任务。另有一组学生开始并未观察到零刻度位置，在垂直方向未进行上移，而是变成了下移。教师在巡回指导过程中发现了这个问题，并及时让学生停止镜片移心，调整移心位置，引导学生寻找问题的原因。还有一组学生在移心完成后交予教师检查，但通过吸盘吸住镜片位置发现移心方向未改变。教师指导学生重新对需要加工的镜片进行移心操作，以获得准确的移心量及移心方向，最终圆满完成教学任务，达成教学目标。

（三）依据反馈标准

课堂教学过程中的反馈应基于事先设计好的反馈标准，不能任意发挥、随意反馈。反馈标准需具体、可测，且与教学目标相一致。例如，英语课中教师设置了这样的教学任务：根据自身实际选择志愿者岗位并运用本课所学的语言框架进行自我介绍。在学生展示作品之后，教师不仅需要依据标准从内容、形式和临场表现等维度进行反馈，还可以鼓励学生依据标准进行自我评价和同伴评价。为了提升学生自我评价和同伴评价的有效性，教师需要为学生制定简洁、适切，符合学生认知水平且便于观察的评价标准。在该任务中学生需要通过勾选的方式根据以下五个表现维度进行评价：（1）说出你想从事的志愿者岗位；（2）使用本课所学的语言框架进行自我介绍；（3）涵盖教师提供的短语和句型；（4）使用得体的肢体语言；（5）清晰响亮地表达。在引导学生参与评价时，教师应充分利用学生自我评价和同伴评价的结果，及时调整反馈内容与方式，从而提升教学反馈的针对性。

（四）结合学习过程

在课堂学习过程中，学生可能会遇到各种问题，教师反馈应结合学生学习过程，针对过程中学生出现的问题，给予具体指导和建议，帮助学生找到解决问题的方法。例如，在"增材制造工艺与应用"课程中有一个"操作 FDM 设备，完成零部件打印"的实训任务。教师进行分组教学，将学生分为四组，其中三组学生正确操作 FDM 设备，顺利完成教学任务，有一组学生开始并未观察到首层打印的材料没有粘连在打印平台上。教师在巡回指导过程中发现了问题，及时让学生暂停打印，调整设备，引导学生寻找问题的原因。学生通过教师的反馈，意识到打印喷头和打印平台的间隙不当，致使喷头与打印平台距离过远。在教学过程中，教师针对学生的这类学习问题及时给予教学反馈，不仅明晰了学习过程，还推动了学习任务的最终完成。

（五）运用数字技术

在教学过程中，运用数字技术对学生的学习进行反馈，不仅可以节省时间和精力，还可以使反馈的内容更加精准。例如，在学习"数字媒体技术基础"课程时，学生对于景别知识的学习一直存在"一说就会、一拍就错"的情况。此时使用课堂多媒体手段进行教学反馈可以提高景别知识的学习效率。学生在课堂上利用平板电脑拍摄指定景别的照片，教师通过希沃大屏自带的查看软件可以看到全班学生的拍摄结果，通过挑选典型问题进行解说的方式向全班学生进行教学反馈，并利用摄像机连接 LED 大屏进行示范演示，以纠正学生在学习中存在的错误。学生通过取景小程序这样的数字技术进行取景测试，教师端可以看到统计数据。教师利用数字技术精准掌握全班的学习情况，并在此基础上及时向学生进行教学反馈，提高了课堂学习效率。

（六）尊重学习差异

在一个教学班里，学生的学习基础、学习方式和学习情感不可能相同，这就要求教师在进行教学反馈时应根据不同学生个体的学习情况、学习需求等进行差异化反馈。例如，教师在学生小组练习的过程中进行观察，可以掌握学生不同的实训真实状态，给予学生及时的指导。在以多岗操作为主要课堂活动形式的影视 EFP 教学中，由于学生在拍摄现场的岗位职责不一致，涉及导播、摄像、场务、录像、录音等多项工作内容，拍摄中教师对每个岗位所对应学生的课堂参与度、操作准确性进行整体观察并实施差异化反馈，及时答疑并给予指导，对于状态不佳的学生进行及时提醒和示范，促进学生的有效学习。

（七）着眼学生发展

学生发展是教育的最终目的。教学反馈不仅要基于学生的年龄特征和认知特点等要素，而且要考虑到学生的终身发展，用发展的眼光看待学生的学习问题。例如，在"哲学与人生"课程中，教师讲到新事物符合客观规律并具有强大生命力和远大发展前途这一知识点时，让学生辨别电脑科学预测是否属于新事物。按照学生现有认知，学生会根据"科学"两字认为电脑科学预测是新事物。此时教师及时指出判断新旧事物不能以形式的新旧、出现时间的先后、一时力量的强弱、发展速度的快慢、事物的名称和名目等表面形式作为标准，而是要看它是否同事物发展的必然趋势相符合。从上述例子可以看出，教师的反馈是基于学生往往根据字面意思作出判断的认知特点。与此同时，教师的反馈要面向学生的未来。例如，在学生完成用英语介绍如何烹饪中华美食的视频制作任务后，教师引导学生进行反思，思考自己在本次视频制作任务完成过程中的有效学习策略和存在问题，探索适合自己的学习方法，为终身学习服务，为未来发展奠基。

值得一提的是，如果课堂中学生的反应与预设不符，教师应及时作出相应反馈，解决突发问题。例如，在一节商务英语读写课中，教师起初设计的教学任务是：学生阅读一则关于计算机培训课程的介绍，然后根据文本内容填写培训报名表。当教师询问大家是否愿意参加文本中提及的计算机培训时，令人惊讶的是，90% 的学生纷纷给出了否定的答案，对填写培训报名表更是觉得兴致索然。为了点燃学生填写培训报名表的热情，教师果断调整策略，鼓励学生进行合作，根据计算机培训课程文本重新设计一门让大家感兴趣的培训课程。这一创新举措极大地激发了学生的写作动机与创造力，他们不仅以小组为单位，集思广益，设计出了一系列更加实用的培训项目，还热情洋溢地向全班做了展示。展示结束后，每个学生都找到了自己感兴趣的课程，并认真地填写了培训报名表。对于学生创新的学习表现，教师给予了积极的反馈。这一调整不仅解决了预设教学设计与学生实际需求脱节的问题，而且有效地激发了学生的学习动机，增强了学生的学习自信。

五、提升教师教学反馈素养的路径

教师教学反馈素养是指教师为学生提供教学反馈时所需要的知识、能力和情意。知识包含教学反馈知识和学科（专业）本体知识；能力包含教师反馈设计和反馈实施的能力；情意是指教师克服挑战，努力为学生构建反馈过程的态度和意志力。提升教师教学反馈素养可从以下几个方面入手：

（一）加强专业学习

教师教学反馈素养的提升离不开教师加强自身教学反馈知识和学科（专业）本体知识的学习。教学反馈知识包含反馈内涵、分类、原则和策略，学科（专业）本体知识则涉及所教学科（专业）领域内的专门知识。加强教学反馈知识和学科（专业）本体知识的学习是教师提升反馈素养、提高教学质量的重要途径。为此，教师需要积极参加专业研修和学术交流活动，同时利用人工智能持续进行自主学习、实践应用和反思总结，不断提升自己的反馈素养。例如，教师需要阅读有关教学反馈的权威文献，并参加相关研讨活动，以此夯实教学反馈的知识基础。同时，教师应秉持终身学习的理念，不断追踪所教学科（专业）领域内知识的更新迭代，为提升自身反馈素养创造有利条件。

（二）优化反馈设计

反馈设计包括反馈标准制定、内容确定、活动设计等。反馈标准应与学习目标紧密相关，清晰、可检测，能够帮助学生了解应该达到的水平。反馈内容应该基于反馈标准，帮助学生认识到自己的优点和需要改进的地方。反馈活动设计需要教师确定反馈的时机、方式以及反馈的频率。例如，在英语教学过程中，教师可针对学生在词汇运用方面存在的困难，在既有的反馈标准中增设词汇维度。在开展教学反馈时，详细指导学生运用有效的策略学习词汇，高度重视词汇运用环节，提升学生在语言输出过程中的词汇运用能力。

（三）运用反馈技术

数字技术可以帮助教师更新教学反馈的途径和方法，减轻教学反馈的负荷，提高教学反馈的效率。反馈技术具体包括个性化反馈、教学平台使用、培养学生运用自评工具等方面。教师需利用数字化工具和平台来提高教学反馈的效率和准确性，运用人工智能、在线教学平台、教学软件等工具来收集和分析学生的学习数据，从而更好地评估教学效果并及时调整教学策略。例如，教师可以结合自身的知识与人工智能提供的反馈结果，作出科学合理的判断，优化反馈内容，提高反馈质量。需要注意的是，教师在教学反馈中不能过度依赖技术，而是要加强自身的决策作用。

（四）重视关系维护

建立良好的师生关系是提升教学反馈的基础。关系维护涉及教师反馈语气使用、学生情绪关注、反馈氛围营造等内容。教师应该尊重学生，关注学生的需求和感受，积极与学生沟通，了解学生的学习情况并听取学生的意见建议。教师应关注学生的情感变化，及时给予关心和支持，帮助学生建立积极的学习态度和情感体验。例如，教师在针对学生学习上的不足之处提供反馈时，应密切关注学生的情绪变化，使用适当的语气和措辞，积极营造良好的学习氛围，从而减轻学生的焦虑感。

（五）改进反馈方式

反馈实施强调教师在实际教学活动中开展反馈实践。教师可以通过调查学生的个性化反馈需求、培养学生获取反馈信息的能力以及评估反馈效果等方法改进反馈实施。教师可以采用多种教学反馈方式，如口头反馈、书面反馈、学生自我反馈等，全面了解学生的学习情况和需求，优化反馈实施。教师还可以通过教学反馈方式的调整进一步改善反馈实施。例如，在语文教学中，教师将部分作文的书面批阅改为面批，增强并改善与学生的互动，有效解决了学生在写作中存在的困惑，切实提升学生的写作水平。

（六）增强反馈情意

反馈情意是指教师是否愿意通过积极解决反馈中遇到的问题来提升反馈促学效果。反馈情意包括反馈功能感知、反馈促学价值认可、反馈实践反思、反馈意愿改进、反馈投入态度等。教师应不断反思自己的教学反馈实践，主动与同行交流，总结经验教训，寻找不足之处并加以改进，加强课堂反馈的科学性和有效性。例如，教师通过观看教学视频，发现自己在反馈情意方面的不足，如畏惧实质性反馈、反馈态度急躁等。教师应及时针对这些问题做出调整与改进，从而增强反馈情意。

参考文献：

［1］Bailey A L, Heritage M. Formative assessment for literacy, grades K-6: building reading and academic language skills across the curriculum［M］. Thousand Oaks, CA: Corwin Press, 2008.

［2］Brookhart S M. How to give effective feedback to your students (2nd ed)［M］. Alexandria, VA: ASCD，2017.

［3］Carless D, Winstone N. Teacher feedback literacy and its interplay with student feedback literacy［J］. Teaching in higher education, 2023, 28（1）：150-163.

［4］Sigott G, Reitbauer M, Campbell N, et al. Feedback matters: current feedback practices in the EFL classroom［M］. Frankfurt am Main: Peter Lang Publishing, 2013.

［5］董艳，罗泽兰，杨韵莹，等. 教育信息化 2.0 时代视角下的教师反馈素养研究［J］.电化教育研究，2021（8）：35-42+58.

［6］马云鹏，吕立杰 . 课程与教学论［M］. 北京：教育科学出版社，2024.

［7］张志武，徐锦芬 . 高校英语教师反馈素养现状调查与分析［J］. 外语教育研究前沿，2024（3）：68-75+96.

［8］赵勇，兰春寿，杨成林，等 . 英语教师反馈素养量表编制与效度验证［J］. 现代外语，2024（3）：395-405.

第八章 课堂教学评价

教学评价是课堂教学结构的重要构成要素，是促进和衡量教学目标实现与否的重要活动。什么是课堂教学评价，评价的方法有哪些，如何进行评价目标设计、评价设计、评价实施以及怎么应用评价结果等问题，长期以来备受广大职业院校教师的关注，也是困扰他们的难题。

一、对课堂教学评价的理解

（一）课堂教学评价的含义

教学评价是依据教学目标，采用科学的方法，对教学活动过程及结果进行价值判断并为教学决策服务的活动。课堂教学评价是教师根据教学目标，在课堂教学中准确地收集有关学生学习的信息，师生有效地利用信息，并以此为依据调整教学策略、改善学习的过程。它是一种内部评价和过程性评价，所要评价的是学生在课堂学习中的学习过程和结果，目的在于改进教师的"教"和学生的"学"。评价的设计者是教师，评价的实施者是教师和学生。

课堂教学评价包含四大核心要素，即评价目标、评价设计、评价实施和评价结果应用，如图 8-1 所示。

图 8-1 课堂教学评价的核心要素

1. 评价目标

课堂教学评价的目标就是要确定学生是否获得了预期的学习结果，是否达成了预期的学习目标，或者确定学生的学习状况与预期目标之间的差距。从这个意义上讲，评价目标就是教学目标或者学习目标，是学生通过学习达到的学习结果。教学（学习）目标的深度和广度，是评价内容、评价标准、评价方法、评价任务和工具等确定的依据，是课堂教学评价的出发点和归宿。评价目标为课堂教学评价指明了方向。

目前，我国职业学校的学习目标通常划分为知识、技能、素养三个维度，课堂教学评价前，厘清课堂教学的具体目标是哪些、哪些具体目标要被评价，以及这些被评价的目标是否是教学的重点等问题十分重要。

2. 评价设计

合理的评价设计，能保证评价的信度、效度，进而保证评价目标的达成。针对预期学习目标，选择与之适配的评价方法，设计相应的测评题目或者评价任务，确定恰当的评价样本及合理控制评价偏差的方法和手段等均属于合理的评价设计。合理的评价设计是教学评价质量的重要保证。

3. 评价实施

评价实施是根据设计的评价任务、评价方法等，收集和解释评价数据。教师给学生足够的时间，让学生完成评价任务，并选择合适的信息收集工具，收集、整理学生任务过程和成果的信息。教师将收集到的评价信息与预设的学习过程及结果进行比较，借此分析了解自己的教学情况、学生的学习情况，以及学生对知识、技能等的掌握程度和应用能力等方面，进而判断学生是否达成目标和存在哪些问题。

4. 评价结果的应用

评价结果的应用包括两个方面。一方面是教师对评价结果的应用。教师根据评价结果调整教学策略——把形成性评价信息及时跟学生交流，为学生的成长提供必需的描述性反馈；把结果性评价信息跟学生交流，帮助学生明确"自己的实际水平与目标或参照水平之间的差距"，朝着缩小实际水平与目标或参照水平差距的方向努力。另一方面是学生对评价结果的应用。学生作为学习的内因，教师的一切教学决策，唯有通过学生才能发挥作用。只有当学生积极主动地参与到学习评价中，自主判断学习目标是否值得实现，关注自身学习结果与目标之间的差距，并在教师的帮助下，依据自身情况主动调整学习方法，才能真正有效地达成学习目标。

（二）课堂教学评价的功能

课堂教学评价是保证课堂教学目标实现的重要工具，其主要功能如下：

1. 检测功能

通过课堂教学评价，教师可以检测学生知识、技能等的掌握程度和应用能力，了解学生的学习成果和所处水平，为教师在后续教学中调整教学内容和策略，进行个性化教学，充分发挥学生的潜力提供数据基础。

2. 诊断功能

通过分析和解读课堂教学评价过程中检测到的学习过程和成果的数据，师生能分别了解自身的教学和学习情况，诊断当前教学所存在的问题，为教师教学策略和学生学习策略的调整或改进指明方向。

3. 改进功能

课堂教学评价是教师教学决策的重要依据。在课堂教学中，教师需要面对动态变化的课堂情境动态调整教学策略，如调整教学内容和教学方法等。与此同时，课堂教学评价也是学生调整学习策略的基础。有效的学习决策受众多因素的影响，其中最重要的因素是对自己学习情况的全面了解，而了解自己学习情况也需要借助于课堂教学评价的结果。

4. 教学功能

评价是对学生已学内容掌握情况以及学习过程情况的检测和评定。教师在评价学生时，也是一种向学生示范"评价活动组织实施"的过程。这种示范"教"给学生"评价的技能和策略"，是一种教的活动。同时，由于用于评价的任务（练习）并不完全是学生已经学过或见识过的，当学生完成这些任务时，他们关于学习内容的知识得以增长，解决问题的能力得以提高，学习就在这一过程中发生了，所以评价也是学习的过程。

（三）课堂教学评价主体及原则

1. 课堂教学评价主体

构成一个评价活动，必须有评价者和被评价者，通常将评价者称为评价主体，被评价者称为评价客体。一般意义上的教学评价主体来自两方面：一是外部人员，主要包括教育行政部门的人员（如教研员）、评价专家、学校领导、教务人员以及教师同行等；二是内部人员，包括从事课堂教学活动的教师本人和学生群体及个体。本章聚焦改进教师

"教"和学生"学"的课堂教学评价，是一种内部评价和过程性评价，因此评价主体主要由参与课堂教学的教师和学生构成，如图8-2所示。

图8-2　课堂教学评价的主体

教师是课堂教学评价的设计者和实施者，参与"明晰评价目标—进行评价设计—组织评价实施—应用评价结果"的教学评价全过程。提高课堂教学评价的质量，实现课堂教学目标，首先要求教师提升自身的评价素养。这包括提升设计评价任务、选择评价方法、收集评价信息，以及对评价结果进行统计、诊断、解释和应用等方面的能力。其次，教师在组织实施教学评价时，应让学生明确学习目标，引导学生记录自己的学习过程，反思学习行为，鼓励学生参与评价结果的交流，并自主作出学习决策等。

学生也是课堂教学评价的主要参与者，以主体和客体身份参与到课堂教学评价中。首先，作为课堂教学评价的客体，学生需要回答教师提出的问题，并展现出教师所要求的行为。学生参与评价的行为和结果会直接影响评价的效果。其次，作为课堂教学评价的主体，学生要基于评价结果，调整改进自己的学习，更好地实现学习目标。需要说明的是，学生参与评价时，一种对评价本身的学习隐含地发生了，参与评价本身提升了学生的评价能力。从这个意义上说，"教—学—评"是一个有机整体。

2. 课堂教学评价原则

课堂教学评价遵循多维性、过程性、真实性和发展性原则。

（1）多维性原则

多维性原则指的是在课堂教学评价中，应该从多种角度、应用多种方法对课堂教学的过程和课堂教学的结果进行评价。多维性主要体现在以下三个方面：

一是评价内容的多维性。评价内容的多维性要求在评价中应该考虑到课堂教学的各个方面，包括课堂教学过程、课堂教学结果，以及学生的学习行为、态度、参与度等。但这并不是说，每次课堂教学都必须完整地对所有的因素进行评价，或者所有的因素在每次评价中所占的权重都是一样的，而是需要根据评价的目的有侧重地选择。

二是评价主体的多维性。评价主体的多维性要求评价主体既有教师，也要有学生，同时还要有学生间的评价，改变原来单纯以他评为主的方式，重视学生自评和互评。

三是评价方法的多维性。评价方法的多维性要求课堂教学评价既要重视客观的量化评价方法，也要重视量化和质性评价相结合的方法，应以质性评价统整量化评价。在课堂教学评价中，根据评价目标的需求，在表现性评价、交流式评价、论述式评价以及选择性反应评价等诸多方法类型中，选择适切的评价方法或者方法的组合；避免所有的目标都只使用单一方法进行课堂教学评价，导致评价的内容与真实的课堂教学活动内容脱节等。

（2）过程性原则

过程性原则指的是改变以往评价中过分重视对教学目标达成度的结果性评价倾向，把学生学习结果与学习过程联系起来，由一次性评价改变为多次性评价。过程性原则强调以教学过程中学生的表现作为评价的主要内容，以促进学生的发展为根本目的。过程性原则有三个基本的特征：

一是把全部有价值的教学活动都纳入评价的范围，不论这些活动是否与预期的目标相一致。

二是在方法论上，既倡导量化研究的方法，也给质性评价一定的位置。

三是本质上受"实践理性"的支配，它强调过程本身的价值，强调评价者与评价对象之间的交流和相互理解。

（3）真实性原则

真实性原则指的是课堂教学评价，特别是对于学习结果的评价，强调在真实情境下对学生的发展进行评价。在真实性评价中应该包括真实性任务，即某一职业领域或者生活中可能遇到的那些真实的生产生活活动、表现或挑战。

（4）发展性原则

发展性原则指的是课堂教学评价着眼于促进学生发展，侧重观察和衡量学生的表现，着眼于促进教师教学水平以及学生学习方法与能力的不断提高。课堂教学评价的目标，并非仅着重于检测教学目标的达成度，更侧重反馈调节、展示激励、反思总结、积极导向等功能的发挥，旨在推动学生发展、助力课堂教学实践的提升与优化。发展性原则有以下特征：

一是着力于学生内在情感、意志、态度的激发，着力于促进个体的和谐和发展，强调以人为本。

二是强调评价主体多元化，主张学生成为评价主体，重视学生自我反馈、自我调控、自我完善，特别是自我认识的作用。

三是在重视教学过程中静态、常态因素的同时，更加关注教学过程中的动态变化因素，特别是由师生交互作用所引发的教学中的偶发性和动态性因素。

（四）课堂教学评价方法的类型

教学评价方法是为作出教学决策而收集信息的方法。课堂教学评价方法即为作出课堂教学决策而收集信息的方法。收集课堂教学信息的方法众多，不同的学者从不同的视角进行过不同的分类。美国著名评价专家斯蒂金斯从教学实践的角度出发，把课堂层面常用的评价方法分为选择性反应评价、论述式评价、交流式评价和表现性评价四种类型，具体包括选择题、简答题、课堂提问、演示等多种评价工具和方法（见表8-1）。

表8-1　课堂教学评价方法的类型

选择性反应评价	论述式评价	交流式评价	表现性评价
· 是非题 · 选择题 · 匹配题	· 填空题 · 简答题 · 解释性题 ……	· 课堂提问 · 课堂观察	· 演示 · 试验与调查 · 口头表述与角色扮演 · 项目

（五）课堂教学评价方法选择的基本依据

课堂教学评价方法选择的依据是评价目标，也就是教学目标/学习目标，评价方法与教学目标之间应该具有适配性。评价方法选择的基本依据体现在以下三个方面：

1. 与教学内容适配

评价应当反映目标规定的知识、技能等的范围，即评价内容应当依据教学目标涉及的内容范围加以确定。也就是说，评价覆盖的知识、技能范围与教学目标的规定相同；评价内容分布应当与教学目标规定的内容相适应；评价任务的设计实施应考虑总教学目标中各子目标间的平衡。

2. 与认知类型适配

评价应当采用符合教学目标要求的认知类型的任务。如布卢姆认知领域的教学目标分为记忆、理解、应用、分析、综合、评价六个层级，相关的评价也就应当检测这些不同层级的认知目标形成的过程和结果。换句话说，评价要和教学目标在认知水平、技能水平和复杂性要求上一致；评价题型应适合于各个教学目标中对认知水平的要求。

3. 与学生的掌握水平适配

评价设定的掌握水平应与教学目标的要求相符。评价结果出来后，我们需要有一个标准来解释和判断学生水平的评价结果，需要确定何种水平才是"可以接受的水平"，这个标准应符合教学目标的要求。

　　根据已有的研究结果，评价方法与评价目标的适配性见表8-2。如，选择性反应评价方法与知识目标很匹配、论述式评价与高层次智慧技能目标（如理解、应用）很匹配、表现性评价与技能和素养目标很匹配等。

表8-2　评价方法与评价目标的适配性

		选择性反应评价	论述式评价	交流式评价	表现性评价
知识目标	低层次认知目标（如知道、了解）	很匹配 是非题、选择题、匹配题能考查对知识点的掌握	匹配 可以测量学生对各个知识点之间关系的理解	一般 可以提问、评价回答，并推断其掌握程度，但很费时	不匹配 优先考虑其他三种评价方法
	高层次智慧技能目标（如理解、应用）	很匹配 可以评价大部分但不是全部推理性目标	非常匹配 可以评价大多数推理性目标	非常匹配 可以评价大多数推理性目标	部分匹配 可以评价特定情境中特定任务的推理性目标
技能目标		部分匹配 与一些可测量的技能型目标比较匹配，但与其他不一定匹配	不匹配 优先考虑其他三种评价方法	部分匹配 当技能是口语交流的熟练程度时，非常匹配，但是与其他的不太匹配	非常匹配 可以观察并评价表现出的技能
素养目标		部分匹配 只能探测到部分显性的素养水平	部分匹配 只能探测到部分显性的素养水平	匹配 可以从交流过程中考查素养水平及思维品质	匹配 可以在真实或模拟情境中检测出职业素养水平

二、课堂教学评价方法

（一）选择性反应评价

　　选择性反应评价是指通过选择反应题进行的教学评价。选择反应题是指题目已提供了现成的备选答案，学生只需要在备选答案中选择正确或最佳答案即可的试题。

一般来说，选择性反应评价包括是非题、选择题、匹配题。教师是选择性反应评价的主体，学生是选择性反应评价的参与者，教师和学生都是选择性反应评价结果的应用者。

1. 是非题

（1）是非题的概念及功能

是非题的基本形式是提供一个陈述句，要求学生对其作出正误、真假、是否是事实、观点同意或反对等的判断，也叫作判断题。是非题适用于检测有绝对正误之分的事实类知识的掌握情况，也适用于检测部分较低层次的认知目标。如果结合解释性试题的应用，还能检测一些较高层次的认知目标。

（2）是非题编制的注意事项

① 陈述部分应该有绝对的正误之分，不能有条件或例外。如，"（　　）近视眼是遗传导致的"就不适合作是非题。因为导致近视眼的，除了遗传，还可能有其他原因。

② 题目表达要尽可能简洁清晰。如"尽管在判断溶液的 pH 值时存在困难，我们还是有可能通过将石蕊试纸插入溶液，并观察其颜色变化来判断其酸性"，应改为"石蕊试纸在酸性溶液中会变红"。

③ 一道题目表达一个观点。如"正三角形是锐角三角形，等腰三角形也是锐角三角形"。如果学生认为是对的，教师能借助于此诊断学生对等腰三角形的认识错误；如果学生认为是错的，教师就较难借助学生的答案判断学生的具体问题。

④ 避免使用特定的限定词。如"所有""总是""没有""绝不可能"等。

⑤ 避免直接使用教材中的原话。

⑥ 避免使用没有任何来源的观点。

2. 选择题

（1）选择题的概念及功能

选择题要求从多个备选答案中挑选一项或多项最佳答案，它由"题干"＋"选项"构成。题干是依据所要检测的目标编制而成的一个问题，或者是一句不完整的话语。选项则是基于题干设计出的几个备选答案。在备选答案中，正确答案之外的其他选项被称为"干扰项"。选择题有单项选择和多项选择两大类型。选择题最适合低层次认知目标的检测，也适用于检测部分较高层次的智慧技能目标。

（2）选择题编制的注意事项

① 要保证检测结果能提供支持教和学改进需要的重要信息。例如：

"金丝雀辽亮的嗓子，叫惺了森林中的小动物们"中有几个错别字？（   ）

A. 2 B. 3 C. 4 D. 5

分析：这里即使学生答案选对了，教师仍然无法判断学生认为哪几个字错了。这样的信息对于教师而言，不具备实际意义。

② 题干设计时，应注意以下几个方面：

· 呈现单一确定的问题。例如：

我国气候上的分界线，也是地理上的分界线是什么地方？（   ）

A. 青藏高原 B. 秦岭—淮河   C. 黄河   D. 长江

分析：该题题干包括两个问题。若学生选择正确，很可能是知道地理上的分界线为秦岭—淮河，且知晓气候上的分界线也在此处；若学生选错，教师也难以判断学生是两个知识点都不了解，还是仅不清楚其中一个。

· 把每个选项中重复的内容放在题干中。例如：

两条异面直线的概念是（   ）

A. 指在空间中不相交的两条直线

B. 指在空间中位于两个不同平面上的两条直线

C. 指在空间中不在同一平面上的两条直线

D. 指在空间中某一平面与这一平面外的两条直线

分析：应把四个选项中重复的部分"指在空间中"放在题干中。

· 尽可能不要用否定陈述句，若用，要将否定词标出来。例如：

下列哪一项不是华中地区的特色？（   ）

A. 水利发达 B. 土壤肥沃   C. 雨水充足   D. 地多高原

分析：题干中尽量不要用"不是"这样的否定词。

③ 选项设计时，应注意以下几个方面：

· 使用学生最常见的错误设计选项，使得所有选项对缺乏知识的学生都貌似可信。例如：

英国的首都是（   ）

A. 北京 B. 伦敦   C. 华盛顿   D. 温哥华

分析：即使是没有相关知识的学生，也能一眼排除错误答案，这就不是好的设计。

· 所有选项的语法对等、字数基本相等，且与题干一致。例如：

电子变压器可以被用作（　　　）

A. 为了储存电力

B. 增强交流电的电压

C. 它可以把电能转化为机器能

D. 交流电被转换为直流电

分析：答案A、C、D跟题干语法不一致，句子不通顺。学生很容易选出正确答案，不能给教师提供需要的信息。

· 选项不能相互交叉。例如：

儿童每日所需的最低牛奶量是（　　　）

A. 1~2杯　B. 2~3杯　C. 3~4杯　D. 4~5杯

分析：这样的题目，选项交叉，造成选择困难。

· 避免选项中重复题干中的词。例如：

固体预热熔化为液体的现象称为（　　　）

A. 凝结　B. 蒸发　C. 熔化　D. 凝固

分析：选项中"熔化"两字与题干中的词重复。

· 同一测试，各试题间应彼此独立，没有任何逻辑上的联系。例如：

题1：某数的6倍是144，某数是多少？（　　　）

A. 24　B. 150　C. 744　D. 864

接上题，题2：某数的4倍是多少？（　　　）

A. 56　B. 96　C. 576　D. 3456

分析：如果题1做错了，题2的答案却对了，教师就很难评定成绩。

3. 匹配题

（1）匹配题的概念及功能

匹配题又称配对题，有时也叫作连线题，要求学生找到两类事物之间的关系。常见的形式是左右各呈现一列词或短语，然后让学生按照一定的关系，将两列中有关系的词联系起来。左边一列为前提项，右边一列供选择，称为反应项。两列项目数完全相同的称为完全匹配题，不相同的称为不完全匹配题。

匹配题适合于检测知识之间的关系，但与其他题型相结合，也能够检测一些较高层次的认知水平。

（2）匹配题编制的注意事项

① 提供指导语，清晰地说明如何确定匹配，既要说明匹配的基础和要求，也要告诉学生每个反应项可以使用几次。例如：

> 请将下列作品与作者配对，在作品前的括号中填写作者名字前的序号。
>
> | | |
> |---|---|
> | （　）套中人 | A. 海明威 |
> | （　）老人与海 | B. 司汤达 |
> | （　）红与黑 | C. 契诃夫 |
> | （　）双城记 | D. 狄更斯 |

分析：这里指导语不明确，答案可能发生偏差。应改为"将下列作品与作者配对，且每个反应项只能用一次"。

② 应用同质的材料，即所有的前提项应该同质，所有的反应项应该同质，且前提项与反应项的关系应该同质。例如：

> 请将下面两列根据相关性进行配对。
>
> | | |
> |---|---|
> | （　）水 | A. NaCl |
> | （　）发现镭 | B. 居里夫妇 |
> | （　）盐的主要成分 | C. NH_3 |
> | （　）第一次人工核裂变年份 | D. H_2O |
> | （　）氨气 | E. 1942 |

分析：此例中前提项有人、物质等，不同质；反应项亦同。这样会降低反应项的迷惑性，学生会轻易找到正确的选项并作答，不能提供教师需要的信息。

③ 可适当采取不完全匹配题，且不限定反应项被选次数，降低猜测的可能性。例如：

> 请思考下列叙述，从右边的反应项中选出一个最合适的，并填入左边前提项的括号内。

（　　）恍然	A. 轻巧的样子
（　　）妖媚	B. 辽远的样子
（　　）沸沸然	C. 稀少的样子
（　　）烂漫	D. 腾涌的样子
（　　）寥寥	E. 光彩纷呈的样子
	F. 忽然领悟的样子
	G. 姿态美好的样子
	H. 模糊不清的样子

④ 反应项要尽可能比前提项更简短。例如：

请将上古时期民族与其文化成就配对。

（　　）中国	A. 建金字塔
（　　）印度	B. 编法典、建空中花园
（　　）埃及	C. 长于法律和建筑
（　　）希腊	D. 创立婆罗门教、佛教
（　　）罗马	E. 甲骨文、青铜器
（　　）巴比伦	F. 建立城邦、艺术发达

分析：左右两列对调，会更节约学生答题时间。

（二）论述式评价

论述式评价是指借助论述式评价题进行的教学评价。论述式评价题是指没有现成的答案可供选择，而是要学生自己生成答案的试题。课堂教学评价中常见的论述式评价有填空题、简答题、解释性题等。

1. 填空题

（1）填空题的概念及功能

填空题是指在一个完整的陈述中去掉一些关键或者重要的词语，要求学生补充完整。常见的形式有直接填空、序列型填空、改错型填空。例如，"注意就是心理活动对一定对象的_____和_____"就是序列型填空；再如，"在下列成语的错误部分下面画线，并在括号中填入正确的内容。变本加利（　　　）、信口开合（　　　）、试目以待（　　　）"就是改错型填空。

填空题适合检测学生对知识的记忆和理解，相对于选择题等题型，编制容易；学生作答简单省时，相对于是非题、选择题，猜测的可能性极大地降低了。

（2）填空题编制的注意事项

① 空格应该是重要的关键性的知识内容，是与目标密切相关的内容。

② 空格数不能太多。例如：

角的两边是（　　　）线，角的（　　　）和（　　　）无关，和（　　　）有关。

分析：本题空格太多，难以理解作答，导致答案五花八门，评分困难。

③ 保证只有一个答案。例如：

山东曲阜是（　　　）的故乡。

分析：本题限定不严密，且答案有多个，如学生随便填一个名字，或者填写"我"，也不能说错，教师很难评分。

④ 空格要等长，最好在句末，避免给学生暗示性的线索。

⑤ 避免直接从课文中选取陈述句，以免造成死记硬背。

⑥ 如果答案是数字，要明确作答要求，如单位、数字的精确程度等。例如：

一个圆的半径为 5 cm，则其面积为（　　　）（精确到小数点后两位数）。

2. 简答题

（1）简答题的概念及功能

简答题是呈现完整陈述的问题，要求学生通过回忆知识、组织知识，并在一个符合逻辑的整合答案中呈现知识。简答题通常限定了答题的内容和形式，学生的作答必须在一定的范围内进行，作答的篇幅也受到限制，作答有明确的方向，且有比较确定的内容标准，不能自由发挥。例如：

说明液压传动的工作原理，指出液压传动装置通常是由哪几个部分组成的。

简答题用于检测认知领域的学习结果，尤其是那些不能被客观题很好检测的学习结果，也就是那些相对较高层次的认知目标。

（2）简答题编制的注意事项

① 简答题用于测量认知领域相对高层次的学习结果，评价目标只要能用客观题检测，就不要用简答题。例如：

> 请说出《三国演义》中的三国是哪三国。

分析：这个题目设计的内容可以用客观题很好地检测，就不需要用简答题。

② 编写简答题时，应避免用何时、何处、何人、何事之类的表述，而较多运用说明、解释、推断、分析、应用、综合之类的词。

③ 编制的题目一定要引出教师期望测量的行为。教师应围绕检测目标设计问题任务，引出学生相应的心理反应和行为。例如：

> 学习目标是："辨认三角形、正方形、长方形和平行四边形等平面图形。"
>
> 错误的题目设计："请写出三角形、正方形、长方形和平行四边形的定义，并说明各种图形的特点。"

分析：这样的题目无法引发学生进行辨认的心理过程和行为。

④ 题目应简短明确，能够提供给学生足够的信息，从而得出可接受的答案。例如：

> 学习目标是："理解不同类型的形状（如菱形、长方形和平行四边形等）可能存在的共同属性。"
>
> 正确的题目：说出菱形、长方形和平行四边形相似的四个方面。
>
> 错误的题目1：菱形、长方形和平行四边形哪里相似？
>
> 错误的题目2：菱形、长方形和平行四边形有什么共同点？

3. 解释性题

（1）解释性题的概念及功能

解释性题是一系列基于同一引导性材料的客观性题目，通常由两个部分构成：一个部分是引导性材料或背景性材料，可以是文字、图表、模拟情境等；另一个部分是由前述几种题型以及填空、简答等客观性题目构成的题组。解释性题要求学生根据引导性材料提供的信息，回答一串事先编制好的题目。

解释性题不仅能测量较低层次的认知能力，还能测量学生的理解和推理能力、问题解决能力及创造性等较高层次的认知能力。例如，可以让学生进行推断、有依据的概括、提出假定、认识信息的关联性、应用原理、运用图画材料等。

（2）解释性题编制的注意事项

① 引导性材料应与学习目标密切相关。

② 引导性材料应当有一定的复杂性，不能直接来自教材或学生已经学习过的其他材料。

③ 引导性材料应当具有较强的可读性，清晰明了。适度的复杂性并不意味着较长的文本篇幅；若能用图表辅助说明的，尽可能用图表。例如：

> 王伯伯买了一块三角形的土地，他将三角形的高分成都是 10 m 高的三等分，划成大、中、小三个都是 30 m 的等底三角形地，小三角形为空地，中三角形中除小三角形外，其他都种稻子，问种稻的面积是多少？没有种稻的面积是多少？
>
> 分析：该例子很模糊，材料容易引起异议。
>
> 本例可以作如下修改：
>
> 王伯伯买了一块三角形的土地（如右图所示），并在阴影部分种上稻子。三角形底为 30 m，高分为三等分，都是 10 m。请回答下列问题：
>
>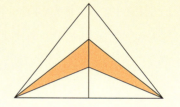
>
> a. 种稻的面积是多少 m²？
>
> b. 没有种稻的面积是多少 m²？

（三）交流式评价

交流式评价是教师通过与学生的交流活动来收集学生学习信息的方法。从广义而言，选择性反应评价、论述式评价以及部分表现性评价均可纳入交流式评价的范畴，因为这些评价都涉及教师和学生之间的（书面文字）交流。

本章中，我们将交流式评价限定在面对面情境中以口头语言为主要交流方式，即通过运用口头语言进行交流来收集信息。交流式评价由两个核心成分构成：其一，课堂提问；其二，课堂观察。

交流式评价适用于各种类型、各个层级的学习目标的评价，尤其是在评价学生的比较、推理、分析、评价等能力上更具优势。

1. 课堂提问

课堂提问通常由发问、候答、叫答、理答四个环节构成。课堂提问遵守的原则如下：

（1）发问

所谓发问，即提出正确的问题。发问环节要遵守以下原则：

① 提出与目标相匹配的问题。

② 多运用高层次的问题，即开放性问题、解释性问题、评价性问题、探究性问题或综合性问题。

③ 问题要清楚明确，即问题要有确定的指向，要让学生明白回答什么。如"对于这一点，你有什么想法"这样的问题没有明确的指向，学生可能会无所适从。

（2）候答

所谓候答，即教师在提出问题之后的等待时间。候答环节，教师要留给学生一定的思考或讨论时间，不要提出问题后，要学生即刻作答，或者自己马上作答。尤其是在检测高层次目标的达成情况时，候答特别重要。

（3）叫答

所谓叫答，即指定回答的学生。在一般情况下，叫答应当随机。教师借助于分层抽样来确定叫答的对象，即在叫答的对象中，好、中、差的学生比例应当基本符合班级学生的总体构成情况。

（4）理答

所谓理答，即教师对学生回答的回应。理答环节应注意以下几个方面：

① 认真倾听学生的回答。

② 避免急于判断学生的回答。

③ 持续追踪学生的思考。

④ 让学生参与理答。

2. 课堂观察

课堂观察是指研究者或观察者带着明确的目的，凭借自身感官以及有关辅助工具、直接或间接从课堂情境中收集资料，并依据资料做相应研究的一种教育科学研究方法。本章主要指教师的课堂观察。教师通过课堂观察，获取课堂运行的现状、问题以及学习目标达成情况的信息，并谋求课堂学习的改善。交流式评价要获取信息，离不开课堂观察的支持。

常见的课堂观察方法包括逸事记录法、观察表法、等级量表法等，如图8-3所示。

（1）逸事记录法

逸事记录法是一种比较快捷且开放性的记录方式。在这种方式下，教师用自己的语

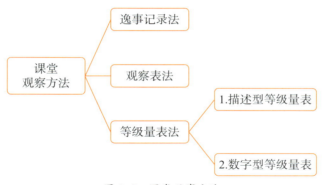

图 8-3 课堂观察方法

言，对直接观察到的有意义事件做事实性描述。其目的在于帮助教师迅速记录下有意义的学生学习行为事件，以便后续对教学进行反思和解释。它包括随机即时记录和基于（A-B-C）表格的即时记录两种形式。

随机即时记录（见表 8-3）是记录一些非预期的课堂情境中即时发生的事件，多用来记录学生的不良行为。

表 8-3 随机即时记录的示例

学生：王旭
时间：××××年××月××日
情境：小组海报活动
发生了什么：今天，在小组海报活动中，王旭抱怨给他的水笔颜色。我提醒了他纪律问题，但他拿起一支水笔在海报板上乱画，把海报纸弄坏了。

基于（A-B-C）表格的即时记录（见表 8-4），强调记录具体学习情境下学生的不当行为，为教师分析诊断学生不当行为产生的原因提供数据，从而改进教学策略。（A-B-C）表格包含前奏（antecedent）、行为（behavior）、结果（consequence）三部分。

表 8-4 基于（A-B-C）表格的即时记录示例

日期 / 时间	情境 / 活动	前奏	行为	结果	学生反应
××××年××月××日 10：35	学生以小组的形式为某学习单元做海报。	李明是王旭小组的材料管理员，李明给了王旭三支浅颜色的水笔。	王旭说："这些颜色真讨厌！"他抓起一支水笔在海报板上乱画。	我重申了纪律，让王旭去教室里的暂停区。	王旭从暂停区回来后拒绝参与小组活动。他坐在那里，脸转离他的小组。

（2）观察表法

观察表是一个用来评价学生技能的清晰和简洁的行为列表。观察表法是教师借助观察表观察学生某些方面的技能，观察结果只标示有或没有，正确或不正确。观察表的使用者可以是教师，也可以是学生。

观察表主要由某项技能的维度以及每个维度下的具体指标构成。如表 8-5 就是一个学生口头汇报能力的观察表。

表 8-5　学生口头汇报能力的观察表

姓名：		日期：××××年××月××日	
观察维度	观察点	观察结果	
		是	否
肢体方面	• 站直并面向观众 • 根据语调的变化而变换面部表情 • 保持与观众的视线交流		
声音方面	• 声音清晰稳定 • 能根据内容的重点变换语调 • 声音响亮，能够让所有听众听到 • 语言流畅 • 发音准确		
语言方面	• 选择正确的词汇来表达意思 • 避免不必要的重复 • 语句表意清楚、完整 • 有逻辑地组织信息 • 在结尾处能进行概括		

观察表法的使用步骤如图 8-4 所示，包括利用观察表观察记录学生的行为和观察结果量化两个步骤。

观察结果量化有两种方法：

方法 1：把在各个指标上的得分情况转化成百分比。如表 8-5 所示，学生口头汇报能力的观察表中，共有 13 个观察点；如果学生展现了 10 个观察点的能力，假设每个观察点的权重都一样，就可以得到百分比 76.9%，表明这个学生达到了期望水平的 76.9%。

方法 2：教师也可以预先提出一定的标准来衡量学生的表现。仍以表 8-5 为例，教师可以设定标准——13 个观察点中，完成 12~13 个，"优秀"；完成 9~11 个，"良好"；完成 5~8 个，"合格"；完成 5 个以下，"不合格"。

图 8-4　观察表的使用步骤

（3）等级量表法

等级量表是在观察表的基础上，增加描述性的语言或者数字，从而评定学生表现的程度。等级量表包含一个指标列表，每个指标通过观察看到不同的程度，从而完成对学生技能掌握程度的评价。等级量表包括描述型等级量表和数字型等级量表。

① 描述型等级量表

描述型等级量表主要以描述性的语言评定学生表现的程度。如表 8-6 就是学生独立学习能力的描述型等级量表，该量表把学生的独立学习能力由低到高划分为四个等级，即较差、合格、较强、很强。

表 8-6　学生独立学习能力的描述型等级量表

学生：王旭	日期：××××年××月××日		观察点：学习独立性
较差	合格	较强	很强
学生完全按照教材内容学习，不能根据教师引导学习。	学生完全依赖教师的引导学习。	学生能在教师的提示下获得信息，并使用信息。	学生能独立地获取信息，并独立地开展学习。

② 数字型等级量表

数字型等级量表主要使用数字评定学生表现的程度。一般来说，数字越高，代表越好。如表 8-7 就是学生口头表达能力的数字型等级量表。

表 8-7　学生口头表达能力的数字型等级量表

姓名：***	日期：××××年××月××日
指导语：当学生进行口头表达时，对其在如下指标上的表现情况进行勾选。在每个指标上，如果学生总是表现该行为，选 4；如果经常表现该行为，选 3；如果有时表现该行为，选 2；如果从未表现该行为，选 1。	

（续表）

评价维度	评价指标	评价等级			
		1	2	3	4
肢体方面	· 站直并面向观众 · 根据语调的变化而变换面部表情 · 保持与观众的视线交流				
声音方面	· 声音清晰稳定 · 能根据内容的重点变换语调 · 声音响亮，能够让所有听众听到 · 语言流畅 · 发音准确				
语言方面	· 选择正确的词汇来表达意思 · 避免不必要的重复 · 语句表意清楚、完整 · 有逻辑地组织信息 · 在结尾处能进行概括				

数字型等级量表转化为总评价成绩的量化方法，以表8-7为例，在该量表中，最高的总分是4×13=52（每指标项最高分4分，共13个指标），如果一个学生在表中各个指标上的得分依次为4、2、3、4、3、2、3、2、3、4、4、3，共计39分，则39÷52=75%，75分为学生的总得分。

三、能力导向的职业教育课堂教学典型评价方法——表现性评价及样例

（一）表现性评价

1. 表现性评价的含义

表现性评价是一种新型质性评价方式，它要求学生在特定的真实或模拟情境中，运用先前所获得的知识完成某项任务或解决某个问题，以考查学生知识与技能的掌握程度，或者问题解决、交流合作等综合职业能力的发展状况。

表现性评价的构成要素包括：表现任务、表现行为、评价标准（见图8-5）。具体而言，各要素的内涵如下：

（1）表现任务，即真实情境或模拟情境中的任务。例如，画一幅画、制作一个视频

等。这些真实或模拟情境中的任务，既是学习任务，也是评价所要完成的任务。

（2）表现行为，即学生的建构反应。要求学生提出问题的解决办法或完成任务，通过自己的行为表现来证明自己的学习过程和结果。

（3）评价标准，即依据期望学生呈现出的学习结果，诸如知识掌握程度、技能应用能力、创新能力、职业行动能力、合作能力，以及情感态度和价值观等方面，设计并开发出来的用于衡量教学目标达成度的标准。

表现性评价具有以下特点：其一，要求学生执行表现任务，学生必须通过自身的行为表现或问题解决方案，来证明自己的学习过程和结果；其二，评价者必须观察学生的实际操作或记录任务成果；其三，能使学生在实际操作中学习知识和发展能力。

图 8-5　表现性评价的构成要素

表现性评价在针对技能、综合职业能力，以及高水平、复杂思维能力等学习目标的评价中，具有显著优势。它尤其适用于技能操作能力和综合职业能力的检测，不仅能够有效检验这些能力，还能够支持更具诊断性的实训课教学，推动职业教育专业课程与教学改革。

2. 表现性评价的方法

适用于职业教育的常见表现性评价方法如图 8-6 所示，包括展示、口头表达与角色扮演、试验与调查以及项目等。

图 8-6　表现性评价的方法

（1）展示

展示是一种按要求做出技能或者能力的表现，学生借此展示他能够使用知识和技能完成任务。例如，展示做面包前揉捏面团，展示使用烘烤设备和使用仪器，展示在因特网上查询信息。它适用于评价学生运用技能的程度。

（2）口头表达与角色扮演

口头表达要求学生以访谈、演讲或其他口头汇报等方式来展现他们所掌握的相关知识和口头表达技能。角色扮演是将口头表达、展示与表演等综合在一起，来展示学生能力的一种方法。口头表达与角色扮演适用于考查学生综合运用知识、技能的能力，多用于评价学生的综合职业能力。

（3）试验与调查

试验与调查是学生制订试验和调查计划、执行计划，并且解释试验或者调查结果的过程。

试验与调查可以评价学生是否运用了适当的技能和方法，是否形成了适当的观念框架，以及对所调查现象是否形成了一种理论性的、基于已有知识的解释。

（4）项目

项目是一项旨在创造某一独特产品或服务的工作，具有时限性，通常包含多个任务。项目需要由人来完成，受限于资源，且离不开计划、执行和控制等环节。

基于项目的表现性评价是指让学生或者学生群体完成一个项目，从而对其综合职业能力作出评价。项目可以是个人项目和小组项目两种形式。

个人项目：个人项目的结果可以是一个模型、一件作品，或者是一份真实报告、一项收集。例如，假期里某主题下的报纸杂志广告收集并分类；再如，使用本学期所掌握的手工工具做一件小家具。

小组项目：小组项目要求两个或者两个以上的学生一起合作完成，形成明确的项目成果。例如，零件加工项目（数控专业）、产房设计（护理专业）、花坛设计和修建（土木园林专业）、商场形象调研（市场营销专业）。这些项目主要用于评价学生是否具备团队合作能力，能否协同完成项目并产出高质量的成果。

项目适用于评价学生的综合职业能力。

3. 表现性评价的设计实施

课堂教学中实施表现性评价，要经过如图 8-7 所示的五个步骤。

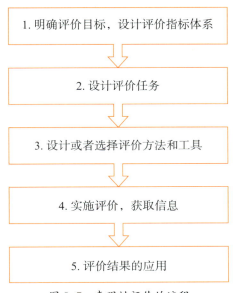

图 8-7　表现性评价的流程

（1）明确评价目标，设计评价指标体系

在实施表现性评价之前，先要明确评价目标，并在此基础上设计评价指标体系。这里，评价目标即教学目标，是指学生知识掌握程度、技能水平、职业能力水平等。

评价指标体系，是由各层级评价指标按照一定逻辑关系结合而成的由评价维度、评价指标、评价标准和评价结果等共同构成的有机整体。下面以课堂口头展示报告表现性评价为例（见表 8-8），说明评价指标体系各构成要素的内涵。

① 评价维度。评价维度通常也称评价的一级指标（见表 8-8 的第 1 列）。评价维度的设计，应与教学目标维度保持一致。

② 评价指标及指标的描述项。评价指标是根据一定的评价目标确定的，是评价目标的具体化，它承载着评价的质量。指标的数量，要足以反映出学习目标各维度的具体要求，指标间要互相独立；指标的描述项，是处于评价末端的观测点的指标，它是充实每个水平的细节。如表 8-8 的第 2 列，就是末端的评价指标，即指标的描述项。

③ 评价结果。评价结果是依据评价标准（评价指导语）评定的学生水平，如表 8-8 的第 3、4、5 列，就是评价结果。

④ 评价标准（评分说明）。评价标准是学生完成的任务、达到的标准等，它代表的是评价推理过程、技能表现或成果质量的标准，也是评价的标准或者评价的指导语。如表 8-8 的第 6 列，就是一级指标"内容"维度的评价标准。

表 8-8　课堂口头展示报告表现性评价

一级指标 （评价维度）	二级指标 （评价指标/指标的描述）	评价结果			评价标准 （评分说明）示例
		5分 优	3分 良	1分 差	
内容 （口头报告的内容）	· 清晰的主题 · 所有的信息对于主题都是重要的 · 事实、细节、例子使主题对于听众来说更加鲜活				5分： · 我的展示主题清晰 · 在我的展示中，所有信息都与主题相关并支持它 · 我使用的信息对于我的主题都很重要 · 我选择的事实、细节、趣味、例子都使我的主题更加生动 3分： · 我的主题有些宽泛，但听众能分辨出我要说什么 · 大多数细节与主题相关，但有部分可能脱离主题 · 我的信息是重要的，但是有些细节可能过于琐碎，我需要舍弃一些信息 · 有些信息对于听众来说很无趣或者无用 1分： · 我不确定我展示的重点是什么 · 我确实不知道如何选择分享的细节，我想到什么就说什么 · 我忘记思考什么样的信息可能对听众来说是有意思和有用的
组织 （口头报告内容的组织）	· 开头介绍主题 · 一系列的观点支持要表达的意思，并能让听众听懂 · 过渡词引导听众 · 结论总结主题，让听众满意				
表达 （学生的汇报陈述）	· 展示过程中，眼神始终与听众交流 · 声音洪亮，使所有听众都能听见 · 发音清晰 · 语速适当 · 避免填充词（"嗯""就像""你知道的"） · 恰当使用肢体语言和动作				
语言的使用 （汇报使用的语言）	· 选择的词语能清晰易懂地表达信息的含义 · 高效地利用符合主题、目的和听众的语言技巧（如幽默、想象、比喻和隐喻等） · 对于不熟悉的术语，要作出解释 · 语言和语调形式与目的和听众匹配 · 准确地使用专业术语 · 语法结构正确				

（2）设计评价任务

设计评价任务的目的，在于引导学生展示动作技能或创作作品，从而能够运用评价指标体系展开评价。在这一过程中，表现性评价任务与学习任务具有等同性。表现性评价任务设计遵循的原则及其构成要素如下：

① 评价任务设计遵循的原则

· 与评价目标的一致性。评价任务（学习任务）应是学习目标实现的载体，任务应能够引出正确的表现或成果。

· 真实性。任务情境尽可能是真实的或者源于真实的职业（或者生活）情境。

· 支持任务完成的支架（信息）。评价任务中，应提供一些指向成果生成的信息，但不要过度帮助。

· 资源的可获得性。任务中应包含学生都可以得到的、完成任务必需的资源和材料。

② 评价任务的构成要素

· 基于情境学生所要完成的学习任务，即基于情境，学生要做些什么。

· 学生应展示的表现或作品，即学生要展示的表现或成果将采取哪种形式。

· 学生所要使用的知识，即学生在完成任务时，将会应用什么样的知识。

· 所有使用的材料，即学生在完成任务过程中，应该使用什么样的材料。

· 完成任务的时间表，即学生将花费多长时间完成任务。

· 完成任务的条件，即如果任务要求是一个展示或表现，需要在什么条件下进行。

· 允许的帮助，即完成任务允许提供的帮助是什么，从谁那里获得帮助。

（3）设计或者选择评价方法和工具

根据评价目标，选择合适的评价工具。评价工具可以是问卷、观察表和评价表等。评价方法可选择与评价目标适配的展示、口头表达与角色扮演、试验与调查或者项目评价等。评价主体是教师和学生。

（4）实施评价，获取信息

理想的表现性评价也是一项有效的教学活动，它可以嵌入课堂活动，让评价与教学合为一体。对于学生来说，表现性评价既是在参与学习活动，也是在完成评价任务。表现性评价实施的具体步骤如图8-8所示，包括两个环节：其一，告知学生评价目标和评价标准；其二，收集学生的表现信息。

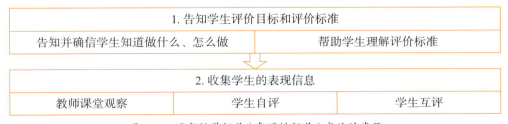

图 8-8　课堂教学评价（表现性评价）实施的步骤

① 告知学生评价目标和评价标准

该环节发生在布置学习任务伊始阶段，教师要注意以下两点：

一是告知并确信学生知道评价任务、怎么完成评价任务。通常情况下，帮助学生理解评价任务可以采取以下方法：

· 请学生用自己的话来表述他们所理解的任务，进而判断学生是否知道了要做什么。

· 了解学生是否清楚完成任务需要具备什么样的基础知识和技能。

二是帮助学生理解评价标准。学生理解评价标准既有助于他们理解评价任务，知道从哪些方面对自身表现展开评价，又有助于他们更为准确地对自己或同伴的表现作出评价。通常情况下，帮助学生理解评价标准，可以采取以下方法：

· 让学生有机会学习评价标准，并在适当的时候对评价标准给予解释和说明。

· 尽可能地提供各个水平的表现样例。表现样例，可以是教师模拟的，也可以是优秀的学生作业，还可以是录像等形式。

· 在教学中有意强调评价标准中的要求。

② 收集学生的表现信息

收集学生的表现信息有三个途径：教师课堂观察、学生自评和学生互评。

途径一：教师课堂观察。表现性评价信息的收集离不开教师的课堂观察，观察本身就是一种收集信息的手段，也是一种重要的评价方法。常见的课堂观察方法（逸事记录法、观察表法、等级量表法等）及使用方法见本章"交流式评价"中的相关内容。

途径二：学生自评。自评，即学生的自我评价。它指的是学生依据评价标准，审视反思自己的实际表现，客观地评价自己的水平。需要说明的是，学生自评的过程性成绩，要经教师审核后，才能成为学生学习过程评价的最终成绩。自评的具体流程，如图8-9所示，包括四个步骤：理解评价标准；对照评价指标评定自己的表现水平；提交自评结果及相应的支撑材料；待教师认可评定。

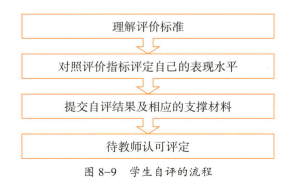

图8-9 学生自评的流程

下面以"合作学习能力"的自评为例,说明学生自评的操作流程。

首先,教师呈现评价标准(见表 8-9),学生理解评价标准。

表 8-9　小组合作学习能力评价标准

小组合作学习能力指标	实际分数 (学生自评)	满分 (教师设定)
1. 我遵守了时间		4
2. 我完成了全部工作任务		6
3. 我在小组工作中起特殊作用		2
4. 我提出解决问题的建议		4
5. 我及时为工作小组准备了足够数量的学习资料		6
6. 我为工作小组的信息交换做过很好的准备		6
7. 我独立记录我的积分账户		2
总计		30

其次,学生对照评价指标,评定自己的学习表现水平(见表 8-10 第 2 列)。

表 8-10　学生评定自己的成绩

小组合作学习能力指标	实际分数 (学生自评)	满分 (教师设定)
1. 我遵守了时间	3	4
2. 我完成了全部工作任务	4	6
3. 我在小组工作中起特殊作用	2	2
4. 我提出解决问题的建议	4	4
5. 我及时为工作小组准备了足够数量的学习资料	2	6
6. 我为工作小组的信息交换做过很好的准备	4	6
7. 我独立记录我的积分账户	2	2
总计	21	30

再次,学生提交评定成绩和相应的证明材料(见表 8-11 第 1 列中括号部分)。

表 8-11　学生评定自己的成绩并附证明材料

小组合作学习能力指标	实际分数（学生自评）	满分（教师设定）
1. 我遵守了时间 （证明材料：及时提交专家工作小组成果、完成工作任务）	3	4
2. 我完成了全部工作任务 （证明材料：完成专家组的工作任务，制作该主题下的知识结构图）	4	6
3. 我在小组工作中起特殊作用 （证明材料：如计时员、主持人、记录人）	2	2
4. 我提出解决问题的建议 （证明材料：简短描述建议）	4	4
5. 我及时为工作小组准备了足够数量的学习资料 （证明材料：及时分享学习资料）	2	6
6. 我为工作小组的信息交换做过很好的准备 （证明材料：演说笔记、大纲批注等）	4	6
7. 我独立记录我的积分账户 （证明材料：个人对积分获取过程的总结）	2	2
总计	21	30

最后，教师认定学生的自评成绩。

途径三：学生互评。互评是指学习者在相同的学习背景和环境下，依照统一的评价标准，对同伴进行评价。互评不仅是评价工具，也是学习手段和获取评价信息的重要途径。通常情况下，学生互评有两种形式：其一，针对学习成果（作品）的互评；其二，针对学习过程的互评。

针对学习成果（作品）的互评流程见图 8-10，包括互评前（互评准备）、互评中（合作互评）和互评后（评价结果的应用）三大环节。

针对学习过程的互评流程见图 8-11，与针对学习成果（作品）的互评流程基本一

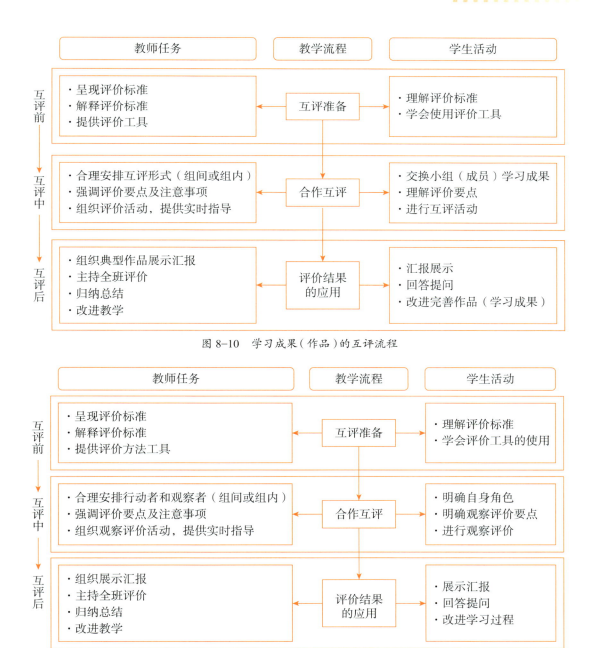

图 8-10　学习成果（作品）的互评流程

图 8-11　学习过程的互评流程

致，也包括互评前（互评准备）、互评中（合作互评）和互评后（评价结果的应用）三大环节。值得注意的是，两者区别主要体现在"合作互评"环节。针对学习过程的"合作互评"环节，教师任务是合理安排行动者和观察者（组间或组内）；强调评价要点及注意事项；组织观察评价活动，提供实时指导。学生活动是明确自身角色；明确观察评价要点；进行观察评价。

（5）评价结果的应用

评价结果的应用详见本章"课堂教学评价的含义"中评价结果的应用的相关内容。

（二）表现性评价课堂教学评价样例

以基于项目教学的表现性评价为例。

1. 项目任务及项目成果要求（见表 8-12）

表 8-12　制作与交付分配站[①]

项目及目标设置	其他框架条件	备注（客户的其他要求）
项目：为客户制作完成、组装并无故障交付分配站（见技术图示）。客户需要数量4个。 	客户要求分配站的制造、安装和运行必须遵守： ·使用顾客要求的气动、电气元件和传感器。 ·在功能控制中用接线端子完成电路设计图 ·电路技术方案计划使用最多43个接线端子连接点	为保障保养、维护、修理工作/日后分配站的后续发展，客户需要一份必须包含以下说明的设备档案： ·封面、目录、页码、联系方式 ·气动装置管路图 ·电路图和端子分布图
客户要求：使用接近传感器将铝制或塑料的叠放料箱垫圈，向各个堆栈分流。此外，客户希望分配站的交付期为：_____（此处由教师团队给定）	·发光二极管通过信号通知设备的启动 ·电路设计草图（电路图无接线端子连接点，气动图），须在准备阶段将客户提供的FESTO-电气元件进行功能测试 ·计划用线缆管道进行电线敷设 ·用接线端子将启动软管的导线固定（如需要）	·功能图 ·控制流程功能说明 ·机器零件明细表 ·测试记录

2. 基于该项目任务的评价设计

该项目的教学目标旨在提升学生的展示交流能力、团队合作能力、档案文本撰写能力和职业行动能力。目标导向的项目教学表现性评价框架见表 8-13。

[①] 项目任务选自德国乔治－施莱辛格学校的"机电一体化助理"培训及其他职业培训；所属学习领域：自动控制子系统——计划，生产和运行；项目：学习情境——为客户制作完成、组装并无故障交付4个分配站。

表 8-13 "制作与交付分配站"表现性评价框架

一级指标	二级指标	三级指标
展示交流能力	· 汇报目录结构 · 专业展示 · 肢体语言 · 文字语言 · 媒体应用	（依据实际情况设计）
团队合作能力	· 有目标地讨论和处理工作任务 · 组员互相帮忙和尊重 · 倾听并互相认同 · 对出现的问题公开讨论和解决 · 避免人身攻击和侮辱	（依据实际情况设计）
档案文本撰写能力	· 文本形式格式标准 · 专业内容 · 文本结构	（依据实际情况设计）
职业行动能力	· 专业能力 · 方法能力 · 学习能力 · 个人与社会能力	（依据实际情况设计）

参考文献：

［1］王少非．课堂评价［M］．上海：华东师范大学出版社，2013.

［2］简·查普伊斯，瑞克·斯蒂金斯，史蒂夫·查普伊斯，等．促进学习的课堂评价：做得对 用得好［M］．赵士果，译．上海：华东师范大学出版社，2021.

［3］丁朝蓬，梁国立，Tom L.Sharoe．我国课堂教学评价研究概况、问题与设想［J］．教育科学研究，2006（12）：10-14.

［4］蔡金法，刘启蒙．课堂评估：作为有效教学的重要组成部分［J］．小学数学教师，2017（5）：5-11.

［5］杨钦芬．能力导向的评价任务开发［J］．教育理论与实践，2022（8）：7-11.

［6］赵士果．促进学习的课堂评价研究［D］．上海：华东师范大学，2013.

第九章 课堂小结

　　一节好课，不仅应当有引人入胜的导入，还应该有耐人寻味的结尾。一个精彩的课堂结尾，不仅意味着课堂教学任务的完成，更是教学艺术美的高度体现和升华。教师应当合理安排课堂小结，精心设计一个"言有尽而意无穷"的课的结尾，做到善始善终，给课堂教学画上一个完整而又完美的句号。

一、对课堂小结的理解

（一）课堂小结的含义

　　课堂小结又称结课或课堂结尾，是指教师在课堂教学终了时，有目的、有计划地通过归纳总结、重复强调、概括提升、拓展延伸等活动，使学生对所学的新知识、新技能及时地进行巩固、概括、运用，把新知识新技能纳入学生原有的认知结构，形成新的完整的认知结构，并为以后的教学做好过渡的一类教学行为。一堂课的结束阶段，是学生大脑最疲劳、注意力最容易分散的时段。教师在这个阶段利用 3~5 分钟的时间进行课堂小结，可以顺利且有效地结束课堂教学。这样既可使学生所学内容得到巩固，使课堂效果得到反馈，又可培养和提高学生独立思考能力、分析问题能力以及口头表达能力，使学生养成学以致用的良好习惯。

（二）课堂小结的作用

　　一个精彩的课堂小结在课堂教学中的作用主要表现为以下几个方面：

1. 使课堂更完整

　　在课堂教学的尾声，师生可以通过总结归纳等方式将此前课堂教学的复习旧知、导入新课、新课学习等环节联结起来，进行梳理和概括，对本课教学内容形成一个系统的、完整的、层次清晰的印象，掌握系统化的知识与技能，建立新的认知结构，对所用的学习方法有明确的认识。

2. 强化课堂重点

教师在进行课堂小结时，可以通过精心设计、简洁明了的语言，引导学生回顾课堂教学各个环节的主要内容，强调各教学环节中涉及的重要内容。如此一来，便能使各环节的教学重点在整体教学中得以确认和强化。课堂小结能够帮助学生领悟本节课的要点与精髓，加深对课堂内容的理解和把握，这对提高课堂教学的有效性，对学生日后的学习有着积极的意义。

3. 升华课堂内容

成功的课堂小结，可通过对一堂课教学内容的梳理概括、揭示规律、提炼升华及引导探索等形式，让课堂教学内容得以升华。这有助于学生实现从表象向本质的思维转换，使他们在能力提升的同时，思想也受到教育与启迪。从这个意义上说，课堂小结的升华功能体现在三个方面：

（1）知识的升华。通过知识小结，学生将新知识纳入自身已有的知识网络。在此过程中，学生头脑中的新旧知识得以有效建构，进而形成新的知识网络和系统，更加系统化地掌握知识。

（2）能力的升华。这也是小结的重要功能。学生在课堂上进行的巩固练习，通过小结环节的运用得以强化。

（3）情感的升华。学生通过课堂教学中的师生交流、生生交流，情感上往往会有所悟，通过小结环节的交流与沟通，就可以将内心的情感体验唤醒，从而使情感得以升华。

二、课堂小结的原则

（一）一致性原则

课堂小结的一致性原则要求教师在进行结课时，应当紧扣教学内容，与课堂导入遥相呼应，从而呈现出一节脉络清晰、完整连贯的课堂。特别是有些课的结束实际上就是对课的导入设疑的总结性回答，或是导入教学内容的进一步延续和升华。结课时，教师需要清楚呼应的内容，对于在课的导入阶段设置的悬念、问题、困难、假设等，要做到消除悬念、解决问题、克服困难、证实或证伪假设。

在课堂结束阶段，教师也可以运用多种方法对授课内容进行归纳概括，将需要突出和强调的重点问题再次予以强调，以加深学生的印象。总之，在课的结束环节要注意授课过程中留下的伏笔和运行线索，才能增强学生进一步学习的兴趣，体验教学的美与快乐。

（二）适度性原则

课堂小结的适度性原则要求教师在进行结课时，注意课堂小结时间适度和内容适度。在时间方面，一堂课一般为 40 或者 45 分钟，课堂小结的时间一般应为 3 至 5 分钟。课堂小结时间过长不仅会压缩教学其他环节的时间，导致新课学习不够深入透彻，还会导致小结内容冗杂、主题不够鲜明突出；课堂小结时间过短则会造成小结内容不完善、知识梳理不清、思想升华不到位等弊端。当然，如遇特殊教学内容，课堂小结时间也可适当延长或者缩短。在内容方面，课堂小结内容除了要根据教学内容而定，还应该考虑学生的学情，应点到为止，不可过深或过浅，小结时对教学内容进行取舍、有目的地总结与升华教学内容即可。

（三）多样性原则

课堂小结的多样性原则要求教师在进行结课时采用多种多样的结束方式。具体而言，教师在设计结束方式时，一定要考虑到课程类型的不同、教学内容的难易、学生的特点等各方面情况。首先，不同的课型和内容应采用不同的结束方式，如概念型的教学内容一般可采用概括要点的结束方式，技能型的课程一般采用评价总结、测验提问等方式。其次，根据不同的目的，也要有不同的结束方式。如果课的目的在于巩固学生所学的技能，把学生的注意力聚焦于课程要点，结束方式就应归纳总结教学内容，进一步明确和强调结论与要点。同时，尽可能地引出新问题，把学生掌握的技能运用到解决新问题当中。但如果是在一个与其他学科、生活现象或后续课程联系比较密切的教学内容完成后，课的结束就应当不仅限于对教学内容要点的复习巩固，而是要把所学的内容向其他方面延伸，以拓宽学生的知识面，引起学生更浓厚的学习兴趣，或把前后内容联系起来。此外，学生的身心发展特点、学习动机等方面都是教师在设计教学小结时必须考虑的因素。对于学习基础较好、思维活跃的学生，可以采用学生自主总结概括的结束方式，也可以安排思维拓展训练等。而对于抽象思维薄弱的学生，则可以采用回顾复述的方法进行结课。

（四）主体性原则

课堂小结的主体性原则要求教师在课的结束时发挥学生的主体作用。具体而言，教师应引导学生积极参与分析、讨论、归纳、总结，让学生通过自身的思维加工，构建知识结构，进而提升自身技能，特别是智慧技能水平。在课堂小结时，能让学生做的尽可能让学生去做，能够被学生替代的尽可能被学生替代，以此来锻炼学生的概括能力、口头表达能力、动手操作能力，提高学生学习的积极性、主动性，加深学生对所学内容的印象。教师可创造性地运用学生自主设计小结、口头小结、设疑答问等方式，提升学生的参与度，让学生在师生合作、生生交流中，获得学习的良好体验，从而正向强化学生主体性的发挥。教师作为学生学习的引路人，要善于观察，在进行课堂小结时要留意学生状态，适时进行点拨，引导并启发学生的思维。

（五）强化性原则

课堂小结的强化性原则要求教师在结课时突出重点，强化知识与技能，加深学生的记忆。课的结束要帮助学生对所学内容理解、强化，尤其要重视基本知识、基本技能和基本思想的总结概括。强化过程可以用简明扼要的语言，复述讲解要点，强调应掌握的主要概念、原理及方法等，也可以重读课文的重点句、段，强化印象，还可以有针对性地做一些练习、实验操作、提出具体的课外实践活动等，让所学内容得到强化巩固。

三、常用课堂小结方式及其应用

（一）归纳总结式

归纳总结式课堂小结就是教师将一节课的教学内容、结构及思想方法等以简洁明了的语言、图示、表格等方式进行整理归纳，概括出本节内容的脉络与线索，方便学生更好地掌握知识与技能，提升思维概括能力。这种课堂小结方式能够深化课堂教学内容，进一步强化重点，有助于学生更清晰地把握所学内容的系统性。它还能助力学生构建知识结构图，提升学生对课堂内容的理解与记忆效果。

知识容量很大的课堂和知识单元复习课也适合运用这种小结方式。这种方式的优点是节省时间，具有较高的准确性。但是如果运用不当，很有可能会变成对教学内容的简单重复，缺乏启发性和引导性，而且无法体现学生的主体地位。因此，教师在使用归纳总结式课堂小结时，要尽力做到：第一，总结的语言应该简练、概括性强，总结的内容应该紧扣教学重点与难点，最好读起来要朗朗上口，回味无穷；第二，总结展示的图示、表格应该简明清晰，一目了然；第三，总结时让学生参与其中，例如由学生自己归纳总结，教师再进行指导反馈，这样可以加深学生对所学内容的领会，也可以检验学生的学习效果。

归纳总结式小结可以分为语言归纳、图表归纳、对比归纳等形式。

1. 语言归纳

语言归纳，就是引导学生以简练、准确的语言，对本节课的主要知识内容及技能技巧等进行归纳、概括的一种结束方式。通过总结大意、强化重点、明确关键、寻出规律，学生对所学内容有一个完整、清晰的印象。为方便记忆，常常会采用口诀、重点字词等形式。

"直播营销"课堂小结

教师：同学们，通过本节课的学习，我们掌握了直播营销进行促销的常用技巧方法，有这样一个口诀帮助大家来进行直播营销七大技巧的学习，我们一起来朗读一遍。

国家双创战略高，直播经济创新潮。

直播带货要畅销，常用技巧须记牢。

敬业爱岗精又专，产品体验须直观。

实时互动氛围好，性价比上流量找。

羊群效应善活用，建立信任防客跑。

人设鲜明广号召，客多货销当傲骄。

（该示例由上海市经济管理学校刘娟提供）

此概括方法使得学生可以通过朗朗上口的口诀对直播营销的七大技巧加深印象，易于学生的理解和记忆，同时还包含了对国家繁荣发展的经济现象的描述，可以激发学生的爱国主义情感。

2. 图表归纳

图表归纳即通过列图表的形式把课堂教学的主要内容呈现于学生面前的方法。

"消费税税率"课堂小结

这节财经法规与会计职业道德的课堂上，涉及三种不同消费税税率的形式及适用范围和项目，在课堂小结环节，教师呈现如下图表。

税率形式	适用范围	适用应税项目
从量定额税率	价格差异不大、计量单位规范的应税消费品	啤酒、黄酒、成品油等
复合税率	价格差异较大、税源较多的卷烟和白酒两类消费品	卷烟、白酒
从价比例税率	价格差异较大、计量单位不规范的应税消费品	其他各项应税消费品

（该示例由上海市行政管理学校蒲璠提供）

图表的呈现有利于知识的条理化，促使学生加深对所学内容的理解和记忆，从而更好地培养其思维的条理性。教师应对本节课的教学重点、学习难点、基本原理等进行归纳或概括，使其中心突出，让学生在原来学习的基础上再理解，进而完整、系统地掌握所学内容。

3. 对比归纳

在教学过程中，我们常常会发现部分知识点较为相似，学生在学习时极易对这些知识点产生混淆，且难以记忆。针对这样的内容，教师在课堂教学结束时，可采用对比归纳的结束方式。例如，将可供对比的材料提供给学生，让他们自主发现规律，找到相似之处；或者在教师的指导下，师生共同对相似的内容逐一进行比较。通过此种方式，学生可以一目了然地对相似知识点加以区分，并形成准确且比较长久的记忆。

"商品拣选方式——摘果式 vs. 播种式"课堂小结

在这节物流管理与服务的课堂上，学生以小组合作的方式开展学习。他们深入分析订单，根据订单特点选择了合适的拣选方式进行拣选作业。教师在课堂小结环节，引导学生对比摘果式和播种式两种拣选方式的行走路径、所用的时间、完成的准确率及工作效率，进一步归纳两种拣选方式的特点和适用范围，巩固内化教学内容，将理论知识和专业能力固化为自我认知，夯实基础。

（该示例由上海海事大学附属职业技术学校冯小春提供）

此种结束方式可以从学生的实际任务完成的角度出发，进一步巩固本课重点——两种拣选方式的作业流程和特点，培养学生善于思考、勤于分析的思维习惯，以及对专业技能的执着追求精神，既加深对所学内容的理解，又培养他们的求异思维能力。当然，运用此种方式的首要前提就是两个内容间有相似之处，即有可比性。应该注意的是，通过分析进行比较，比较时既比较其相似点，又比较其不同之处，从而澄清认识，加强理解，更好地掌握所学内容。

（二）首尾呼应式

首尾呼应式课堂小结，是指在教学收尾时，运用所教的理论知识、技术方法，回答开课时或讲解中提出的问题、悬念、伏笔，使学生豁然开朗；与课题遥相呼应，可使教学结构显得紧凑；与起始呼应，使教学过程浑然一体；前有"伏笔"，后有"应笔"，可使教学程序和谐完整。首尾呼应法不仅能助力学生巩固当堂课所学知识，还能让学生意识到学有所用，从而极大地提升学生的学习积极性。针对不同学情，教师在采用该方法时还可以适当增减难度，升华教学主题，培育学生职业素养。

首尾呼应式课堂小结呼应的内容可以是预习中的疑问、开讲时的悬念以及讲授中的"问号"。在使用这种方式时，教师需要将课堂视作一个整体来设计，在课前和课堂教学开始时，教师提出一些问题或设置一些悬念，激发学生的好奇心和求知欲，引导学生围绕提出的问题进行研究、探讨，整个教学过程也是围绕提出的问题或悬念展开。课堂教学进入结束阶段时，教师要紧扣教学内容，针对前面提及的疑问、悬念等给予明确的回答，使课程前后环环相扣，结束与导入遥相呼应，这样既体现了教学思路的严密性，又往往能引起学生回味本课教学内容的兴趣。

> **"走进环球金融中心"课堂小结**
>
> 教师在进行"走进环球金融中心"的教学时，在课前预习中，通过学校自主研发的"明珠耀浦江"多媒体学习软件，让学生投票选择最想了解的上海景点，确定环球金融中心为本课的学习内容，将学习的主动权交给学生，激发学生的学习热情。在新课导入环节，学生通过CTC在线测试平台和三维全景漫游技术在线"参观"上海环球金融中心，了解本节课学习任务，即识记环球金融中心的布局与归纳提炼景点观光厅的特点。课中，学生在平台上自主探索和梳理景点特色，师生共同探讨和展示，掌握环球金融中心观光厅的特点，提升导游的职业基本功。在课堂小结环节，教师播放关于环球金融中心的视频，进行课堂回顾，帮助学生形成图文结构的知识链，提升学生对祖国旅游资源的热爱和情感，加深对服务旅游事业的热爱和自信，达到无声胜有声的效果。
>
> （该示例由上海市商贸旅游学校宋玲洁提供）

从上述案例可以看出，环球金融中心作为一根主线贯穿于整个课堂之中。这样的小结，紧扣教学主线，与导入遥相呼应。首尾呼应式小结不仅加强了学生的记忆，还能让学生将掌握的知识点形象化，同时使学生的情感得以升华，对学生的学习起到了显著的强化作用。

（三）思维导图式

思维导图式课堂小结，是指在课堂小结时利用思维导图展示本节课教学内容及重难点，帮助学生通过分类、归纳等方法构建知识、技术方法框架体系，同时加深对相关内容的理解与记忆。思维导图的工作方式类似于人类大脑，它融合了放射性思维与可视化图形，既可以展示层级脉络，又可以体现思维过程，是组织程序性知识的优质工具。思维导图充分发挥了右脑的联想和想象功能，利用对感官刺激有吸引力的图形和色彩，有利于学生在提高学习兴趣的同时激发创新思维，促进有意义学习的生成。因此，在课堂小结中引入思维导图，对提高学生学习的有效性大有益处。

利用思维导图进行课堂小结的步骤如下：第一步，明确主题，自主探究。绘制思维导图的第一步就是明确主题。学生根据中心主题，分析知识点的主次关系，逐步细化。教师可以给出中心主题，并给出分支范围，帮助学生进行绘制。第二步，准备工具，梳理知识。在教学中，学生可以利用纸笔绘制思维导图，也可以利用信息化设备生成思维导图，提高绘制效率。第三步，构建框架，发散绘制。先在中心主题的周围画出若干个一级主题对应的若干个一级分支线，如有需要，再绘制二级分支线。第四步，交流修正，小组展示。学生独立完成思维导图的过程是主动建构知识体系的过程。开展交流和展示活动，学生可从别人的导图中受到启发，继续发散思维，完善自己的导图。在此过程中，教师可以进行点评与完善，从而构建新知。

"液气压系统安装与调试"课堂小结

在本课中，学生需掌握气动系统控制相关知识要点以及行程阀的结构区别。在课堂小结部分，教师利用信息化学习平台，发布"连一连"互动拖曳游戏，学生可以通过移动终端拖曳完成相关知识思维导图，并随机选取两名学生到互动大屏完成。随后，教师通过思维导图方式与学生共同梳理知识点，回顾课程重点，强化行程阀与气动控制相关知识点的记忆和技能点的操作流程要点（见下图）。

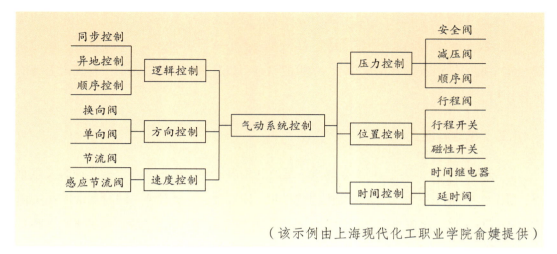

（该示例由上海现代化工职业学院俞婕提供）

在这节课中，思维导图的结构化内容凝聚了气动系统控制六个控制内容以及控制器的关联，可以增加学生的记忆容量。学生在学习中建立知识体系需要框架，思维导图利用其优势可以为学生建立知识框架、构建新的知识结构，进而实现认知迁移。

（四）拓展延伸式

拓展延伸式课堂小结是指教师在结课时留下与课堂内容紧密相连的、具有拓展延伸性的疑问，激发学生求知欲的小结方式。在课堂小结时，教师可提出一些与教学内容紧密关联，却在课堂上无法当即解决的问题，以此制造悬念。这些悬念就如同连接课内外学习的纽带，能达成拓宽知识、扩大视野、深化课堂教学内容的目的，也可以与下节课联系密切的内容为切入点，合理设置悬念，诱发学生的好奇心，使学生能够主动预习。

当开展前后教学内容有直接联系的新授课，或者存在需要学生进一步深入思考的问题时，适合采用拓展延伸式课堂小结。它的优点是能够激发学生的求知欲，并为下节课的开讲创造条件，也可以给学生留下一个有待探索的未知空间，激发学生的好奇心。此方式如运用得好，可点燃学生创造思维的火花。但是，教师如果不能合理地掌握设问策略，则预定的目标可能很难实现。因此，在应用时需要注意以下两个要点：第一，所设的悬念或疑问应具有针对性和目的性，以利于下节课的开展，拓宽学生视野；第二，要合理设置悬念或者疑问，把控好任务的难度与完成时间，以此提升学生的积极性和主动性，有效地引导学生自主开展探索活动，促进思维发展。

"告别依赖走向自立"课堂小结

在"告别依赖走向自立"一课结束时，教师将事先准备好的一只空袋子用手提起来，在讲桌上连放好几次，袋子都摊在桌子上。然后把袋子装满了书，再往桌子上一放，袋子便稳稳当当地立在桌子上了。这时临近下课了，教师留下一句话："同学们想一想，这包含了怎样的人生哲理？"①

这位教师围绕课堂主体，结束时留下的问题加深了学生的印象，激发了学生的好奇心，同学之间也免不了互相讨论。一个生动的例子加上一个发人深省的问题给学生带来的触动比枯燥死板的说教更能打动人心，也避免了教师硬性布置作业而造成逆反心理。这样的结尾，给人一种课已结束，而意犹未尽的感觉，也让学生能够将课堂内容延伸到课后的学习与生活中。

（五）测验提问式

测验提问式课堂小结是教师在课堂结束时通过提问或小测验等练习形式及时对学生所学过的知识技能进行检测并给予相应评价的结束策略。测验提问式小结有助于学生巩固理解所学内容，还有利于教师及时获得教学反馈，及时改进教学。新课讲完之后，教师如果想检验学生当堂掌握知识和技能的情况，可以采用这种小结方式。测验提问式小结可以分为口头问答和练习测验两种方式。

1. 口头问答

口头问答，即由教师或学生围绕教学内容进行口头提问，随后由学生作答，教师或其他学生根据学生的回答情况进行必要的修改和补充的一种课堂结束方式。口头问答必须针对教学要点、难点和注意点，切忌走题。教师应注意提出的问题与本节课课堂教学内容紧密相连，目的性要强，问题要具有启发性，能激发学生努力学习，促进学生积极思维，鼓励学生发挥其才智。口头问答结束的方法很多，有以总结提问的方式结束课堂教学的，有以鼓励性的提问结束课堂教学的，还有以诱发性的提问结束课堂教学的，即诱发一个问题，激发起学生的求知欲，从而更好地利用课外时间积极探索等。

"垫上运动：直腿后滚翻"课堂小结

在本节课中，学生学习了直腿后滚翻的动作要领并进行了展示，教师推送评价标准，小组进行打分后发现，评价达到 A 标准的学生少。教师在小结时提问：为什么达到 A 标准的同学少？为什么知道动作要领，但是在动作上没有做好？学生踊跃发言：

① 李永龙. 把好课堂教学的最后一关——思想政治课结课方式例谈［J］. 思想政治课教学，2005（10）：10-11.

因为我的韧带很紧，我的腿举不高……教师抓住回答，归纳讨论结果，适时指出身体素质与动作技能水平有相辅相成的关系，身体素质发展了，动作水平就会提升，所以想要做出标准的动作，不仅要知道要领，更要提高自身身体素质，从而顺利过渡到让学生课后完成素质训练的要求。

（该示例由上海市新陆职业技术学校杨晓峰提供）

这位教师围绕本节课的学习成果进行提问，引导学生思考问题，并参与讨论。通过这一过程，将本节课的主题从学会一个动作升华到长期提升身体素质的重要性，强化了学生终身锻炼的意识。这一举措还让课后作业布置得以顺利开展，提升了学生在课后完成锻炼任务的主动性。

2. 练习测验

练习测验，即教师在课堂结束时通过小测验等练习形式及时对学生所学过的知识技能进行检测并给予相应评价的结束策略。运用这种方式，是对本节课的教学内容进行再次理解和掌握的实践操作。课堂小结时进行练习测验的目的，一是使教学内容在学生头脑中形成记忆；二是帮助学生进一步理解所学的知识和技能，并能学以致用；三是帮助教师把握学生的认知发展水平，从中发现问题，更好地进行课堂教学设计。同时，在测验之后教师及时地给予反馈，可以增强学生的自我效能感，从而让学生感觉到他们每节课都学有所获。

教师选择测试的内容可以是教科书或练习册的现成练习，可以是教师自编的练习题，也可以是学生自编的练习题。学生通过练习测验巩固了所学的知识技能，教学效果得到了及时反馈，同时，学生在练习中也提高了应用所学内容分析问题、解决问题的能力。教师在实施该方法时，要注意：第一，设计测试题目需兼顾反映教学的重点和难点，且不宜太复杂。练习的内容应确保绝大部分学生都能适应，让所有的学生都可接受。第二，对于测试结果，教师应及时予以反馈和讲解。第三，测试不能用作鉴定、分等和排名。总之，课堂结束时开展的测试，应让全体学生切实感觉到这堂课有所收获，认识到学习是有趣的、有用的，理解和接受知识技能并不是一件十分困难的事情。

"会计机构与会计人员"课堂小结

在本节课结束时，教师通过线上学习平台推送两道与本节课的重难点相关的单选题到学生个人终端，限时完成后，学生的答题结果分析可立刻出现在智能白板上，针对学生错误率较高的题目做进一步解析。

1. （　　　）应当对本单位的会计工作和会计资料的真实性、完整性负责。

　A. 审计人员　　　　　　　B. 会计机构负责人

　C. 总会计师　　　　　　　D. 单位负责人

正确答案：D

2. 任何人都可以担任会计主管人员。（　　　）

正确答案：错

（该示例由上海市行政管理学校蒲璠提供）

这位教师围绕本节课的重难点概念进行练习测验的设置，通过在线教学平台的实时统计，能够及时掌握学生学习的情况，了解学生错误率高的题目，可以在课堂上及时解决，优化教学策略。

（六）情感激励式

情感激励式课堂小结是指教师围绕课堂教学主题，采用诗歌、名言、英雄事迹等素材，加上教师富有感染力的语言，激发学生情感共鸣的一种小结方式。情感激励式小结能够达到"润物细无声"的效果，使学生在教学中受到情感的熏陶，让学生形成的良好观念明确于心、展现于行。情感激励式小结有利于学生形成正确的价值观念，达成课程素养目标。

情感激励式小结以情为纽带，重点在于触动学生心灵、点燃学生情感。就课堂教学而言，关键在于学习内容要回归生活世界，引发学生经验的共鸣。因此，运用情感激励式小结时，教师要将教学内容与学生的生活紧密联系，从而唤起学生强烈的情绪体验和情感反应。例如，在一堂围绕法治建设的课程中，可以将课堂内容与爱国主义情感紧密融合。教师在课前及课中，通过多渠道搜集、整理、归纳相关素材，使学生能从实践活动中了解我国法治建设取得的成果，从思维活动中进一步分析取得这些成就的必然性，深化对我国法治道路正确性的认识。由此，培育学生对中国特色社会主义法治道路的认同感，让他们坚信中国特色社会主义是实现国家富强、民族振兴、人民幸福的根本保障。

"从中横剖面图分析船舶结构"课堂小结

在该课结束时，教师组织学生展示各组"船舶科技树"，以"筏舟时代—帆船时代—轮船时代—蒸汽机时代—柴油机时代"为线索，直观地展示了船文化的发展历程。学生沿着科技树中船舶的发展轨迹，了解了中国悠久的造船历史，明朝时期的"郑和宝船"在当时世界首屈一指，虽然之后造船业的发展一度停滞不前，但鸦片战争过后，江南制造总局的第一批万吨轮——"官府"号、"天朝"号、"东方"号和"国泰"号成为民族工业的骄傲，真正吹响了民族工业再次崛起的号角。如今，我国的造船业蓬勃发展，产品热销海内外，在全世界处于领先位置。教师结合科技树引导学生思考总结造船业的发展历史，船舶吨位从小到大，船型从单一到多样化，船舶结构不断完善，技术含量不断提高，这些都充分证明中国的造船业正在不断崛起，有利于学生建立民族自信、行业自信与文化自信。

（该示例由江南造船集团职业技术学校喻兴文提供）

这位教师围绕我国造船业的发展历史，引导学生思考问题，参与讨论，通过总结我国造船业的发展历史，使学生树立行业自信，激发爱国主义情怀。

四、职业教育课堂小结的注意事项

（一）突出职业教育课堂小结的针对性

在实践中，许多教师对课堂小结重要性的认识不够，受"一言堂"教学的影响，存在包办总结的现象，使得学生缺乏自主总结的机会。这不仅限制了学生主动思考的能力，也削弱了他们对知识的深入理解和应用能力。课堂结尾，要引导学生概括、归纳知识及技能要点；要对学生进行鼓励、启发，要使学生消除疲劳而精神饱满；要为课后及下次课做些铺垫。部分教师在日常教学中，对课堂小结的形式、方法和原则既不重视，也缺乏研究。在结课时，常常只是由教师简单总结课堂的主要学习内容，忽视了学生的课堂表现和课堂任务完成情况，未能依据教学内容和学生的差异做出调整。如此一来，学生对课堂内容的理解和记忆不够深刻。

职业教育所涵盖的专业（学科）广泛，层次不同；即便同专业同层次的学生，其学习风格和个性也不尽相同。因此，教师要因材施教，有针对性地设计课堂小结，引导学生进行认知提升与思维升华，从所学内容引申到专业实践能力。首先，课堂小结应根据学生在课堂上的表现和反应来设计，针对学生在学习过程中遇到的困难和问题进行重点回顾和解释，帮助他们构建完整的知识体系。其次，教师可以鼓励学生参与到设计课堂小结活动中，通过小组讨论或个人展示的方式，让学生有机会自主总结和反思课堂内容，提高学生的参与度，培养他们的批判性思维和自主学习能力。教师借助课堂小结，能够助力学生进一步明确学习目标，聚焦学习内容，同时为学生提供必要的资源和支持，以此推动学生实现全面发展，助力其职业成长。通过这些具有针对性的策略，职业教育的课堂小结将更加有效地服务于学生的学习和职业发展，帮助他们成为具备实践能力和创新精神的专业人才。

（二）突出职业教育课堂小结的实用性

在职业教育中，课堂小结的实用性至关重要，但有时会出现一些误区。一个常见的问题是教师在小结时过分侧重于理论知识的复述，而忽视了将知识与实际技能联系起来。这种做法可能导致学生对课堂内容的实际应用感到困惑，因为他们无法清晰地看到所学知识如何转化为实际工作中的技能。此外，如果课堂小结过于泛泛而谈，学生可能会感到小结内容与他们的课堂任务完成情况关系不大，也与今后的职业发展和实际工作场景脱节。如此一来，学生对学习内容的重视程度便会降低。

职业教育的特征包括职业性、社会性、实践性与终身性，因此在教学中应注重学生实践能力和职业素养的培养，关注学生的可持续发展。在职业教育中，课堂小结的实用性至关重要，教师应确保课堂小结与职业技能紧密关联。教师在课堂小结中应特别关注课堂任务的完成情况，从技能应用、检测评价的角度针对学生完成项目和任务的情况进行总结、归纳和扩展，指出哪些方面做得好，哪些方面需要改进，帮助学生了解自己在完成任务过程中的表现，以及如何提高自己的实践能力。此外，教师可以总结课堂中的关键实践技能点，帮助学生明确这些技能在实际工作中的重要性和应用方式，激发学生的学习动力。教师也可以利用小结环节提供职业发展的建议，如行业动态、职业资格认证、继续教育机会等，帮助学生规划职业发展路径，提升他们的职业竞争力。通过课堂小结，教师可以有效地帮助学生将课堂学习与实际工作紧密联系起来，为其职业发展提供支持。

（三）突出职业教育课堂小结的德育性

课堂小结体现了课堂教学"分析—综合"的思维方式，是课堂结构的有机组成部分，也是课堂教学的重要环节，恰似一场精彩演出的压轴节目，能为课堂教学增添光彩。因此，在课堂小结中培养和提升学生的职业素养与职业道德极为关键，若处理得当，将能达到事半功倍的效果。职业教育以立德树人为根本任务，为凸显职业教育课堂小结的德育性，教师在小结中可引入关于职业道德和职业素养的讨论，引导学生深入理解社会主义核心价值观与个人职业发展的内在联系。教师可通过分享行业案例，展示职业行为中的正面和反面例子，引导学生思考和讨论职业道德的重要性。同时，将这些案例与社会主义核心价值观相对照，使学生认识到个人行为与社会价值的一致性。

在课堂小结时，教师可着重强调诚信、责任感、团队合作等职业素养在职场中的作用，并与社会主义核心价值观中的敬业、友善等价值观念相结合。教师要鼓励学生将这些价值观内化为自己的职业行为准则。通过这样的方法，职业教育的课堂小结不仅能够强化学生的职业技能，还能够培养他们的职业素养和道德观念，深化课程思政教育，为学生的全面发展、成为有责任感的社会公民筑牢坚实根基。

参考文献：

［1］郭芬云. 课的导入与结束策略［M］. 北京：北京师范大学出版社，2010.

［2］上海市教育委员会教学研究室. 技术助力教学——2018 上海中职"匠心匠艺"优质课堂教学案例集［M］. 上海：华东师范大学出版社，2020.

［3］冯旭宏. 例谈思维导图在课堂小结中的实践——以"细胞器——系统内的分工合作"为例［J］. 生物学教学，2018（2）：31–32.

［4］季海霞. 高中数学有效课堂小结的实践与研究［D］. 苏州：苏州大学，2011.

［5］李永龙. 把好课堂教学的最后一关——思想政治课结课方式例谈［J］. 思想政治课教学，2005（10）：10–11.

第十章　作业设计

作业设计是教学过程中重要的环节。它不仅是课堂教学的延伸，也是培养学生关键技能和职业素养的重要途径。如何选择作业的内容素材并进行重构，针对不同类型的作业设计，又应选择什么策略使得设计的内容符合学生学情，从而达到教学目标，这些都是广大职业院校教师普遍关注的问题。

一、对作业的理解

（一）作业的含义

作业是教师依据课堂教学目标布置给学生的、利用学生非教学时间完成的学习任务。作业是课堂教学的延伸与拓展，是落实立德树人、推进素质教育的重要载体，是社会认识和理解学校教育的主要窗口，也是实现家校沟通的有效途径。

（二）作业的价值

在中等职业学校中，学生通过完成作业任务能够巩固和深化课堂知识，培养解决问题和批判性思维等关键技能，增强责任感和自律性，获得自我评估和进步的机会，锻炼时间管理能力，促进沟通和团队合作能力的培养，为学生职业生涯发展奠定基础。教师通过分析作业能深度了解学生学习进展，审视并反思课程目标、教学内容、教学策略和方法的适宜性，进而改进和优化课程设计、教学计划和教学实践。

1. 作业有助于巩固学习内容

作业作为中职学生课堂学习内容的延伸，是巩固和深化知识、技能的重要手段之一。学生通过作业过程的实施，能够将抽象的知识和技能要求转化为具体的实践操作和深刻的理解应用。

2. 作业有助于培养学生自主学习的能力

在完成作业的过程中，学生需要独立思考，主动查找资料，这不仅能够加深学生对知识和技能点的理解，还能提高他们的信息检索和问题解决能力。通过这种方式，学生能够逐步养成自主学习的习惯，为未来职业生涯和终身学习能力的培养打下坚实的基础。

3. 作业有助于培养学生良好的学习态度和习惯

学校作业要求学生在规定时间内独立完成，这不仅锻炼了学生的自律性和责任感，还促使他们在面对挑战时保持积极的态度，通过持续的练习和反思，逐步形成系统化的学习策略，从而在长期的学习过程中构建稳定而有效的学习模式。

4. 作业是教师评估学生学习效果的重要工具

教师通过学生完成的作业情况可以及时了解学习进度和掌握程度，进而调整教学方法和内容，确保教学活动更加贴合学生的实际需要。这种反馈机制，不仅有助于教师改进教学，也有助于学生及时调整学习策略，提高学习效率。

（三）作业的类型

1. 目标分类维度

按照作业的学习目标进行分类，包括以知识掌握为目标的作业及以技能掌握为目标的作业。

2. 实施主体维度

按照实施主体维度进行分类，包括个人作业和团队合作形式的小组作业。

3. 形式维度

按照作业的形式进行分类，包括书面作业和口头作业。

二、作业设计的原则

（一）坚持立德树人

作业设计应以习近平新时代中国特色社会主义思想为指导，全面贯彻党的教育方针，坚持社会主义办学方向，遵循教育规律，落实立德树人根本任务。在作业设计的过程中，做到如下几点：第一，明确社会主义核心价值观融入，如爱国情怀、诚实守信、责任意识、公平公正等；第二，在作业设计中突出道德或社会责任感的情境，让学生在解决问题的过程中思考和实践道德行为；第三，坚持文化传承，通过作业设计让学生了解和传承正面的文化遗产；第四，注重榜样力量，在作业设计中引入历史人物、当代英雄或社会榜样的道德行为，激励学生树立正面价值观；第五，在作业设计时，关注多元价值观的培育，通过案例、情境等方式，让学生接触并了解不同的文化、宗教和生活方式，促使学生逐步形成多元的世界观。

（二）基于课程标准

中等职业学校学生作业设计应基于课程标准。课程标准既为教学活动提供了明确的教学目标，也确保了作业内容与教学活动紧密关联，覆盖必要的知识点和技能要求，有助于学生系统地掌握专业知识和技能。因此，作业设计必须遵循课程标准，以确保其难度和深度与学生的认知发展水平相匹配，利于教师准确评估学生学习成果，确保教学目标的实现。

（三）契合教学目标和学情

作业设计要结合班级学生的实际情况，紧扣课程单元的教学目标，避免设计偏离教学目标的冗余的、烦琐的、无意义的作业任务。在每个新单元任务开始之前，教师可借助简单测试，了解学生对先前学习任务的掌握情况。基于此，教师再进行本单元学习任务作业的设计，合理调整作业的数量和难度。

（四）体现学生共同性和个体发展性

作业设计要满足学生的共同性需求，确保作业内容与学生普遍的学习目标和认知水平相匹配。作业内容应覆盖课程标准中的核心要素，以确保所有学生都能在完成作业的过程中获得必要的知识和技能训练，做到难度适中，既激发学生的思维挑战，又避免学生感到信心受挫。此外，作业设计还应充分考量不同学生的学习风格和能力水平。教师可提供多样化的作业类型，如小组合作、独立研究、实践操作等，以此契合不同学生的学习偏好，从而让每个学生都能在适合自己的学习方式中实现成长与进步。

三、作业内容设计

教师在设计作业时，应综合考虑课堂教学目标和学生实际情况，从多种渠道精选适宜的教学素材，并对其进行必要的调整和重组，以确保作业内容的相关性和有效性。

（一）作业内容素材来源

1. 教材和教学参考资料

教材和教学参考资料是作业素材收集最基础的来源。它们的设计内容具有准确性高、科学性强的特点，便于教师在教学过程中实践应用。

2. 校企合作企业的专业案例

产教融合、工学结合是职业教育人才培养的重要模式。教师借助深度校企合作收集的作业素材，帮助学生实现课岗融合，为学生营造爱岗敬业的良好氛围。教师可以选取企业岗位手册、企业岗位业务标准、企业岗位能手访谈或者教师企业实践过程中的素材，进行作业设计。

3. 技能证书考核内容

中职学生的作业依照技能证书考核内容进行设计，旨在实现教育内容与职业标准的有效衔接，确保学生所学技能与行业需求紧密契合。这种做法不仅有助于学生将理论知识与实践操作相结合，提高其职业技能和就业竞争力，而且还能优化课程设置，深化教学改革，实现学历教育与职业资格认证的有机结合，能够更加精准地培养学生的实践能力和职业素养，为学生未来的职业生涯打下坚实的基础。

4. 职业技能大赛竞赛内容

职业技能大赛是培养学生实践技能，提高学生职业素养、竞争意识、团队合作意识和创新意识的有效途径。职业技能大赛考核内容具有先进性、时效性、综合性等特点，特别适合作为高年级学生专业课程的作业素材。教师可以适当选取世界技能大赛、职业院校技能大赛、星光大赛等的相关考核内容。

5. 时事新闻

时事新闻，即将报纸、期刊、广播电台等媒体发布的最新时事报道作为作业素材，不仅具有高度的时效性，而且为学生提供了便捷的资料检索途径，有助于他们快速获取信息并加深理解。

6. 专业网站

专业网站上的素材与资源，不仅和教学内容关联度极高，更新速度快，还能提供最新的学术动态和行业信息，增强作业的教育价值和实用性，激发学生的学习兴趣。教师可以从如下专业网站中获取作业素材内容：

（1）行业网站：专注于某一行业的网站，如医学网站、法律网站、教育网站等。

（2）专业咨询网站：提供专业咨询服务的网站，如财务咨询、法律咨询、市场调研等。

（3）学术网站：专注于学术研究的网站，如学术搜索引擎、学术期刊、学术社群等。

（二）作业素材的重构

中等职业学校教师在重构作业内容时，应开展深度调查，明确需求，确保作业内容与教学目标一致，并与新兴产业、新技术、新方法、新工艺相适应，以实现"岗课赛证"综合育人目标。同时，教师应考虑学生的能力差异，进行个性化和差异化的作业设计，并随着学生能力提升逐步增加作业难度，实现从"碎片化"到"系统化"的转变。此外，教师还需确保所用资源的政治导向、价值取向和审美导向正确，并利用职业教育专业教学资源库等丰富资源进行教学设计，以提高教学质量和学生的学习效果。

1. 教材和教学参考资料的重构

中等职业学校的作业布置主要依托于教材和教学参考材料，这些资源为教师提供了直接可用的素材。在布置作业时，教师需先对教材和教参中的题目进行细致的筛选和甄别，确保所选题目既符合本单元教学目标，又适宜学生的认知水平。对于那些难度不适宜或与教学内容不匹配的题目，教师应进行适当的调整或剔除，以确保作业的有效性和针对性，从而促进学生知识的巩固和技能的提升。

如针对物理课程中关于"加速度与速度的区别和联系"的知识点，要求学生掌握加速度的概念，用比值定义物理量的方法；能够用加速度定义进行简单计算；能够准确分析加速度与速度的区别和联系。那么，教师可以直接布置教材中的基础题目，以确保学生能够准确掌握基础知识和技能。

1. 我们可以用加速度来描述（　　）。

A. 物体运动的快慢　　　　　　　B. 物体增加的速度

C. 物体速度变化的大小　　　　　D. 物体速度变化的快慢

分析：该题目能够检验学生对于加速度概念的理解。

2. 物体的加速度为 2 m/s，表示这物体（　　）。

A. 每秒运动 2 m　　　　　　　B. 每经过 1 s，其速度增大 2 m/s^2

C. 每经过 1 s，其速度增大 2 m/s　　D. 每经过 1 s，其速度增大 2 m

分析：该题目能够检验学生用比值定义物理量的方法。

3. 小明想买一辆二手车。已知：A 车可以在 4 s 内从 0 m/s 加速到 18 m/s；B 车可在 3.5 s 内从 0 m/s 加速到 22.5 m/s；C 车可以在 6 s 内从 0 m/s 加速到 30.0 m/s。

请问：（1）这三辆车速度变化哪个快哪个慢？你是怎样比较的？请从小到大排序。

（2）如果小明想买一辆起步加速度尽可能大的车，那他应该怎样选择？

分析：该题目能够检验学生是否能用加速度定义进行简单计算。

4. 请列举实例说明下列情况。

A. 速度很大而加速度较小，甚至为零。

B. 速度很小而加速度很大。

C. 加速度为零而速度不为零。

D. 速度为零而加速度不为零。

分析：该题目能够检验学生能否准确分析加速度与速度的区别和联系。

2. 来自校企合作企业的专业案例的重构

教师在设计中职学生作业时，基于"来自校企合作企业的专业案例"可以遵循以下步骤：

（1）需求调研：教师与合作企业沟通，了解企业当前面临的实际问题和挑战，以及对人才的具体需求，从而确保作业内容与企业实际需求相匹配。

（2）案例选择：教师从企业中选取具有代表性的专业案例。这些案例需涵盖学生即将学习的专业技能和知识点，并且具备一定的复杂性和挑战性，以此推动学生进行深入思考与学习。

（3）任务设计：教师根据选定的企业专业案例，设计能够满足学生运用所学知识分析问题、提出解决方案，并能够展示他们的实际操作能力的作业内容。

（4）指导材料编制：教师为学生提供必要的背景资料、指导材料、工具清单，以此帮助学生掌握分析与解决问题所需的工具和方法。

（5）分步骤实施：教师将复杂的企业专业案例分解成若干个小任务，每个任务对应一个或几个学习目标，使学生能够分步骤、有重点地完成作业。

（6）反馈与评估：教师设计作业的评估标准和反馈机制，确保学生在完成作业的过程中及时获得反馈，了解自身的优势以及需要改进的地方。

（7）互动与讨论：教师应创设小组讨论和协作的情境，以促进知识的交流和思维的碰撞，提高解决问题的能力。

（8）持续更新：随着行业的发展和企业需求的变化，教师应持续更新企业专业案例库，确保作业内容的时效性和相关性。

例如，教师针对课程"模具钳工专业教学（一）"中的技能点"掌握钳工安全文明生产的注意事项"，根据校企合作企业的钳工基本安全操作规程，基于中等职业学校学生尚未形成成人思维及职业化习惯的情况，设计的作业可以是：通过图片和提问的方式，检验学生对钳工安全知识的掌握程度。

3. 来自技能证书考核的内容

教师可以针对某些课证融通的课程，在作业布置的过程中选取证书题库中的题目，让学生有反复操练的机会，提高学生证书考试的通过率。

如"林业害虫监测与防治"课程中的知识点"认识常见的植物害虫名称"，教师根据"农作物植保员"（中级）国家职业标准等级证书要求，选取考试题库中的内容作为作业练习。

作业题目：植物病虫害识别

识别三种病虫害名称以及用于防治其中一种病虫害所选择的两种农药，分别填写在下表相应的空格处。

植物病虫害识别表

图片	病虫害名称	选用农药

4. 来自职业技能大赛竞赛的内容

教师切忌将职业竞赛内容全部转化为作业素材，忽视学生职业能力与素养的培养。一般情况下，职业技能大赛竞赛内容作为作业素材适用于高年级专业综合实践课程，教师要根据不同学习程度的学生的实际情况，将职业技能大赛竞赛内容进行难度的梯度重构，比如学习程度较好的学生可以按照竞赛整套题目要求完成，其余学生降低难度或者完成部分内容。

教师针对"工程测量"课程中的知识点"平面控制测量的概念、方法与实施步骤"，运用中职工程测量赛项（ZZ003）三个考核模块，选取难度适中的基础知识题作为该知识点掌握的作业题目。

作业内容：平面控制测量

1. 不属于平面控制测量的作用的是（　　　）。（单选题）

A. 控制误差积累

B. 保证测区内点位误差均匀

C. 方便分组施工

D. 降低工作量

2. 测定点平面坐标的主要工作是（　　　）。（单选题）

A. 测量水平距离

B. 测量水平角

C. 测量水平距离和水平角

D. 测量竖直角

3. 国家标准《工程测量标准》（GB50026-2020）规定，三级导线往返测距离相对中误差应小于（　　　）。（单选题）

A. 1/3000

B. 1/5000

C. 1/7000

D. 1/10000

5. 来自时事新闻的作业内容

在设计作业时，教师可以巧妙地融入时事新闻，使作业内容与现实生活和社会动态紧密结合。通过整合时政资源，教师能够创造出既贴近生活又具有时代特色的作业任务，从而加深学生对政治的认同感，有效提升法治意识、科学精神以及参与公共事务的能力。

例如，教师针对"新媒体营销"课程中的技能点"运用新媒体营销相关法律法规准确分析新媒体工作中存在的法律风险"，利用"李某运用'清华博士'头衔在自媒体网络销售 199 元 AI 课程，后被举报并封锁账号"的实践案例设计作业，引导学生分析问题：（1）请通过网络资源，简单陈述自媒体人李某账号被封锁事件的过程；（2）探究自媒体人李某账号被封锁事件涉及违反的法律法规条款；（3）说出自媒体人李某账号被封锁事件违背的社会道德价值观，以及这一事件对我们自媒体营销工作的启示。

6. 来自专业网站的作业内容

专业网站上的素材往往具有成人化的语式表达与系统性的内容规划。教师应根据中职学生的基本认知水平，对素材进行语言调整、内容删减或修改，使其契合中职学生的学习特征，助力提升他们的职业素养。

如教师在高中英语课程中，要求学生掌握"as well as 的应用"，运用了 21 世纪中学生英语报官网某期封面故事"Escape to nature"。该故事主要以热播剧《我的阿勒泰》为原型背景，讲述了自然与人文之间的关系。从该素材中提取的作业内容可以提高学生的作业兴趣。从原文中选取了两句带有"as well as"的句子，让学生说出其中的不同。句子 1：TV series *To the Wonder* beautifully portrays Altay's landscape as well as the people living there. 句子 2：As well as walking, he likes fishing and shooting.

四、不同作业设计策略

（一）基于目标维度的作业设计策略

1. 以基础知识掌握为目标的作业设计

基础知识是指在某个领域或学科中最为基础、核心的知识内容。它是学习和理解更高级概念和技能的基石，一般包括基本概念、基本原理、基本常识等。

以基础知识掌握为目标的作业设计应遵循以下要点：第一，围绕本堂课的学习知识进行设计；第二，针对本堂课表述的知识重点和难点创设不同的情境，帮助学生巩固所学。

作业题型一般以客观题为主，可以设计选择题、判断题、填空题、简答题、论述题、计算题等。

（1）选择题设计要点

选择题作为一种常见的题型，要求学生在选项中选择正确的或者符合题意的答案。在设计过程中，题干通常应包含一个或多个关键信息，选项则应针对这些关键信息提供不同的解释或者观点。

> ▲ 选择题示例 [①]
>
> 课程名称：化学
>
> 知识点：盐类水解的酸碱性的概念。
>
> 根据该知识点设计一道客观题：
>
> 设计思路 1：下列溶液呈弱碱性的是（　　　）。
>
> A. 氯化钾　　　　B. 碳酸钾　　　　C. 硫酸铵　　　　D. 氯化铵
>
> 设计思路 2：草莓适合生长在弱酸性或接近中性的条件下，若要进行草莓无土栽培，下列不适合单独作为肥料的是（　　　）。
>
> A. 氯化钾　　　　B. 碳酸钾　　　　C. 硫酸铵　　　　D. 氯化铵
>
> 分析：同一个知识点，作业一偏向于死记硬背；作业二根据真实的情境，便于学生理解，便于知识的记忆及应用。

（2）判断题设计要点

判断题应以一个肯定性或者否定性的陈述句进行表达，以保持题意本身"是"或者"非"的单一判断性。在进行判断题命题的时候表达要尽可能简单明了、清晰准确。

> ▲ 判断题示例
>
> 课程名称：连锁经营原理
>
> 知识点：直营连锁和特许经营的概念区别。
>
> 判断题 1：在直营连锁模式下，各分店具有企业法人资格，能作为独立的企业存在。（×）
>
> 分析：本题由一个肯定性非常明确的陈述句进行表述，因为在直营连锁模式下，各分店不具有企业法人资格，不能作为独立的企业存在。
>
> 判断题 2：特许经营模式在零售业中表现突出。（×）
>
> 分析：本题表述不明确，没有讲清楚"表现突出"的具体含义。

---

① 王瑛. 基于真实情景的中职化学作业设计［J］. 职业教育（中旬刊），2017（7）：58-60.

（3）填空题设计要点

填空题中的空格是检验学生知识掌握的关键词，并且能与上下句密切相关。一道题中空格不宜过多，以保持句式的完整性。

▲ 填空题示例

课程名称：物理

知识点：牛顿运动定理。

填空题：伽利略通过_____实验，说明维持物体运动不需要力。这个实验是一种_____实验，是以可靠的事实为基础，突出_____，忽略_____。

分析：题目中的空格是检验学生知识掌握情况的关键词。

（该示例由上海大学附属中学东延团队提供）

（4）简答题设计要点

为知识巩固而设计的简答题应做到：第一，表述简洁清晰，避免使用冗长且语言不清晰的语句；第二，涉及的答案应与本堂课所学习的知识内容相关联，不宜牵涉过多庞杂的知识。

▲ 简答题示例

课程名称：市场调查与预测

知识点：市场调查报告的结构。

简答题：简述市场调查与预测报告的基本结构。

分析：本题表述清晰，能够从该题目中了解学生掌握"市场调查报告的结构"的真实情况。

（5）论述题设计要点

论述题能够考查一些难以通过客观题有效测量的学习结果。论述题在设计的过程中可以使用：

A. 比较："描述……和……的相同点和不同点。"

B. 因果关系："……主要原因是什么？""……结果是什么？"

C. 总结："陈述……中的关键内容。""请简述……的内容。"

D. 归纳："请归纳……的原理（信息）。"

E. 推理："根据……条件，分析……"

F. 解释："为什么……？""……表达了……意思？"

▲ 论述题示例

课程名称：经济法

知识点：有限责任公司成立条件。

论述题：某高校 A 拟与国有企业 B 和集体企业 C 签订合同，决定共同投资设立一家生产性的科技发展有限责任公司。其中，A 以高新技术成果出资，作价 15 万元；B 以厂房出资，作价 20 万元；C 以现金 17 万元出资。后 C 因资金紧张实际出资 14 万元。该有限责任公司能否有效成立？为什么？

分析：该论述题系根据法律规范进行推理，"根据……条件，分析……"。

（6）计算题设计要点

在设计计算题时，教师可以将其与生活情境及职业情境相结合，以此巩固知识的准确性并提升解题效率。这种结合有助于学生运用解题方法和策略，培养逻辑思维、推理能力及问题解决能力。

▲ 计算题示例

课程名称：经济学

知识点：需求与供给分析、价格弹性。

某城市的一个连锁零售店经营某品牌手机。根据市场调研，得出以下需求和供给曲线：

需求函数：$Qd=500-2P$

供给函数：$Qs=3P-100$

其中，P 表示手机的价格（单位：元），Q 表示手机的数量（单位：部）。

该连锁零售店决定通过调整价格来提高销量，并通过这些信息来确定其定价策略。

请回答以下问题：

（1）市场均衡：求该市场的均衡价格和均衡数量，分析如何通过调整价格来实现供需平衡。

（2）价格弹性：当该连锁店决定将手机价格定为 200 元时，求需求的价格弹性和供给的价格弹性，并讨论该价格下，店铺定价策略的有效性。

分析：这道题结合学生日常生活场景中熟悉的连锁零售店的经营背景，关注实际市场中价格与需求、供给之间的关系。在企业经营过程中，定价策略对于销售表现至关重要。通过了解市场均衡价格和价格弹性，零售商可以优化定价策略，最大化利润或调整库存管理。此题帮助学生理解在实际经营中如何运用经济学理论来分析市场动态，预测销售趋势。

（该示例由上海城建职业学院周冉冉提供）

2. 以技能掌握为目标的作业

以技能掌握为目标的作业设计，旨在助力学生借助实践活动，深化对特定技能的理解和掌握程度。作业设计应明确技能目标、技能操作步骤及实施内容，以模拟真实情境并逐步提升难度。教师还应提供必要的学习资源，设置激励机制，考虑学校及家庭环境，以确保学生在不同环境下都能练习、巩固并提升所学技能。

（1）操作题设计要点

以技能掌握为目标的作业以操作题为主，在设计的过程中需要有明确的目标、可操作性、准确性和可重复性。

第一，明确的目标。教师在设计该类题时应使用明确的动词来表述，如"测量""探究""呈现"等。

第二，可操作性。教师在设计操作题时应考虑具体操作步骤和过程以确保满足操作目标。因此，需要使用具体的名称和动词来描述操作的步骤，如"选择……工具"等。

第三，准确性。教师在设计操作题时应使用明确的量词来表述相应的要求，如"加热至……温度""呈现……体积"。

第四，可重复性。操作题往往可以使学生进行反复操练，以实现对该项技能的掌握。教师在进行题目设计的过程中，应客观表述目的、要求和相关条件。

▲ 操作题示例

课程名称：网店美工

技能点：操作Photoshop中的选区工具组（选框工具组、魔棒工具组、套索工具组）。

作业设计：请运用不同的选区工具对素材图片进行抠图，并按照作业呈现要求（见下图），将抠取的图片放置在指定的位置，以此形成一张完整的海报图片。

作业呈现要求

学生需要根据不同图形的原始状态，识别图形特点，正确选择不同的选区工具组，抠取海报中呈现的空调、彩电和冰箱。

作业素材

分析：该技能操作题要求学生根据原始图形的状态选择合适的选区工具，如选框工具组适用于有明确的图像（如圆形、椭圆形、长方形、正方形），魔棒工具组适用于分界清晰、颜色区分明显的图像，套索工具组适用于简单但形状不规则或图像边缘清晰且与背景颜色相差较大的图像。

（该示例改编自亦辰主编的《网店美工设计》一书，人民邮电出版社 2018 年版第 44~47 页）

（2）项目化作业设计要点

项目化作业有助于学生将理论知识与实践技能相结合，帮助学生提高实际操作能力和解决实际问题的能力。在设计项目化作业的过程中需注意以下几点：

第一，明确项目化作业的目的和预期成果，确保它们与课程目标和学生的学习目标相一致。

第二，选择与学生专业相关的实际项目，或者设计模拟项目，让学生在完成项目的过程中应用所学知识。

第三，鼓励学生分组合作，培养团队合作能力和沟通技巧。

第四，为学生提供必要的资源和指导，包括资料、工具、设备等，以及在项目实施过程中的指导和支持。

第五，为项目设定明确的时间表，以确保学生能够按时完成项目。设计评估标准，对项目成果进行评估，并给予学生及时的反馈，帮助他们了解自己的强项和需要改进的地方。

第六，鼓励学生在项目中尝试新的方法和解决方案，培养他们的创新能力和创造性思维。

第七，教师可以与相关行业的企业合作，让学生的项目更接近实际工作环境，增加项目的实用性。

▲ 项目化作业示例

一、任务说明

如下工序图，按照图纸上加工尺寸精度和技术要求进行加工，完成小汽车主体大尺寸的锯削加工。

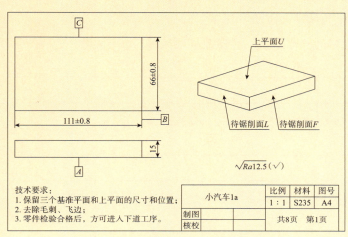

小汽车锯削加工工序图

二、任务步骤说明指导

1. 认真识读工序图，独立完成表格填写。

识图表

识图内容	识读结果	加工要点
一组视图		
尺寸公差（非自由公差）		
尺寸公差（自由公差）		
表面粗糙度要求		
技术要求		
标题栏重要信息		

2. 信息收集（重要知识点）。

（1）请描述板类零件划线基准类型和工序图中零件划线基准的选择原则。

① 基准类型

② 选择原则

（2）锯削时的缺陷分析与处理。

① 锯缝歪斜的产生原因及预防和处理方法。

② 锯条折断的产生原因及预防和处理方法。

③ 锯条崩裂的产生原因及预防和处理方法。

（3）请描述材料 S235 的锯削方法。

（4）远起锯和近起锯分别是什么意思？如何选择起锯角？

① 远起锯和近起锯的概念。

② 起锯角的选择。

3. 实习加工准备。

包括工件工具、材料的类型、数量等。

4. 填写工作计划及生产进程表。

学生根据实际完成的流程逐步做好标记。

5. 小组讨论，完成加工阶段工艺分析。

（该示例由上海市大众工业学校刘忠燕提供）

（二）基于实施主体维度的作业设计策略

1. 个人作业

个人作业是由每个学生单独完成任务的一种作业形式。在日常教学中，教师布置的作业大多数为个人作业，需要学生独立完成。

（1）个人作业设计要点

第一，个人作业的设计更侧重于学生个人能力的培养，如独立思考、问题解决、自我管理等。

第二，作业内容通常针对学生的个体学习需求，以强化其对特定知识点的理解和掌握，不涉及与其他学生的直接合作。内容的选择应适应学生的个人兴趣和能力水平，以激发学生的学习兴趣和积极性。

第三，作业内容难度和深度一般适应大多数学生的知识现状和能力水平，针对班级中有特殊需求的学生，教师可以基于个体差异进行调整。针对学有余力的学生，教师可以适当设置挑战性题目，以培养学生克服困难、积极探索、超越自我的能力；针对学习困难的学生，教师可以多设置基础性题型并适当降低难度，鼓励学生积极参与作业任务，帮助他们逐步克服学习障碍，提升学习动力和自我效能感。

（2）个人作业的常见题型

个人作业的常见题型包括客观题和主观题。客观题能够高效测试学生对知识技能的记忆、理解和应用，常见的题型有选择题、填空题、判断题等。主观题能够帮助学生深度思考和分析，提升理解能力，常见的题型有简答题、论述题、计算题等。

如在"市场营销"课程中，关于"SWOT 分析"的知识点要求学生掌握：（1）SWOT分析的内涵；（2）不同经营战略的含义。教师可以设置如下个人作业题型：

▲ 个人作业示例

个人作业设计题型及举例

题型	举例
单选题	SWOT 分析中的"O"是指（ ）。 A. 优势 B. 劣势 C. 机会 D. 威胁
多选题	通过 SWOT 分析可以帮助企业选择以下几种战略类型，即（ ）。 A. 增长型战略 B. 多种经营战略 C. 扭转型战略 D. 防御型战略
判断题	一般来说，在企业使用 SO 战略之前可能先使用 WO、ST、WT 战略，从而为成功实施战略 SO 创造条件。（ ）

（续表）

题型	举例
简答题	何为 SWOT 分析？它有哪些特点？
案例分析题	**小米有品基于 SWOT 分析的发展决策** 小米有品是一个开放综合性的生活购物平台，也是小米打响"新零售战略"至关重要的一环。有品平台上架的商品除小米、米家及小米生态链品牌之外，还引入拥有销售、物流、设计、制造、售后等完整链条能力的第三方品牌产品。 基于内外部竞争环境和竞争条件下的态势分析，小米有品具有业务发展节奏和运营模式上的体现更贴近于一个产品品牌而非传统网络电商品牌、具备爆品思维的优势；但也存在爆品模式无法兼顾速度、成本超标日常化等问题。从外部环境来看，原有销售渠道的良好口碑以及沉淀多年的深度用户，同时也面临许多电商平台的威胁。 对此，小米有品首先聚焦爆品开发，坚持"单品海量"、少产多销，坚持做高品质、创新性的商品，实现超预期要双管齐下，从产品的外观设计、功能设计、软件设计层层把关。其次，努力把平台做成一个开放式的孵化平台，依靠小米为产品做无形的背书，产品所造成的损失将直接影响到小米的利益和声誉；小米输出自身理念和模式，在保留自身品牌的前提下由第三方制作。再次，小米有品通过筛选机制迭代新旧产品，坚持围绕用户体验、顺应用户需求为出发点，需要对平台上的产品进行及时可靠的抽检来迭代新产品；对于用户直接投诉的产品先对其进行分析，分析到底是个案还是存在潜在隐患的全案，随后建立相应的取舍制度。最后，小米有品要基于完善筛选机制的建立使得目前的产品具有较为良好的品质感，同时有品具备产品创新的出众能力，彰显出很明显的品牌感。具体的做法是围绕"小众产品大众化"的理念，表现出其独特性；通过有品的用户平台使大众奢侈品牌放低门槛走进更多人的生活，维持小米"高性价比"的传统理念，树立了品牌感。 问题：基于 SWOT 分析，小米有品采用了什么企业战略？ 分析提示：SWOT 分析方法为企业提供了四种可以选择的战略类型，即增长型战略、多种经营战略、扭转型战略和防御型战略。

2. 小组作业

小组作业是以小组为单位，通过小组成员之间的共同学习、讨论、分工、协作等多种形式完成的作业形式。

（1）小组作业设计要点

第一，小组作业的设计除了检测学生对本单元学习内容的掌握情况，更侧重于培养学生的团队合作能力及沟通协调能力。

第二，小组作业需要小组成员之间的紧密合作，共同商讨和解决问题，教师应指导小组成员进行明确、合理的任务分工，确保每个成员都能为小组作出贡献。

第三，教师应根据小组的整体表现进行评价，包括团队合作、任务完成质量等。评价主体应相对更加多元，包含教师评价、学生自评、组内评价和组间互评等。

（2）小组作业的常见题型

① 实验操作题

针对一些复杂的实验，教师可以设计小组作业。实验操作题在设计的过程中应明确实验目的、实验步骤、数据收集和分析、结果呈现的内容。由于实验的复杂性，教师需基于不同学生的特长和兴趣，提出合理分工的建议，明确操作过程的规范性及安全性要求。

▲ 实验操作题示例

课程名称：分析化学

作业题：请学生以 2 人为一个小组，在碱性条件下，以紫脲酸铵为指示剂，用乙二胺四乙酸二钠标准滴定溶液对样品中的镍进行定量测定。需列出实验步骤，列出仪器与试剂清单，进行样品分析，并撰写实验报告。

② 调查报告

调查报告是基于事实反映对某个问题、某个事件或某方面情况进行调查研究，具有针对性、真实性、论理性、典型性和时效性的特点，对于解决问题、剖析事物的本质及其发展趋向具有积极的作用。以小组形式完成调查报告任务，可以让学生从多元视角更为客观、全面地认识事物的本质。同时，通过合作也能让学生专注于自身强项，提高作业质量。

教师在设计调查报告作为作业时，须明确调查目标、调查对象、调查方法、调查步骤、调查工具、调查呈现的内容要求等。

▲ 调查报告示例

课程名称：市场营销

调查目标：树立正确的现代市场营销观念，能科学分析市场营销环境。

调查方式：以 4 人为一组开展活动。

调查对象：以校园附近某一家经常去的商店为背景，进行市场营销环境分析。

调查要求：学生根据市场调查的环境现状，利用 SWOT 分析方法进行企业分析。

实训步骤：

1. 学生自主选题。

2. 学生针对相应的选题通过网络调查相应市场情况。

3. 学生去对应的企业进行调研，了解具体情况。

> 4. 学生利用 SWOT 分析工具进行分析，并提出合理化建议。
>
> 提交要求：学生在完成教学两周后前往网络课程平台上传一份 Word 报告及一份 PPT。

③ 角色扮演

角色扮演是指通过赋予学生一个假定的角色，要求其按照角色要求表现行为，并对学生行为进行观察、记录与评价，以判断角色接近程度或胜任力。对于中职学生来说，角色扮演类作业既具备较强的趣味性，也能帮助学生准确理解职业岗位并提升自我认知。

这类作业要求教师在深度了解学生学情的基础上设计学生能够参与、乐于参与、稍有难度的主题场景，确保角色扮演任务要求和教学测评内容相符合。为了让学生的作业任务趋于真实性和可靠性，教师应提前告知评价要求，使学生专注于角色模拟情境，做到有任务在身、仔细观察、用心思考、认真呈现。

> ▲ 角色扮演示例
>
> 课程名称：机场服务概论
>
> 知识技能点：客户投诉内容的识别与处理方法。
>
> 作业任务：周先生乘坐某航空公司北京—杭州、杭州—海口航班，因第一段航班延误（飞机晚到）导致第二段办手续紧张而没有办成功（航班超售），最后改乘上海—海口航班。周先生向民航局投诉，要求赔偿。
>
> 任务角色：1 名学生扮演旅客周先生、1 名学生扮演机场运营人员、1 名学生作为作业任务拍摄者。
>
> 任务要求：学生以小组形式进行角色扮演，确定客户投诉的原因、利用客户投诉的正确处理方式进行客户沟通，确保客户满意。
>
> 操作过程：（1）阅读教材客户投诉处理相关章节内容；（2）撰写客户投诉处理脚本；（3）进行角色扮演并拍摄。

（三）基于形式维度的作业设计策略

1. 书面作业

书面作业是教育领域中常用的一种作业形式，它以文字为载体，要求学生对所学知识进行书面表达和应用。高效的书面作业训练，可有效保证教学要求的落实。相较于口头作业，书面作业需要符合一定的格式及排版要求。

▲ 书面作业示例

课程名称：直播营销

课程章节：直播脚本撰写

1. 直播流程：开场—介绍—催付—反复介绍—结束。

2. 直播话术：开场阶段规范话术、介绍阶段规范话术、催付阶段规范话术、反复介绍阶段规范话术、结束阶段规范话术。

作业设计：

1. 作业情境

南汇水蜜桃细软绒毛，白里透红，果香四溢，柔嫩多汁，入口甘甜，沁人心脾，润人肺腑。南汇水蜜桃的最大特色是皮薄肉厚、汁多味甜，且核心稍带红色。南汇水蜜桃果实硕大，很漂亮，皮呈乳白色、易剥离，果肉纤维少，香味浓，是桃子中难得的优品。

2. 作业要求

请学生根据以上情境，以南汇水蜜桃为对象，根据教材中的直播流程及相关阶段规范话术的教学内容为范本，完成一份围绕该对象的直播脚本。脚本内容至少应包括：直播目标、直播时间段、直播人员、直播主题、直播准备、直播过程（开场、介绍、催付、反复介绍、结束）。

3. 作业提交要求

学生在完成教学两周后前往网络课程平台上传作业；实训作业提交格式要求：Word 一份、PPT 一份。

2. 口头作业

口头作业是指要求学生通过口头表达、陈述或交流来完成的学习任务。一般而言，可采用音频视频展示、现场活动展示等方式检测学生的作业成效。口头作业的任务内容可以是朗诵、背诵、复述、演讲等。

▲ 口头作业示例

课程名称：高中语文

课程章节：曹刿论战（《左传》）

段落内容：

十年春，齐师伐我。公将战。曹刿请见。其乡人曰："肉食者谋之，又何间焉？"刿曰："肉食者鄙，未能远谋。"乃入见。问："何以战？"公曰："衣食所安，弗敢专也，必以分人。"对曰:"小惠未遍,民弗从也。"公曰:"牺牲玉帛,弗敢加也,必以信。"对曰:"小信未孚,神弗福也。"公曰:"小大之狱,虽不能察,必以情。"对曰:"忠之属也,可以一战。战则请从。"

公与之乘。战于长勺。公将鼓之。刿曰:"未可。"齐人三鼓。刿曰:"可矣。"齐师败绩。公将驰之。刿曰:"未可。"下视其辙,登轼而望之,曰:"可矣。"遂逐齐师。

既克,公问其故。对曰:"夫战,勇气也。一鼓作气,再而衰,三而竭。彼竭我盈,故克之。夫大国,难测也,惧有伏焉。吾视其辙乱,望其旗靡,故逐之。"

作业设计:

1. 作业目标

通过情景剧演绎的方式,学生深刻体会文章所表达的思想情感。

2. 组织方式

根据文本内容,以小组形式进行角色扮演并在课堂上进行展示。

3. 学习建议

(1)熟读文本内容。

(2)背诵文本内容。

(3)合理分配角色,进行编排组织。

五、作业布置、批改、反馈与反思

(一)作业布置

教师在每一堂课结束前的 5~10 分钟内需开始作业布置;教师需要准确、清晰地表达此次课程作业,表达的内容至少应包括:

(1)作业针对本节课的哪些知识点和技能点?

(2)作业要完成的具体内容有哪些?

(3)作业的题型要求:客观题还是主观题?

(4)作业的组织形式:个人作业还是团队作业?

(5)作业的呈现方式:口头呈现、书面呈现、视频呈现、图片呈现等。

(6)作业提交平台:直接在教室提交、直接在指定课程平台上提交。

(7)作业提交截止时间。

教师把作业内容和要求说清楚之后，需要和学生确认是否已经知晓，是否还有疑问。教师可以用以下话术进行呈现：

（1）请问各位同学是否清楚本次作业的要求和内容？

（2）我有哪些部分还是没有讲清楚的？大家可以提出来。

（3）有没有同学对作业的要求和内容还有疑问？

（4）大家不用担心，如果有疑问可以随时来找我。

（二）作业批改

准确规范的作业批改是帮助学生理解自身学习掌握情况的必要前提，教师在进行作业批改时应做到客观、公平和及时。

1. 注重批改的客观性与公平性

（1）制定明确的评分标准：确保评分标准具体、明确，并且与教学目标和课程内容紧密关联。这样可以帮助教师在评价作业时有一个客观的参考。

（2）使用评分量表：设计一个评分量表，列出不同等级的具体标准，可以帮助教师更客观地评价作业。

（3）使用技术工具：利用评分软件或在线平台，可以减少人为错误，提高评分的一致性。

（4）反馈机制：建立反馈机制，让学生有机会对评分提出疑问或异议，这有助于教师调整评分标准。

（5）避免个人偏见：针对开放性较强的作业内容，教师需意识到自身可能存在的偏见，并努力避免这些偏见对评分造成的影响。例如，不能因为学生的个性或过往表现，就对其当前作业的评价产生偏差。

2. 注重批改的及时性

（1）鼓励学生及时提交：强调及时提交作业的重要性，并设置激励措施，鼓励学生按时提交作业。

（2）合理安排作业批改时间：制订一个明确的时间表，为作业批改分配固定的时间，确保每项作业都能在预定时间内得到反馈。

（3）利用技术工具：利用在线评分系统、自动评分软件或其他教育技术工具来辅助批改，可以提高效率。

（4）鼓励学生自评和互评：通过让学生参与自评和互评，可以减轻教师的批改负担，同时提高学生的参与度和自我反思能力。

（三）反馈

在提升教学质量和学生学习成效的过程中，教师对作业的反馈是至关重要的环节。有效的反馈能帮助学生明晰现阶段的学习状况，形成积极的学习动机，达成良好的学习效果。

（1）教师须及时通过课堂现场、网络课程平台对学生的作业给予评价反馈。

（2）教师应要求学生及时改正或优化作业错误或不完整的内容。

（3）教师应在课堂上总结作业情况，针对学生掌握得比较好的内容给予肯定，针对学生掌握较薄弱的内容，适当抽出时间提炼教学内容，并准备类似的作业让学生巩固练习。

（四）反思

在每个学习单元作业任务完成之后，教师需要针对班级学生的实际作业情况进行思考，据此确定下一学习单元的教学内容和作业设计。教师可从以下几点进行反思：

（1）教师应客观分析学生的实际学情，分析作业布置的数量、质量是否符合学生的实际情况。

（2）教师应根据学生的实际学情，优化下一堂课的教学内容，使学生能够循序渐进地掌握课程内容。

（3）教师应根据学生的实际学情，重新评估下一次作业内容的难度、数量等要素，并及时加以优化，以提升学生后续作业的完成度与质量。

（4）教师应在期中及期末撰写学生作业自查报告，为后期作业设计与布置打好基础。

参考文献：

［1］上海市教育委员会教学研究室.学科单元作业设计案例研究［M］.上海：华东师范大学出版社，2018.

［2］上海市教育委员会教学研究室.初中作业设计与实施指导手册［M］.上海：华东师范大学出版社，2019.

［3］上海市教育委员会教学研究室.小学作业设计与实施指导手册［M］.上海：华东师范大学出版社，2019.

［4］杨怀瑾.基于目标导向的作业设计与评价——以"药品营销技术"课程作业为

例〔J〕. 职教通讯, 2014（21）：29-32.

　　〔5〕张献忠. 有效提高中等职技校专业课程作业质量的探索〔J〕. 职业, 2015（15）：75-76.

　　〔6〕李青. 中职校思想政治课作业设计初探〔J〕. 宿州教育学院学报, 2016（2）：79-80.

　　〔7〕韩洁. 基于核心素养的作业前置教学实践——以中职德育课为例〔J〕. 天津职业院校联合学报, 2020（12）：36-40.

　　〔8〕康九星. 基于核心素养培育的中职语文作业设计策略〔J〕. 大视野, 2020（2）：39-43.

　　〔9〕王瑛. 基于真实情景的中职化学作业设计〔J〕. 职业教育（中旬刊）, 2017（7）：58-60.

第十一章　教学反思

教学反思是课堂教学规范的基本要素之一，是教师专业发展的阶梯。林崇德教授提出"优秀教师＝教学过程＋反思"的成长模式。通过教学反思，教师不断更新教学观念，改善教学行为，提升教学水平。教学反思成为教师自我成长过程中不可缺少的重要环节。什么是教学反思？为什么要进行教学反思？反思内容主要涉及哪些？如何有效地开展反思？这些基本问题是广大职业院校教师既关注又感到困惑的难题。

一、对教学反思的理解

（一）教学反思的含义

教学反思是教师对自身的教学活动和课堂实践进行全面深入的思考和总结，包括对自身的教学行为、学生的学习行为，以及教学实践所依据的教学理论、观念和学习主体进行的再认识和思考。教学反思既可以针对教学中的成功之处进行总结与提炼，上升为教学经验；也能够对教学中存在的问题展开诊断与分析，并提出改进教学的措施。通过教学反思，教师能够不断改进教学过程，实现提高教学质量的目的。

（二）教学反思在教学中的价值和意义

教学反思对于提高教师的教学水平和专业素养、改进教学实践、提升学生学习成效、促进教师发展（科研能力、自我评价能力）等方面都具有重要的价值和意义。

教师通过教学反思，总结教学经验，不断更新教学理念，优化教学方法和技能，形成自身的教学风格；通过教学反思，客观地评估自身的教学水平和效果，发现教学中存在的问题和不足，探索有效的改进措施，形成有效的教学策略，更好地指导教学实践，提升教学效果，进而有针对性地制订个人专业发展计划，提高自身的教学水平和专业素养，促进专业发展。

二、教学反思的类型

教学反思按不同视角可分为多种类型,通常有以下四种分类方式:

根据反思的时间节点,教学反思可以分为课前反思、课中反思和课后反思。课前反思是在教学前对教学设计和计划进行审视和思考;课中反思是在教学过程中将实际发生的情况与预设情况进行比较,及时调整教学策略,优化教学实践;课后反思是在教学结束后对整个教学过程进行全面深入的总结和评估。

根据反思的对象,教学反思可以分为对自我教学的反思、对学生学习的反思和对教学内容的反思。对自我教学的反思主要是对自身的教学理念、教学方法和手段等方面的思考;对学生学习的反思主要是关注学生的学习过程、学习效果和学习需求等方面的考量;对教学内容的反思主要是对教材内容、教学效果等方面的评估。

根据反思的组织形式,教学反思可以分为个体反思和集体反思。个体反思是教师个人对自身教学实践反思的行为;集体反思是教师团队或教师之间的交流合作,共同探讨教学问题,分享教学经验和教学方法的过程。

根据反思的方法,教学反思可以分为总结法、比较法、对话法、录像法、档案袋法等。总结法是对自身教学实践进行全面总结和归纳;比较法是通过比较不同教学方法和手段的效果来评估自身教学的优劣;对话法是通过与同事或学生交流来获取反馈和建议;录像法是通过观看自己的教学录像来发现教学中存在的问题;档案袋法是通过建立教学档案来记录和整理教学实践的相关资料。

在我们日常的教学工作中,常见的反思有以下几种:

(一)课后反思

在每次上课的教案中,末尾通常设有"教学反思"或"课后反思"等栏目。这里的反思一般指课后反思,即在本次教学活动完成后,对教学效果与预设效果之间的差距展开思考,积极分析造成差距的原因,并探讨未来进行调整的方法与步骤等。课后反思既是按时间的反思,也可以采用各种合适的方法来反思教学过程中的各个要素,往往可侧重于其中一到两个主要方面进行个体反思。

课后个体反思一般集中在以下四个方面:

一是反思教学目标。回顾教学目标,观测是否达到了预期的效果。如果没有,需要分析原因,思考如何改进。

二是反思教学内容。反思教学内容是否贴近学生实际，是否具有科学性、实用性和创造性。同时，也要思考教学内容是否与职场工作情境中的真实任务、真实工作相符。

三是反思教学过程。回顾整个教学过程，思考哪些环节做得好，哪些环节需要改进。例如，课堂互动是否充分，学生参与度如何，教学节奏是否把握得当，是否能够激发学生的学习兴趣和积极性。

四是反思教学方法。课后可反思教学方法是否用得过多，是否有助于学生掌握学习目标，是否能提高学生的参与度。此外，可反思教学方法是否从学情出发，是否有效解决学生的薄弱项，并促进职业能力与职业素养的提升。

（二）集体反思

集体反思一般是由教学管理部门或教学研究部门有组织地开展，如教研活动、公开展示课后的集体评课活动等。相对于个体日常教学的课后反思，集体反思往往更全面，可反思教学目标、教学内容、教学方法、教学过程、教学效果、教师素质、课堂管理、资源利用等教学要素。

集体反思常被称为"听课、评课活动"，是基于课堂教学要素的全面反思，综合研判与评估教学效果是否达成，教学管理是否高效，教学资源运用是否合理，教师自身（教学态度、教学能力、专业素养等）是否可以进一步优化提升。

在进行集体教学反思时，本着"有则改之，无则加勉"的原则，以某一节课为例进行深入剖析，这对每一位参与其中的教师而言，都是一次有益的尝试。

集体反思一般可以遵循以下步骤和重点：

第一，收集学生反馈。收集学生对案例课教学活动的反馈，重点关注评价结果所反映出的问题。借助这些反馈，反思学生对教学内容的掌握情况，以此全面了解教学效果，评估教学的优势与不足，尤其要留意因学情分析不足而产生的问题。也可以通过问卷等方式收集学生对教学内容、教学方法以及教学效果的看法和建议。

第二，教师间集体交流。在集体教学反思中，鼓励教师分享自己的经验和看法，提出问题和建议。通过交流和讨论，可以相互学习，共同提高教学水平。

第三，总结经验和教训。总结教学活动的经验和教训，思考如何在未来的教学中避免类似的问题，提高教学效果。

第四，制订改进措施。集体反思的听评课往往形成书面报告，这是集体教学反思常用的反思结果表达方式，供教师参考和学习。一般书面报告包括教学目标、教学内容、教学过程、学生反馈、教师讨论、经验教训和改进措施等部分。根据教学反思结果，教研组或教学管理部门制订具体的改进措施，包括调整教学内容、改进教学方法、优化教学过程等。同时，也要设定明确的目标和时间表，确保改进措施能够得到有效实施。

三、教学反思的基本流程

在进行教学反思时，可以遵循以下的实施流程：

首先，确定反思什么。回顾整堂课教学，确定反思点和视角。比如，是反思教学目标，还是反思教学方法。在平常教学中，教学反思强调反思的针对性、有效性，一般可重点选取某一个方面或某一点有针对性地进行回顾、分析与总结，以达到总结经验、改进教学的目的。

其次，回顾做了什么。以选取的反思点作为研究对象，复盘教学实践中的具体做法，并写实性地记录教学实践中的流程、策略等，为后续的教学反思提供客观数据。比如，课中如何进行教学决策、如何组织教学、如何表达知识、如何评价学生等。

再次，分析效果如何。思考教学结果是否达到预期效果，得出的实践效果与预期效果的差距。通过全面收集各类与教学相关的数据，对这些数据展开深入分析，发现存在的问题和不足之处，并探究问题产生的原因。反思教学行动的手段、策略是否有利于教学目标的达成，即反思"目标—手段"实施的适配性；反思是否结合学情，是否符合学生的学习基础与认知规律，即反思教学的科学性。

最后，寻找改进措施。教学反思本质上是一个"发现问题—探讨研究—解决问题"的过程。教学反思虽着眼于回顾过往教学经历，但其核心目的是面向未来，探寻更优的改进措施。具体而言，教师可从教学内容的正确性和科学性、教学策略的针对性和有效性出发，找寻改正、优化、提高的可行性措施。

四、教学反思的内容及反思策略

教学反思的内容很广泛，教学的各个环节均可以进行反思。在日常教学中，教学反思主要包括教学目标、教学内容、教学方法、教学活动、教学评价及课程思政等六个方面的内容。

在进行课后个体反思时，可选择其中的一两项进行反思；在集体反思时，除了上述六个方面外，还可拓展到校企合作等多方面的、更为深入的反思。

（一）教学目标反思及其策略

教学目标在课堂教学中处于核心地位，是课堂教学的出发点和落脚点，反思教学目标的达成情况成为教师评价教学效果的重要依据。

1. 教学目标反思的视角

（1）教学目标制定依据

比如，是否遵循课程标准要求并融合"岗课赛证"？是否符合班级学情？是否有目标要求定得太高导致学生难以达成的情况，或目标定得太低导致学生很轻松地完成？特别是课程思政目标是否具体，是否与知识传授和技能训练有机融合？

（2）教学目标表述规范

比如，撰写是否规范？每个教学目标是否均可观察、可评价？如果教学目标不具体，是对于课程标准的理解不透彻，还是基于"岗课赛证"的教学目标归纳、提炼不够？

（3）教学目标评价方式

比如，教学目标的达成，是否有标准可依？学生的学习结果（含知识、技能和素养）达到什么标准则称为目标达成了，达成目标时有什么经验总结？哪些目标没达成，未达成的原因是什么？

2. 教学目标反思的撰写方法

教学目标反思也可以围绕教学目标制定依据、表述规范、评价方式三个方面展开。撰写教学目标反思，围绕以上三个方面，表述如下：

（1）教学目标制定依据方面

教学目标应遵循课程标准，融合"岗课赛证"，得出本节课的教学目标，并结合学情特点，确立本节课的重点、难点。

依据课程教学目标达成度情况，反思教学目标制定依据。如果学生整体水平偏高，教学目标达成较为轻松，则可表述为：通过教学评价数据反馈，本节课教学目标达成度很高，绝大部分学生能够达成教学目标，教学目标虽然严格依据教学标准设定，但学情分析存在偏差，学生整体水平较高，后续课程中，可适当加快教学进度，增加单节课教学目标的难度，提升教学效率。如果整体教学目标未达成，则可表述为：通过教学评价数据反馈，本节课教学目标达成度较低，应依据学生实际情况，适当放缓进度，确保教学目标能够达成。如果教学目标达成情况正常，则可表述为：通过教学评价数据反馈，本节课教学目标达成度高，能够很好地落实教学目标。

（2）教学目标表述规范方面

教学目标表述规范方面的反思，主要是指反思教学目标是否设计规范、具体明确。如果教学目标表述规范，则可表述为：通过观察与测评，学生对于今天课堂教学的目标完成度较高，教学活动开展顺畅，教学目标的制定清晰、具体。如果教学目标的表述规范性不足，则可表述为：教学目标的表述不符合教学目标撰写要求，不能清晰、具体地表达本节课教学任务所需达成的结果，致使学生的学习活动没有针对性和方向性。针对此问题，应该调整教学目标的撰写。

（3）教学目标评价方式方面

教学目标评价方式方面的反思，主要考虑教学目标的准确性与可评价性，避免教学目标表述模糊或抽象，造成教学目标达成度不可评价。在职业教育教学中，教学目标评价可围绕知识、技能、职业素养三方面进行。

如果知识、技能目标评价方式清晰、具体，则可表述为：通过课中评价工具的测评数据和信息反馈显示，学生能够达成本节课知识、技能目标，能够清晰地反馈学生的知识掌握、技能应用情况，说明本次课的教学有效。如果知识、技能目标评价方式模糊或抽象，导致教学目标不可评价，则可表述为：通过本节课的教学，难以了解学生知识、技能和素养提升情况，由于针对目标达成的评测标准缺失，学生学业完成质量，特别是技能水平难以精准反馈，后续教学中需进一步参照企业标准或者行业标准，改进教学评价的指标设计，选用更合适的评价工具、适切的评价方法，确保教学目标完成的质量。

（二）教学内容反思及其策略

教学内容是教师根据教学目标和学生学习需求而组织和安排的教学素材，对教学内容的反思应围绕教学内容的科学性、适切性、实用性三个方面展开。

1. 教学内容反思的视角

（1）教学内容的科学性

比如，教学内容是否科学，是否有知识性、常识性错误等？判定教学内容的科学性主要包括专业课中有关国家标准、行业标准的更新是否及时，选用的教材中是否存在新旧标准混用或者引用错误等情况。

（2）教学内容的适切性

比如，教学内容的选取是否与授课班级的学情相匹配，容量是否适中？是否教学内容偏多，教学时来不及完成，或该详细教学的来不及详细讲解，造成赶进度、赶时间的情况？是否教学内容偏少，课堂教学较为松散？判定教学内容的适切性应主要研判教学容量的合理性，确保教学过程能够保质保量实施，既保障课堂效率又能确保教学效果。

（3）教学内容的实用性

比如，教学内容是否符合职场工作情境，是否与学生未来工作岗位、工作任务相符，具有实用价值？教学内容是否按照企业真实工作项目和工作任务来设计？能否激发学生对内容的兴趣，吸引他们参与教学活动？能否支撑教学目标的达成？

2. 教学内容反思的撰写方法

教学内容反思应针对教学内容的科学性、适切性、实用性的实际情况来撰写。

（1）教学内容的科学性反思

如果教学内容科学、严谨，对重点、难点、教学困惑点的挖掘科学，关注了学情等，则可表述为：教学内容科学，无知识性错误，表述严谨。如果存在科学性错误，则可表述为：教学内容存在科学性错误，存在什么问题（指出具体错误之处），后续教学内容组织上应该怎么做（提出修正方案）。

（2）教学内容的适切性反思

如果存在教学内容的适切性问题，教学反思可表述为：本节课教学内容太多、太散，不聚焦（指出适切性问题的表现），导致学生难以把握重点，无法形成系统的知识结构，后续教学内容应进行梳理，提炼出核心知识、技能点。也可表述为：本节课教学内容太碎、太杂，不系统（指出适切性问题的表现），碎片化的教学内容会导致学生难以构建起完整的知识体系，后续教学内容应进行合理的组织和安排。

（3）教学内容的实用性反思

如果存在教学内容的实用性问题，教学反思可表述为：本节课的内容过于传统，没有引入企业真实工作项目和工作任务，学生学习时提不起兴趣，课堂的互动性、参与性不足，无法让学生感知未来职场的工作情境，对学生职业能力的培养与职业素养的形塑不利，后续教学内容应根据企业真实工作项目和工作任务加以改造设计，让学生在完成任务的过程中探索实践、创新发展。

（三）教学方法反思及其策略

教学方法是教学活动推进的理论依据和组织形式，直接影响着学生的学习效果、兴趣培养以及长期发展。反思教学方法，有助于提升教师的教学质量，适应不同学生的需求，促进教育的全面发展。对教学方法的反思应围绕学习效果达成的有效性、与教学内容的匹配性、支撑重难点突破三方面展开。

1. 教学方法反思的视角

（1）教学方法对学习效果达成的有效性

审视学习效果达成度是评价教学方法恰当与否的重要依据。通过审视学习效果达成度，评定教学方法选择的合理性，分析教学方法的优势与不足，确保教学方法的选择合理有效。

（2）教学方法与教学内容的匹配性

教学方法的选择应与教学内容相匹配。职业教育教学中，常需要考虑教学方法能否充分表达知识的内涵、展示技能的特点等，以确保教学方法能够很好地支撑教学内容。

（3）教学方法支撑重难点突破

教学方法应有效支撑重难点突破，反思时分析教学中关于重点、难点突破所使用的教学方法、教学手段运用效果如何，是否存在不足，是否还有优化调整的空间。

2. 教学方法反思的撰写方法

撰写教学方法反思时，也可以围绕学习效果达成的有效性、与教学内容的匹配性、支撑重难点突破三方面展开。

（1）教学方法对学习效果达成的有效性方面

对教学方法的有效性进行反思，包括评估所采用的教学方法是否能够有效地帮助学生理解和掌握知识，能否激发学生的学习兴趣，提高学生的学习效率。教师可以通过对学生的学习成果进行观察和分析，以及对学生的反馈进行收集和整理，来评估教学方法的有效性。

如在"电气安全"课程中，可以这样撰写反思：为了进一步提高应急救护能力，教师让学生进行分组模拟演练心肺复苏，并对学生的按压手势、位置和力度进行了指导和纠正。模拟演练这种方式体验感强，互动性好，能够直观地调动学生的积极性。通过模拟演练，学生掌握了救护技能，比以往播放操作视频更加有效。

（2）教学方法与教学内容的匹配性方面

反思教学方法与教学内容的匹配性，关注所选教学方法对教学内容的表达效果，并做出反思陈述。同时，还需要兼顾教学方法与学生学习需求、学习风格以及学习环境的匹配性。如在物理课中学习"多用表的使用"这一节，在教学反思时可以这样撰写：本次课采用情境教学法，结合学生专业背景，带领学生来到机器人实训室，观察机器人工作站气动抓手无法闭合、指示灯不亮的故障；引导学生使用多用表完成机器人的故障排查，能够更加形象、直观地体验多用表的使用，体验职业情境，增强职业认同感。

（3）教学方法支撑重难点突破方面

反思教学方法是否有效支撑重难点的突破，是评价教学方法选择是否恰当的重要指标。如果所选用的教学方法能够较好地支持重难点突破，反思可表述为：本次课所选用的教学方法有哪些优势，分别通过什么样的设计，达成什么结果，有效地落实了教学重点，突破了教学难点。如果所选用的教学方法无法有效地支撑重难点突破，则可表述为：本次课所选用的教学方法存在哪些问题（如不适用学情特点、与教学内容的匹配不足、教学环境构建不完善等），导致教学重点未落实或者教学难点未能有效突破，后续教学中应该依据上述不足，选择合适的教学方法，确保教学方法支撑重难点突破。

（四）教学活动反思及其策略

教学活动是教学过程的核心环节，涵盖了教学内容的表达、教学方法的运用、教学目标的达成以及师生互动等多个方面。对教学活动的反思应围绕教学活动类型、教学活动设计的合理性、教学活动效果的达成情况三方面展开。

1. 教学活动反思的视角

（1）教学活动类型

反思教学活动类型是否适合教学目标和学生特点，包括教学活动的难易性、复杂性、互动性等因素，以确保教学活动类型与学生特点相适应、有效支撑教学目标达成。

（2）教学活动设计的合理性

反思教学活动设计的合理性，包括教学活动目标的明确性、可评价性，活动数量是否恰当，能否有效支撑教学设计的层层推进，从而达成教学目标。此外，教学活动设计的合理性还需考虑一节课设计活动的数量。教师需要关注教学活动准备是否完备，是否形成了教、学、做、评的学习闭环。比如，一个教学活动中教了什么？学生学了什么？学生做了什么？这个活动做得怎样？

（3）教学活动效果的达成情况

反思教学活动效果的达成情况，可通过观察、测试、反馈等方式来收集数据，检查是否达成预期的教学目标或者阶段性教学目标，以及学生是否在教学活动中达成预期的学习成果，从而评估教学活动的效果。教师需要反思教学活动时间是否充分、活动开展是否有序，还是仅仅完成了活动形式，每个活动就像"赶场子"一样杂乱、匆忙。

2. 教学活动反思的撰写方法

教学活动反思的撰写也可以围绕教学活动类型、教学活动设计的合理性、教学活动效果的达成情况三方面展开。

（1）反思教学活动类型

反思教学活动类型，可关注教学活动类型与教学内容、学科特点、教学目标、学生特点的适应性，来展开描述。如"精细化学品及工艺"课程中讲授"论食品添加剂的功与过"这一节，在教学反思时可以这样写：为了让学生了解食品添加剂，教师采用探究型教学活动设计，在初识食品添加剂时让学生思考万里香的成分及用途；在探索食品添加剂时，让不同小组分别进行牛奶制作、可乐制作、鲜橙汁制作等实验研究，在实验过程中探究食品添加剂的作用及种类。这些实验活动的开展不仅让学生了解化学实验现象，更让学生思考为什么会产生这样的现象。通过这些教学活动，学生观察了实验现象，在活动中敢于提问、善于提问，并能够总结结论。

（2）反思教学活动设计的合理性

反思教学活动设计的合理性，包括反思教学活动的个数、每个活动的时长、教学活动与教学目标的对应性等是否合理充分。如在"数据可视化界面开发：定时器应用"这一节中，反思教学活动设计的合理性可表述为：本节课的教学目标是理解 BOM 定时器的概念和作用，并能够基于 BOM 定时器的 JavaScript 代码，实现页面动态更新和时间调度等功能。在进行教学活动设计时，围绕教学目标设计四个任务引领型教学活动，引导学生认识时钟、理解时钟指令、时钟指令运用实践、优化时钟效果外观和动效，最终达成教学目标。

撰写教学活动反思时，还应关注教学活动实施的时间分配是否合理，学生反馈是否积极，每个活动是否存在教学闭环。如在"宝玉石加工"这一节中，反思可以这样写：在教学活动实施中，由于宝石琢型标样很小，学生观察效果不好，为了提高课程效果，课前制作了两个圆明亮琢型的三维动画。图片展示、视频展示固然直观，但学生容易走神，在播放过程中边看边忘，到提问的时候很多人已经忘记了视频内容。接下来，教师将配合视频进行实时的讲解，必要时暂停，与学生互动，让教学活动中教、学、做、评更加顺利，更好地实现教学目标。

（3）反思教学活动效果的达成情况

反思教学活动效果的达成情况时，应关注教学活动设计是否完善，流程是否完备，教学活动步骤、学生活动、教师活动、设计意图是否详尽。比如，在"化工过程控制"这一节中，教学反思这样写：本节课共设置了两个教学活动，分别是换热器冷态开车、换热器温度控制系统组态。在教学过程中，教师发现学生对第一个活动任务理解得还不够透彻，如果增加学生操作共享屏幕的环节，将明显提高第一个活动任务的学习效果。

反思教学活动是否能够解决教学重难点，是在哪个环节解决的，教学活动的设计是否有层层递进的关系。比如，"酱油中氨基酸态氮的测定"的教学反思可以这样写：本课的教学重点是了解食品中氨基酸态氮的定义、检测，掌握使用酸度计法测定氨基酸态氮的测定方式，难点是酸度计法测定氨基酸态氮的测定原理。在第二个教学任务分析中，通过小组讨论，根据国家标准选择正确的检测方法，并以提问回答的形式，让学生明晰移液管、容量瓶的使用操作要点，从而突破教学难点。在任务三中，通过任务执行，对学生的操作规范、操作步骤、操作易错点及时指导，以此解决教学重点问题。在指导学生进行实践时，着重培养学生的科学思维，解决"如何做"的问题。鉴于学生的工程思维比较欠缺，后续课程需要对此重点培养。下一步，教师应增加任务分析和实验方面的设计，以提升教学效果。

（五）教学评价反思及其策略

教学评价是了解学生学习结果的重要手段，通常由课堂练习、课堂提问、操作反馈等形式组成，通过评价量表收集学生的学习评价数据。对教学评价的反思应围绕教学评价主体、教学评价指标、教学评价手段三方面展开。

1. 教学评价反思的视角

（1）教学评价主体

在教学评价反思的过程中，需要强调的是学生的主体性。学生是教学活动的主体，是主动参与、积极探索的学习者。

关注学生的学业成绩时，更应该关注学生的学习过程，包括学生的思考方式、解决问题的策略、合作学习的能力等。尊重学生的个性差异，每个学生都有自己独特的学习方式和节奏，教学评价能够反映出这种多样性，而不是简单地用一个统一的标准来衡量所有学生。鼓励学生自我评价，让学生学会对自己的学习进行反思和调整。这不仅可以帮助学生更好地理解自己的学习情况，也可以培养他们的自主学习能力和批判性思维能力。

（2）教学评价指标

在进行教学活动的过程中，需要仔细审视评价指标，以确保指标是科学的、合理的，能够真实反映学生的学习成果和教师的教学效果。

科学的评价指标应当基于教学目标和学习效果来设定。这意味着评价指标需要与课程的预期成果紧密相连，确保它们能够准确地衡量学生是否达到了预定的学习目标。如果评价指标与教学目标脱节，评价结果可能会误导教师和学生，导致教学活动偏离正确的方向。

评价指标应当全面而均衡，涵盖学生知识掌握、技能发展、情感态度、价值观念等多个方面。单一的评价指标往往只能反映学生的一个侧面，而忽略了其他重要的成长维度。因此，构建一个多维度的评价体系，可以帮助教师更全面地了解学生的学习情况，从而更有效地指导教学实践。

评价指标应当具有可操作性，即它们必须是可以通过实际的观察、测试或其他评估方法来衡量的。如果评价指标过于抽象或难以量化，那么它们在实际教学中的适用性就会大打折扣。因此，设计具体、明确的评价标准和方法对于确保评价的科学性和实用性至关重要。

（3）教学评价手段

教学评价的多样性手段意味着在评估学生的学习成效时，除结果评价外，还要关注学生的思维过程、创新能力和实际应用能力，更全面地评价学生的学习表现与教学效果。

例如，项目作业可以让学生在实际操作中运用所学知识，培养他们的问题解决能力和团队合作精神；小组讨论则有助于提高学生的沟通技巧和批判性思维能力；实验报告和案例分析能够锻炼学生的观察能力和分析能力；自我评价和同伴评价则能够促进学生的自我反思和互相学习。

通过运用多样化的教学评价手段，教师能够更为全面地了解学生的学习情况。与此同时，这些手段还有助于教师从不同角度和层面收集反馈信息，从而更准确地判断教学效果，及时调整和优化教学内容与方法，实现教与学的双向提升。

2. 教学评价反思的撰写方法

对教学评价反思的撰写也可围绕教学评价主体、教学评价指标、教学评价手段三方面展开。

（1）反思教学评价主体

反思教学评价需要以学生为评价主体，关注教学评价是否围绕教学目标展开。要确保评价内容与教学目标紧密相连，使学生明确知道自己需要达到什么样的水平。在这个过程中，教师可以思考以下问题：评价内容是否能够有效地检测学生达到了教学目标？是否能够根据评价结果调整教学策略，以帮助学生更好地实现教学目标？通过对这些问题的思考，教师可以确保教学评价始终围绕教学目标展开，从而使学生更加明确自己的学习目标，提高学习效果。

（2）反思教学评价指标

教师应关注教学评价指标的科学性，要确保评价指标能够全面、客观地反映学生的学习成果。在这个过程中，需要思考以下问题：评价指标是否涵盖了学生的各个方面，如知识掌握、技能发展、情感态度等？教学指标是否具有一定的灵活性，能够适应不同学生的特点和需求？能否引导学生全面发展，而不仅仅是追求分数？是否有助于培养学生的自主学习能力和团队合作精神？通过对这些问题的思考，不断完善教学评价指标，使其更加科学、合理，从而更好地促进学生的全面发展。

（3）反思教学评价手段

教师应关注教学评价的方法与手段是否使学生明确知道自己需要达到什么样的水平，从而掌握教学的实际成效。教师要思考能否根据评价结果调整教学策略，以帮助学生更好地实现教学目标。反思教学评价的方法与手段时，可以表述为：通过什么样的教学评价方法与手段，能够有效地监测学生的学习效果，达到什么状态？接下来，将如何调整评价策略，监测学生哪一方面的学习状态，以清晰直观地反馈本次课的教学效果？

（六）课程思政反思及其策略

课程思政是将价值观引导融入知识传授和能力培养，帮助学生塑造正确的世界观、人生观、价值观。对教师而言，反思教学中的课程思政是达成立德树人根本任务、实现教育目标的重要环节。对课程思政的反思应围绕课程思政元素和育人目标、课程思政资源的育人价值、课程思政与教学过程融合三方面展开。

1. 课程思政反思的视角

（1）课程思政元素和育人目标

反思课程思政元素是否与教学目标有直接关联，从教学目标中挖掘思想性、科学性、先进性的元素作为课程思政，从而将课程思政有机地融入教学，充分注重学科/专业核心素养所包含的思政元素。

（2）课程思政资源的育人价值

反思是否结合教学内容，找寻具有思政价值的故事，寻找学生熟悉的案例、与专业相结合的时政新闻，如党的二十大精神、"十四五"规划、国家战略、重大工程建设等；在能力训练时是否注重了企业制度、工匠精神、人文精神和劳动教育。

（3）课程思政与教学过程融合

在教学过程中课程思政不是孤立的，而是有机融合、不露声色、恰如其分的，要避免出现"两张皮"现象。职业教育教学中，应注重德技融合、德专融合，梳理出具有专业特质、技能特色的思政元素。

2. 反思课程思政的策略及撰写方法

撰写课程思政反思，可围绕课程思政元素和育人目标、课程思政资源育人价值、课程思政与教学过程融合三方面展开。

（1）反思课程思政元素和育人目标

反思课程中蕴含的思政元素是否自然融入教学过程，以实现知识传授与价值引领的有机统一。关注学生对这些思政元素的反馈和接受程度，对课程思政的感受和评价，以便更好地调整课程思政的切入点，做到融合自然、融洽。

（2）反思课程思政资源的育人价值

反思课程思政的资源是否与学生的认知水平和生活经验相适应。过于简单或过于复杂的内容都可能无法引起学生的兴趣，也无法有效地传达思政教育的核心价值。教师需根据学生的年龄和心理特征，选择适合他们的思政资源，确保内容既具有教育性又具有吸引力。此外，思政资源应紧密关注社会热点问题，将课程内容与实际相结合，积极引导学生关注社会、了解社会，培养学生的社会责任感和公共意识，实现课程育人、思政育魂的目标。

（3）反思课程思政与教学过程融合

反思课程思政在教学过程中是否存在"两张皮"现象，反思课程思政融入是否自然，是否与教学内容无痕融合，是否在教学过程的恰当时刻融入，从而让学生在潜移默化中接受价值观教育。同时，反思教学中是否设置了单独的课程思政环节，是否存在所讲课程思政内容与课程教学无关或相去甚远的情况。

第十二章　教案设计

对于广大职业院校教师，尤其是新教师而言，深入理解教案及其功能、教案结构与构成要素，遵循相应原则与要求进行撰写，并采用合适的教案呈现方式，对他们顺利开展高质量教学活动、切实提升自身教学水平，有着至关重要的作用。

一、对教案的理解

（一）教案的含义

教案是教师在备课过程中以课时或课题为单位而设计的教学方案。教案是课堂教学设计的一项重要内容，教师需依据课程标准和教材要求，充分结合学情来进行具体设计。教案通常由教案基本信息、教案主体及教学后记三部分组成，就像是一座桥梁，连接着教师的教与学生的学。可以说，它是教师心中的"课堂教学宝典"，承载着丰富的教学思想和教学设计理念。

（二）教案的功能

教案的形成过程，就是教师为教案各要素提供必要依据并进行统整的过程。教案是授课活动的剧本，也是教学实施前的一种预演，对整个教学活动的开展起指导作用。通过教案，教师可以清晰地看到自己的教学计划和预期效果，从而能更好地把握教学进度和节奏。同时，教案也是反思教学的宝贵资料，教师可根据实际教学效果对教案进行修订和完善，以使教学工作更精益求精。教案具有以下三方面功能：

1. 整合教学要素，形成教学合力

教学不是单纯的知识或技能传授，而是基于教学内容的一种师生互动。教案在教材和课堂教学之间架起桥梁，在学生主体、教师主导的原则下，整合多个教学要素，让各要素之间呼应教学目标要求，形成整体合力，以取得最佳教学效果。

2. 优化教学过程，提高教学质量

教案通过对教学活动进行系统规划，在缜密分析的基础上预设教师与学生在教学中的行为，并融入教师的设计意图，为教学过程提供内在依据。在教案设计框架下，教师的教学行为也会受到必要约束。在新课改背景下，教案更强调教学开放性、生成性、个性化和内隐性，使教学过程更具适切性和重构性。因此，教案有助于教学过程的科学、有序与有效运行。

3. 促进教学反思，助推专业成长

教案留存了教师针对课程所规划的整套教学流程，融入了教师的教学理念，记录了教师的教学反思，还凝练了其教学经验。教案既重过程又重结果。教师借助先前撰写的教案，能够有效提高备课效率，持续对教学设计加以改进。对教案的评价分析，能促进教师不断打磨教学流程，并在原有基础上应用新的教学理念、丰富学生的课堂体验，以不断提升教学水平。

二、教案结构与构成要素

教案通常由三个部分构成：教案基本信息、教案主体和教案后记。

（一）教案基本信息的构成要素

教案基本信息包括：课次、课时、周次、班级、日期、课题、教材、授课地点等。

1. 课次

课次是指本次课在授课计划中的次序，也指实际授课的次数。在课表中连续排课的为一个课次，排课中间有其他课程间隔的视为多个课次。

2. 课时

课时是指本次课的时长为几课时。通常情况下，理论课的一课次为 1~2 课时，实验课（含理实一体）的一课次为 2~4 课时，课次与课时的对应关系以授课计划为准。

3. 周次

周次是指本次课实际授课时间在该学期校历中的周数，根据实际情况对照校历填写。

4. 班级

班级是指授课对象所在班级，主要填写班级编号及所属专业名称，具体格式可参照各校惯例来写。

5. 日期

日期是指本次课实际授课的日期，如果在多个平行班级授课，日期与班级要一一对应。

6. 课题

课题是指本次课的授课内容主题，应与教材中对应的章节或项目名称保持一致，内容表述要具体完整，避免使用缩略词代替。如果一个课题需在多个课次完成，应该将每次课完成的部分在课题中作为副标题写出来，不可用一、二、三等序数词代替。

7. 教材

教材是指任教课程的教学内容的来源载体，包括正式出版的教材、自编教材或讲义，须写明教材全称、出版单位及时间等。

8. 授课地点

授课地点是指教学活动的实施场所，一般是在教室、实训室或实验室进行，须写清上课所在具体地点。

（二）教案主体的构成要素

教案主体是指与课堂教学活动最直接相关的部分，也最能体现教师的教案设计理念与授课思路。这部分的构成要素一般包括：教材分析、学情分析、教学目标、教学重难点、教学场景、教学资源、教学环节、教学内容、教师活动、学生活动、设计意图、教学评价、课堂小结、课后作业等。

1. 教材分析

教材分析主要是针对某一教学主题来源的内容分析，教师往往需对该内容在课程中所处位置与作用进行必要说明。为更准确地理解某一本或多本教材相关内容的实际使用价值，有必要对该门课的课标进行阅读与参考。在对教材相应内容进行分析时，需注意：前后主题内容之间的关联、教学主题背后蕴含的逻辑结构、主题内容与职业实践或生活之间的关系。

2. 学情分析

在教材分析的基础上，教师要加强对学生学情的分析。学情分析是指针对学生真实起点与教学起点之间关系的处理。学情分析要关注以下几方面：学生已有经验、偏好、内在动机；学生现有知识、技能、思维等学习基础；学生学习特点与困难点等。同时，也需重视针对学生先前学业质量达标情况的分析。因考虑课堂教学效率提高的需要，越来越多的教师利用信息化技术，采用诸如翻转课堂等形式，重视给学生布置课前学习任务，并基于学习任务完成情况来确定课堂教学任务，以实现"以学定教"的目的。

3. 教学目标

教学目标的划分通常分为两种：一种是按知识目标、技能（能力）目标与素养（情感、态度与价值观）目标三类目标进行划分，这种划分对于专业类课程较为适用；另一种是按知识与技能目标、过程与方法目标、情感价值目标进行划分，这种划分常用于文化基础课程。在基于学科核心素养改革的背景下，后者与"经历……（过程），习得……（结果），形成……（表现）"的表述相结合的做法得到提倡。教学目标的主语默认为"学生"，省略不写，情态动词默认为"能够"，也可省略。每个目标直接以行为动词开头，行为动词使用要恰当、准确、具体，应为可观测、可评估的行为。该动词可用程度副词修饰，表示学生对该目标掌握的程度，如：用自己的语言描述 ×× 概念，分层次解释 ×× 原理，准确分辨 ×× 现象，熟练运用 ×× 公式 / 工具 / 方法解决 ×× 问题……

4. 教学重难点

教学重点是指本次课中某个重要的知识点、技能点，是本次课学生必须掌握的关键能力、方法或原理。教学难点是指相较于学生认知水平而言难以掌握的某个知识点或技能点。教学重难点的描述要具体，不能仅写出某个知识大类或任务名称。如数学课中"指数和对数"的课题，其教学重点不能简单地写"对数"，这过于宽泛，可以写"对数运算法则在计算中的运用"。再如英语课中"定语从句"的课题，其教学难点不能简单地写"关系副词"，这过于笼统，可以写"通过分析从句成分，选择恰当的关系副词"。同理，在实验实训课程中，假设包含三个实践任务或五个关键步骤，不可以简单地写"教学重点：任务二"，或"教学难点：步骤三"，要具体写出：通过实验，学生应该掌握的哪一个原理或技术是重点；在实验操作的步骤三中，学生会遇到怎样的困难。此外，教学重难点不宜过多，一次课的重难点一般各设 1~2 个较合适。教学重难点的内容应该来自之前设定的教学目标，是对目标中某一个点或者过程的细化分析。

5. 教学场景

教学场景，即教学活动开展所在物理环境的设计与安排，包括教学场地、座位 / 工位的排列、线上或线下等。应运用图文结合的方式，使教学场景的设计一目了然。

6. 教学资源

教学资源包括教学中所用教具、实验器具、耗材等物料资源，以及视频、虚拟仿真软件、动画、微课等信息化数字资源。应写清资源的具体门类、标题名称和数量，如

"×× 化学试剂 ×× g/mL""×× 虚拟仿真软件"，不可只写其大类名称。

7. 教学环节

教学环节，即教学实施过程的具体步骤，与教学流程的设计环节一一对应。每个教学环节为一个相对独立的教学活动，如新课导入、原理探究、小组合作学习、课堂小结等，教学环节呈现时应包含序号和简洁的标题。

8. 教学内容

教学内容，即教学过程中每一个环节所涉及的知识点和技能点。撰写时应逐条列出，要求表述准确清晰，文字简洁规范，要点归纳清晰可见。避免长篇叙述或将概念、原理、实验步骤的具体内容全部粘贴上去。如"车险承保理赔"课程中"解读三责险及附加险条款"任务实施环节的教学内容可写作：（1）三责险条款内容。（2）部分附加险条款内容——不计免赔险；精神损害抚慰金责任险。（3）三责险的除外责任。

9. 教师活动

教师活动，即在一个教学环节中，教师通过哪些行为来实施教学。其内容的表述结构为：运用哪些教学资源、教学手段，组织怎样的教学活动或解决怎样的教学问题。如：安排各小组进行 ×× 角色扮演 / ×× 话题讨论；发布任务，要求各小组使用 ×× 仪器进行 ×× 实验，观察实验现象并记录实验数据；结合 ×× 视频内容对 ×× 原理进行解释分析。对提问内容、讨论话题、重要原理和步骤，可用简要文字或示意图进行说明。文字要简明扼要，避免将预设的讲稿内容粘贴其中。

10. 学生活动

学生活动，即在一个教学环节中，学生通过哪些行为参与教学活动，包括被动行为和主动行为。表述内容通常为动宾结构，做什么或运用哪些方法完成 ×× 任务或解决 ×× 问题。如：观看视频；专注聆听教师讲解，并积极回答教师提问；完成 ×× 部件的安装，检测该部件运转状况；用电子显微镜对 ×× 植物切片进行观测，记录观测结果，并将显微图像拍照上传到学习平台。文字要简洁明了，不必对行为过程做过多分解。它一般能与教师活动相呼应。

11. 设计意图

设计意图，即对每个教学环节活动设计缘由的思考，涵盖了该设计所具有的教育意义和价值，以及期望达成的目的。只有明晰了设计意图，才不会盲目地开展教学活动。因此，设计意图的内容应描述学生通过该环节教学活动在哪些方面得到发展和成长，可以是：采用了 ×× 工艺技术、×× 活动形式或 ×× 信息技术及数字化资源，在哪些方面得到提升或加强。它需要与教学目标——对应，包括重点的突出或难点的破解。如：加深学生对 ×× 概念的理解；通过该实践操作帮助学生熟悉 ×× 工艺流程；加强学生对 ×× 的辨别能力，帮助学生学会将 ×× 技能在 ×× 情境中进行应用。

12. 教学评价

教学评价是依据教学目标对教学过程和学生学习效果进行评判的行为，是检验教学目标是否有效达成的验证活动。从形式上看，教学评价通常在主体教学活动完成之后开展。然而，从评价的内容和功能上讲，它与教学目标是同步生成的。我们要关注教学活动中的过程性评价，并与活动后的结果性评价进行一体化设计。

13. 课堂小结

为便于学生加深对本次课教学任务与教学内容的学习印象，更好地达成教学目标，教师应在授课结束前对该次授课情况进行简要归纳与概括。课堂小结形式具有多样化特点，可利用板书或多媒体进行呈现，可以教师主导或师生共同参与等方式进行。

14. 课后作业

课后作业是指教师为巩固本次课的学习成效，而设计安排学生在课后完成的学习任务。描述时应该具体详细，包括任务的主干内容、任务的数量、完成的程度、完成方式、呈现形式以及截止日期等。

（三）教学后记的构成要素

教学后记作为教案的重要组成部分，是对本次课程教学的整体复盘，也是优化和提升教学设计的重要环节。然而因其处于课后阶段，常被教师所忽视。教学后记应包含本次课的教学纪要、教学反思两部分内容。

1. 教学纪要

教学纪要主要记录教学设计的实施情况和教学目标的达成情况，描述内容包括是否完成全部预设的教学活动、达到预期目标，学生的课堂表现和反馈如何，突发事件和处理结果等。

2. 教学反思

教学反思是对教学设计和实施的分析思考，描述内容包括有价值的经验、存在的不足和改进措施三个部分。教学反思所呈现的内容要实事求是，具体问题具体分析，避免不切实际和千篇一律的套话。

三、教案设计的原则

这里提及的教案设计，主要聚焦于具体的课堂教学设计。后续所涉及的教学设计、教学实施与教学评价均指向具体的课堂教学。

教案设计的原则是指教师在进行教学设计过程中所应遵循的基本准则，是评价教学设计优劣的基本标准，是教学设计时应把握的方向和尺度。职业教育面向企业和社会培养从事某一岗位工作的高素质技能型专门人才，以培养职业素养和能力为主要目标，所设课程通常为任务引领和项目导向型，教学设计的原则也应充分体现职业教育的特点，体现应用型人才培养模式的特殊性。依据对具体工作指导的不同维度，教学设计原则包含教学设计构思的总体原则和各构成要素设计的具体原则。总体原则是从宏观上对教学设计必须思考的问题和坚持的准则进行规定和约束，构成教学设计水准考量的基础性指标。具体原则是从微观上对教学设计的关键要素和环节应如何构思给出的建议和指引，是教师解决教学设计具体问题的依据和抓手。

（一）总体原则

在教案设计中，常常需遵循的总体原则或指导原则有三个，包括系统性原则、可行性原则、适应性原则（见表 12-1）。

表 12-1　教案设计中应遵循的总体原则

总体原则	构成内容或特征
系统性原则	· 知识结构的系统性 · 能力结构的系统性 · 活动设计的系统性
可行性原则	· 容量可完成 · 难度可接受 · 环境可支持
适应性原则	· 以学情分析作为设计教学目标的起点 · 以学生知识与能力建构的途径作为设计教学策略和活动的依据 · 以学生参与学习活动的表现状态作为教学评价指标

1. 系统性原则

任何一门课程都是知识和技能以一定逻辑关系构成的整体，具有相应的系统性结构。对于一个专业所构建的课程群，每门课程之间也存在必然关联和逻辑次序。教学设计应遵循系统性原则,将具体的知识点、技能点放到课程系统结构中进行思考和定位,将一个课次的教学设计同一个单元、一个项目、一门课程的教学设计乃至该专业的课程群的结构进行同步关联,使教学设计呈现系统性特征。在实际工作中,教师面临的教学设计通常是以一个课次为单位,针对一个课题和具体的教学对象,对教与学的过程进行预先策划的构思,属于微观层面的教学设计,以解决局部或阶段性问题为目标。教师应调动系统性思维,准确把握本课次在整个课程系统中的位置和作用,梳理前后课次的逻辑关系,主动处理局部与局部、局部与整体之间的关联,避免教学设计的孤立化和碎片化。

(1)知识结构的系统性

一门课程无论是以怎样的结构进行编排,所包含的知识点通常具有内在逻辑关系,或相互平行,或逐级递进,或如树状结构般层层推演。教学设计要明确该课程以怎样的知识结构展开,根据课程目标对学科知识的要求,梳理出每个项目或单元的知识目标,令所列知识目标的相互关系与整门课的知识结构保持一致。在此基础上,再分解出各个课次的知识目标。这是一个由总到分、由整体到局部的过程,可以清晰地把握每个具体知识目标之间的相互关系和达成次序。

(2)能力结构的系统性

能力(技能)培养是核心素养的关键所在,也是职业教育特征的重要体现,尤其是以项目为导向的课程,能力驱动的课程结构是其基本的框架模式。基于岗位需求的能力目标往往具有鲜明的职业属性,岗位职责的层级结构应作为设定能力目标的首要依据。在确定能力目标,以及规划实现能力目标的教学策略和方法时,均应置于岗位能力的整体框架中加以思考。教师应在全面梳理课程对应岗位能力的基础上,明确每个项目和任务所达成的能力目标,对应岗位能力构成中的具体环节和场景。同时,明晰该能力目标与其他能力目标之间的次序关系和关联方式,最大限度地保证能力目标的结构化和完整性。

(3)活动设计的系统性

教学活动是实现教学目标的主要途径和过程,是组织教学的具体形式。教师应该充分发挥教学智慧来设计目的明确、学生参与度高、效果直观可见的教学活动。因为教学活动是围绕解决具体问题而展开设计的,这种下沉性特点使得各个活动之间易出现彼此孤立的状况。教师应对一门课程的活动设计进行统筹规划,使活动具有基于课程整体目标和特征的统一性和序列性,减少随机性和模式的单一化。

2. 可行性原则

教学设计是对教学实施过程的预设，是教师关于如何开展教与学的构想，具有理想化的特性。教学实施是教学活动开展的真实过程，是诸多要素综合作用下的产物，具有现场性和偶发性。所以，教学设计和教学实施存在一定的区别。教学设计能否在教学实施过程中得到完整呈现，以及实施效果是否与教学设计的预期相一致，不仅受限于教师的教学设计能力，还取决于其教学设计能否周到考虑教学实施的具体情形。因此，教学设计应遵循可行性原则，将所设计的教学目标、教学活动、教学过程放置到具体的教学时空中预演，对教学实施的可行性进行合理推测和预判，并在实施后及时进行反思与优化，以避免教学设计与教学实际相脱离。

（1）容量可完成

教学容量是指一个课次的教学目标、内容和活动的总量。容量多少既要考虑一门课程的任务总量和课时分配，也要兼顾教学实施的具体对象和环境。单课次教学设计的全部内容应能在限定时长中有效完成，学生在松紧有度的节奏中参与所有活动，并达成目标要求。合理的教学容量需结合多次的教学实施不断优化调整，对内容进行增减，或通过教学手段和资源的选择与配置来提升教学效率。

（2）难度可接受

教学难度包括目标可达成度、知识与技能的可掌握程度、教学活动的可完成度。难度大小的设定既取决于课程标准的要求，也受限于学生的基础和能力。教学设计要在两者之间寻求平衡。一方面，教师要充分了解课程目标和学业水平的难度要求；另一方面，要通过翔实的学情分析，明确学生可接受的教学难度。在此基础上，精心构思具有针对性的教学策略和方法，有效化解潜在的教学难点，以提高教学成效。

（3）环境可支持

教学环境是由教学实施诸要素构成的系统，包括影响教学活动的软硬件条件，如班级规模、教学用具、实训设施、信息化技术、师生关系等。教学设计的可行性会受到环境条件的限制。因此，教师应将学校的教学环境和条件要素考虑在内，了解可支持教学活动实施的上限，对教学设计的实施细节进行预测和评估，也可有效利用环境的特点和优势设计独具特色的教学活动。

3. 适应性原则

职业教育的目的是培养能够满足企业和社会岗位需求的技能型专业人才，学生的学习成效不仅体现在能够通过所学课程的相关测试，而且还体现为能够满足实际工作的岗位能力需求。这需要学生在学习过程中对所学知识和技能进行主动建构，通过积极探索和实践将所学内容转化为自身的职业能力和素养。因此，教学设计应遵循适应性原则。教学设计所有要素均需从学生视角出发，将学生视作教学活动的主体——知识原理的探究者、实践任务的执行者和教学资源的使用者。教师作为教学活动的组织者和支持者，对学生的学习提供引导和必要的帮助。

（1）以学情分析作为设计教学目标的起点

教学目标通常指单课次所需达成的三维目标，它是对课程目标的分解，是学科核心素养在不同教学模块和课次中的具体体现。同时，教学目标还是期待学生通过教学活动达到的学习结果，是学生学业水平提升尺度的可预测指标。因此，教学目标的设定既要以课程标准为依据，又要以具体教学对象的实际情况为参照。只有将学生与本次课教学内容相关的知识、技能和认知习惯的实际水平作为起点而进行设定的教学目标，才是科学的、可行的。

（2）以学生知识与能力建构的途径作为设计教学策略和活动的依据

学习的本质是认知结构的重建，是基于新旧事物内在联系的意义重构。因此，教学策略和教学活动的设计不能仅依赖对教学目标和内容的分析，还要立足于学生的认知基础和实践能力。教师应积极创设能够有效链接新旧知识和能力的情境，构思习得新知识和能力的探究任务，适时给出必要的线索、提示和资源。同时，设计有利于协作与对话的组织形式，为学生自主解决问题、实现意义的重构铺设道路、创造条件。此外，教师要合理借助"互联网＋"以及 AI 等信息技术手段，优化教学策略，设计丰富多样的教学活动。

（3）以学生参与学习活动的表现状态作为教学评价指标

教学评价是对教学目标达成度和学业水平的评估与诊断，是教学设计的重要环节。教学评价设计包括评价方式、评价指标、评价工具等。其中，评价指标的设计是其核心内容，不仅关系到教学评价的科学性、有效性，还会影响评价的可操作性。评价指标不仅需要与教学目标紧密对应，还应将教学目标转化为学生参与学习活动的表现性证据，也就是更为直观的行为现象和成果。这些现象和成果才是教学评价需要观测的实际内容，是它们构成了教学评价的有效数据。只有当评价指标可观、可测、可定性与可量化，教学评价才能够做到有的放矢。要注意过程性评价和结果性评价的结合，并合理运用信息化评价手段。

（二）教案设计中所用到的具体原则

除了教案设计所要遵循的总体原则外，针对教案中的不同要素还会涉及一些具体原则（见表 12-2），其中包括：针对教学目标设计的表现性原则、针对教学活动设计的项目（任务）化原则、针对教学过程设计的递进性原则、针对教学方法设计的多元化原则、针对教学环境设计的职业化原则、针对教学评价设计的参与性原则等。

表 12-2　教案设计中所涉及的具体原则

教案设计相关方面	具体原则	核心内容或特点
教学目标设计	表现性原则	· 目标表述应清晰准确 · 在知识、技能、素养等方面的行为表现 · 目标能够对应一个具体的、可观测的行为
教学活动设计	项目（任务）化原则	· 教学侧重点是在具体情境下应用专业知识和技能 · 需将学生核心知识、技能和素养有机地整合在一个实践项目（任务）中 · 项目（任务）可以是一个由真实工作项目（任务）简化改造而成的学习项目（任务）或是关于一个学科知识原理的综合运用
教学过程设计	递进性原则	· 内容按由浅入深、由简单到复杂的次序进行分布 · 活动按任务分析、任务准备、任务实施、结论验证、结果反思的次序展开 · 学生认知形态由感性认知到理性认知 · 学生素养及情感态度的内化由具体到抽象
教学方法设计（具体要求请参考教学方法专题）	多元化原则	· 基本方法包括：讲授法、演示法、讨论法、案例法、实验法、问题探究法、作业练习法等 · 行动导向类型有：项目驱动法、任务引领法、现场教学法等 · 将多种教学法进行有机组合，灵活运用
教学环境设计	职业化原则	· 有利于专注学习内容、体验学习情境、完成实践任务、建构知识能力和情感的背景空间 · 创设与之近似的现实或虚拟的教学环境，让学生置身于职场化的环境氛围中，提升学习效率 · 应以简洁、舒适、功能适用为原则
教学评价设计	参与性原则	· 应该由企业人员和学生共同参与 · 学生应对评价标准和方式了然于心 · 重视过程评价与综合评价

1. 教学目标设计：表现性原则

教学目标是教学设计的关键内容，是对学生学到什么内容和学到什么程度的预设，是设计其他教学要素的基础，是教学实施过程的方向，也是检验教学效果和评价学业水平的依据。教学目标通常由知识目标、技能目标和素养目标构成。每一项目标的设计不仅需要与教学分析结果相一致，表述清晰准确，还要可显现、可检测，能够对学生是否达到该目标进行观测和评估。因此，教学目标的设计应该遵循表现性原则，目标的描述内容应为学生完成学习后在知识、技能和素养等方面的行为表现。目标描述时需使用恰当的行为动词，使目标能够对应一个具体的、可观测的行为——学生做什么？如何做？做到什么程度？例如：对一个知识点理解的目标可以描述为"用自己的语言对 ×× 原理进行恰当的解释"。"解释"就是一个具体、可观测的行为表现。同理，关于对一个技能点掌握的目标可以描述为"运用 ×× 工具、方法进行 ×× 实践操作，做到 ×× 程度或解决 ×× 问题"。

2. 教学活动设计：项目（任务）化原则

教学过程是由一个个教学活动链接而成的，教学活动构成教学设计的主体内容，规定了教学实施具体要做的事情。职业教育的培养目标是能够从事某一行业具体岗位工作的劳动者，其教学的侧重点不是系统的学科知识，而是在具体情境下对所学专业知识和技能的应用。因此，教师在进行教学内容处理和活动设计时，应遵循项目（任务）化原则，将需要学生掌握的核心知识、技能和素养有机地整合在一个实践项目（任务）中。项目（任务）内容可以是一个由真实工作项目（任务）简化改造而成的学习项目（任务），也可以是关于一个学科知识原理的综合运用。在项目式教学活动中，学生的活动体现为通过完成项目（任务）中所设定的每个任务实现项目（任务）的整体目标，从而实现知识和能力的建构。

3. 教学过程设计：递进性原则

教学过程从外在形式上体现为教师的施教过程和学生的学习过程，本质上则是在教师的组织和引导下学生对知识、能力和素养的建构过程。根据认知行为的一般规律，教学过程设计应遵循递进性原则。知识和能力的内容按由浅入深、由简单到复杂的次序分布；活动过程按任务分析、任务准备、任务实施、结论验证、结果反思的次序展开；学生认知的形态按照由感性认知到理性认知的次序发展；学生对知识、能力的建构和素养的内化过程按照由具体到抽象的次序转化。因此，教学过程的递进性原则既涵盖了学习内容和项目实施的步骤等显性部分，也包括学生认知发展过程的隐性内容，两者相互联系，统一作用于教学过程的内在逻辑。

4. 教学方法设计：多元化原则

教学方法是教师在教学过程中呈现教学内容，帮助学生建构知识、能力和素养的方式与手段。基本教学方法包括：讲授法、演示法、讨论法、案例分析法、实验法、问题探究法、作业练习法等。在职业教育领域，由于教学目标趋向于能力导向，教学方法通常采取与之相对应的行动导向类型，如项目驱动法、任务引领法、现场教学法等。为更有效地推动教学过程的实施，切实达成教学目标，教师需依据教学内容、目标和对象的差异，选用与之相适应的教学方法。同时，教师应遵循多元化原则，对多种教学法进行有机组合，灵活运用。针对不同单元和模块的教学，还需对教学方法做出必要调整。唯有如此，方能充分调动学生的积极性，挖掘其潜力，避免因教学方法的单一，致使教学过程变得枯燥乏味。

5. 教学环境设计：职业化原则

教学环境广义上是指由全部教学要素构成的复杂系统，狭义上是指开展教学实施的具体场景，是影响教学活动发生的外部条件，包括物理的、现实的环境，也包括心理的、虚拟的环境。教学环境潜移默化地影响着学习活动的开展和学习效果的好坏。教学环境设计的意义在于，为学习者构建一个有利于其专注学习内容、体验学习情境、完成实践任务、提升知识能力和情感的背景空间。教学环境设计应以简洁、舒适、功能适用为原则。职业教育出于培养目标和课程特点的需要，教学环境设计应该在此基础上遵循职业化原则，充分考虑学生所学专业及所属行业的特点，对照课程内容所针对的典型岗位的工作环境，创设与之近似的现实或虚拟的教学环境，让学生置身于职场化的环境氛围中，全面调动学生的感官和潜能。这有助于对学习项目和任务的真实体验，并提升学习效率。

6. 教学评价设计：参与性原则

在设计教学目标时，教师需要同步思考如何检测所设目标的实现程度。若缺乏与之呼应的评价方案，教学目标便经不起推敲。只有制订出清晰、可行、科学的评价方案，教与学的过程才能真正做到有的放矢。职业教育的育人目标决定了学业水平一定包含适应和满足企业岗位能力需求的要素，因此，落实到评价方案，就不能只从课程和教师的视角出发，应由企业人员和学生共同参与。有岗位经验的企业人员，不仅可从岗位工作实际出发提出重要建议，还能在参与评价过程中更准确地把握具体细节与要求。而学生作为评价的对象，也不可置于完全被动的位置。只有对评价标准和方式了然于心的学生，才能更全面地认知岗位的能力需求；只有参与到评价过程中的学生，才会对自己的学业水平有更准确的认识和判断。因此，教学评价设计应遵循参与性原则，由教师、企业人员和学生参与其中，发挥教学评价的最大价值。

四、教案形式与撰写要求

常见的教案形式有讲义式教案、提纲式教案和表格式教案等三种。下面逐一介绍，并简述教案撰写的相关要求。

（一）教案呈现形式

1. 讲义式教案

这种教案（见表 12-3）近似教学用的讲义，适合从教时间不长的教师使用。它的优点是内容详细、条理清楚、过程完整有序和安排细致。教师边看边讲，可以很好地控制教学过程和掌握教学进度，不会因忘了下一步该讲什么或寻找一个合适的词去说明问题而出现"冷场"，不会因说错、写错或安排不当致使学生议论纷纷而出现"热场"。它的不足是内容过细或篇幅较长，教师要不断地翻动，有的人也会因紧张而造成低头念稿的情形。这些问题都易于分散学生的注意力，影响课堂秩序及教学效果。

表 12-3 讲义式教案构成示例

教学基本信息
教材分析、学情分析
一、教学目标设定
二、教学重难点确定
三、教学准备环节
在教学实施前所需准备的文本材料、教具、多媒体设备等。
四、教学步骤安排
（一）教学导入：激发学生兴趣与学习动机。
（二）新课教学
1. 知识讲解：使用多种形式（图表、视频、文本、示例等）对相关概念、原理、技能点等进行解释。
2. 任务布置：让学生清晰明白任务完成要求，包括过程与结果评价标准、实施方式等。
3. 任务实施：让学生基于已有的与新学的知识、技能，利用各种可获取的资源与手段，在任务情境中解决相关问题。
4. 成果展示总结与评价：学生个体或小组对所完成的任务结果进行展示与陈述，教师给予相应反馈和评价。
（三）课堂小结
（四）作业布置
五、教学拓展
提出学习建议，提供拓展资源，包括相关书籍、网站等。

2. 提纲式教案

提纲式教案与讲义式教案的不同之处，在于它较为简略。一般有经验的教师在备课过程中，只把重点、难点及要点等写出来，不把更多内容都写上。内容集中、简练，篇幅不多，这就是提纲式教案（见表 12-4 ）。它的优点是重点突出、一目了然，便于以讲为主，课堂不会出现念稿现象。但提纲式教案由于较简略，教师不易掌握进度。它适合那些已积累丰富教学经验且熟悉教材内容并具有熟练的教学能力的教师撰写使用。

表 12-4　提纲式教案构成示例

课题		内容简要表述
教材内容分析		教学目标设定：
学情分析		
突出教学重点		
突破教学难点		
教学过程	导入	
	新课讲授	
	学生活动或练习	
	评价反馈	
	课堂小结	
	作业布置	
其他需要注意的方面		

3. 表格式教案

把授课目标、内容、手段及整个教学过程设计成表格，这就是表格式教案（见表 12-5 ）。目前大多数学校使用的是表格式教案。它的优点是比较直观，内容简明扼要，内在关系清晰，易看好记，教师使用方便。不足之处在于教案中需要插入图片、图标时，因受表格的限制不易处理。

表 12-5　表格式教案构成示例

课次		课时		授课对象		
周次				授课日期		教材
授课教师				授课地点		

（续表）

课程				课题		
教材分析						
学情分析						
教学目标	知识目标				或整体表述（详见第一章）	
	技能目标					
	素养目标					
重难点						
教学环境						
教学流程	教学环节	教师活动		学生活动		设计意图
作业布置						
教学反思						

（二）教案撰写的相关要求

1. 教案撰写的基本规范

一份规范且翔实的教案不仅能让教师的教学有章可循、游刃有余，也可体现教师对教学全要素、全过程的缜密思考，是不断推进教学改革和质量提升的抓手。教案是教学设计的实施性方案，是日常教学工作的必备，也是教学档案的重要组成文件。因此，教案的撰写要求具备规范性和可操作性。教案的规范性是确保教案质量的基础，是一份教案是否合格的底线，主要包含书写格式规范和文字表述规范。

目前，关于教案书写格式并没有全国通行的样式和统一标准，但在构成要素和基本结构上，各地并无本质差异。相较于书写格式规范，教案文字表述的规范更能体现其书写质量。一般来说，学校会采用统一的教案书写格式模板，不过具体内容的撰写则因人而异。一方面，由于所授课程不同，授课主体和对象不同，教案具体内容自然有别，而且教案内容的书写也属教师的创造性劳动，是教师教学思想和经验的体现，应给教师足够的发挥空间；另一方面，由于教师的工作经验和习惯的差异，教案书写的水准千差万别。为确保教学质量的监管和教师能力的提升，教案内容的书写应遵循基本的文字表述规范。

撰写内容应完整反映教学设计思路，与格式所要求的内容相一致。文字表述应采用规范的书面语言，严格遵循《中华人民共和国国家通用语言文字法》的相关规定。具体而言，要使用以普通话为基准的规范汉字；在外语教学以及需要用外文表述的专业知识的场景中，则需采用相应语言的规范格式；应使用通用的专业术语和教学用语，避免使用方言俚语、网络用语和自造词语；语法结构完整，逻辑通顺，避免病句和错字；字体、数字序号和标点符号使用符合行文规范和体例要求，格式统一。

2. 各要素间的贯穿关系处理

首先，围绕学生本位进行教学设计。教案应以学生为中心进行各要素设计，教师为主要组织者，数字化教学资源辅助教学，确定好教学核心——学生知识、技能、素养综合发展，再开展其余各要素设计，以保证教学的科学性、连贯性和有效性。

其次，串联设计，并联监测。教师需通过分析教情和学情确定三维教学目标，围绕教学目标要求设定教学重难点，并选定教学资源。在此基础上，以教学活动流程（教学实施环节）为依托，进行教学计划的文本设计，将教学内容分解在教学步骤中。同时，围绕教学内容，合理设计教学组织形式和教学方法。围绕教学目标实现的需要设计不同层级目标，由"低阶—中阶—高阶"层层递进。教学最终一环是检验目标达成度，通过师评和生评等方式展开评价，并进行教学反思。

此外，在教案设计与撰写中，相关细节需要进一步细化，比如教学时间安排、练习设计、教学软件与教学平台支持、数字化资源使用等均需考虑进来。

3. 教案内容实施的评估维度

针对教案内容是否具有可实施性，可从以下七个维度进行评估。

第一，教学主题的确定。在教案设计中先要确定教学主题，根据授课计划与教学任务安排来具体落实。同时，教案设计应向学生阐明：本任务或项目的主要学习内容，以及需要达到的知识、能力、素养目标要求；告诉学生本任务或项目所要使用的知识、完成的结果，以及应达到的成果要求。

第二，教学内容和学习者的分析。教案设计要考虑是否设定符合学生学情的学习内容和教学重难点，以及易错点和拓展点，也要考虑学生全面发展的需要。教学内容应以问题为中心进行组织安排。在教学内容分析的基础上，列出该问题解决所需学习的知识内容及其类型，为学习策略的选择提供依据。在教案设计环节，需对学习者的特征进行分析，重点要考查他们的初始能力和素养。

第三，教学目标的拟定。明确教案设计中所用的学习理论是什么。例如，行为主义学习理论认为,学习的目的是获取知识;而建构主义学习理论则认为,学习的目的是建构有意义的知识体系(即意义的建构)。实际上,教学目标是多元结构的,它既有知识的获得,又有能力的提高和情感的升华。就知识学习而言,既有对知识意义的理解,也有低层次的记忆,甚至包括高层次的应用和创新。

第四,教学策略的选择。学习总是与一定的社会文化背景即"情境"相联系。在实际情境中进行学习,可使学习者能够利用其原有认知结构中的有关经验,去同化当前所学的新知识,从而赋予新知识以某种意义。选择教学策略时应考虑:根据教案设计,学习者能否在真实的社会环境中,或者教学设计的具体情境中进行学习?教师是否提出必要的问题,并对学生的学习给予指导和帮助?学生能否充分发挥认知的主体作用,以主动进行探索、发现和提高?

第五,教学资源的设计与开发。在教学设计中是否给学生提供不同种类的资源,以便学习者根据自己不同的条件去选择、利用?必要时,还需对教学资源和环境进行设计和开发。

第六,教学活动的设计。不同的教学内容适配不同的教学活动,而这些活动需要教师精心选择和设计,然后由学习者去完成。在教案设计中,教学活动的设计和安排是否合适,是否对教学活动的过程和步骤加以说明(包括学习者应阅读的材料、需要完成的任务和需要回答的问题,以及关于教学活动的建议等),是教师需要考量的要点。

第七,评价工具的设计。教案设计是否让学生预先知道?如何对他们的学习过程和学习结果进行评价?教案是否进行学习和教学效度评价?怎样有机运用教师、学生、企业等多方评价?怎样合理运用信息化评价手段,以便及时反馈?评价工具的设计要解决好这些问题,监测学生达成目标,增强学习成就感。

4. 教案设计在实施中的调整

在实施过程中,可从以下六个维度对教案设计的内容进行调整。

第一,教学目标调整。有明确的教学目标,往往教师授课开始时就明确指出。课堂中各教学环节及各项学习活动都是达成预定目标的具体依托。学生的差异主要表现在学习速度、学习能力、学习适应性和兴趣经验等方面。教师应运用问卷、成绩分析、课堂观察等方法,对学生的个体差异进行正式或非正式的评估和分析,以准确了解每个学生的学习状态,把握不同学生的不同需求与不同水平学生的各自特点。

第二,课堂管理调整。对课堂上学生的缺勤及违纪等情况视而不见、不问不闻,这固然是失职现象;而花费大量时间采用像对待小学生一样的管理方式也并不可取。教师应努力做到规范有序、严而有度、严而有格、严而有情。具体而言，在教案设计时，应当针对不同班级，对课堂管理策略进行调整，以更有效地实施教学。

第三，教学策略调整。教案应当根据学生具体情况进行教学策略调整。只有分层解析、讲清、讲透教学重难点，才能让学生抓住精华，并要让学生有时间去探索和思考，以学会科学的学习方法。在采用多样化教学策略的同时，应保证这些策略符合学情和班级特点。

第四，学习活动调整。教学设计应以学生为本，始终贯穿引导式教学理念。通过开展多样化的学习活动，助力学生各方面能力发展，教师应结合所教内容的特点和学生核心素养发展要求，设计并开展多样化教与学的活动，引导学生积极主动参与学习，培养学生的多样学习方法。

第五，课堂教学艺术的调整。课堂教学要取得良好效果，就离不开教学艺术的整体提高。这不仅涉及板书整齐、语言流畅、逻辑性强等一般性评价指标，更需上升到"艺术"层面加以考虑。教学艺术还涵盖教学方法的灵活应用、知识阶梯的高度合理设计、课题的自然平稳切换、课堂调控与管理技巧、师生沟通与对话的载体及途径等。高超的教学艺术不仅会使学生能在愉悦的精神状态下学会知识、增长才干，更能上升到把课堂听课作为一种"享受"和"渴望"。为提升教学艺术水平，教师应持续学习和应用相关教学理论，不断借鉴和汲取他人成功经验。同时，更要坚持实践、积累和升华。部分教师在课后能及时记录本堂课的体会，时常撰写一些教学心得或摘记，这是很好的习惯，日积月累一定会收获诸多益处。

第六，教学反馈调整。整个课堂教学，本质上是师生间的信息交流过程。当学生通过面部表情或课堂提问、小作业以及现场操作实践等反馈信息，证明教师的教学行为达到预期效果时，教师自然会感到愉悦与欣慰。反之，当反馈信息表明没有达到预期效果时，教师切忌流露出不耐烦的表情，更不能使用让学生（尤其是"后进生"）"噤若寒蝉"的语言。同时，在教案设计中，教师应对教学反馈进行多维度评估与调整，以此进一步优化教案内容。

第十三章 说课设计

说课是教学、教研中常见的一项活动,在推进课堂教学、改进教研活动、提升教师素养等方面发挥着重要作用。为有效开展说课活动,充分发挥其应有的作用,就要正确理解什么是说课、为什么要说课、说课说些什么、说课要掌握哪些原则与方法。

一、对说课的理解

(一)说课的含义

说课一般是指教师在备课或上课的基础上,以口头表达或书面形式向同行、教研人员、专家等,就课程文本、教学行为、预期与实效进行科学阐释,然后由同行或专家进行研讨、评说的一种实践活动。在此基础上实现个体经验的公共化、一般化转型,它以教师对教学行为的自我论辩和交流应答为外在形式,以知识或经验的重组和横向传递为内在运行逻辑,是教师专业发展的重要载体。[①]

说课与备课、上课是紧密联系的。备课是针对某一节课展开的教学预设,是生成上课方案的活动,主要解决"教什么""怎么教"等问题,涵盖教学目标、重难点、采用的方法策略、教具、素材以及教学活动与流程等方面。说课是解说备课或上课过程中隐含的教学思想、理念和意图,主要说明"为什么要这样教"等问题,如确定教学目标及重难点的依据,采用教学方法及设计教学活动与流程的意图等。

(二)说课的特征

一般来说,说课应具备以下四个特征:一是有理,即要指明每一个教学环节或教学行为的设计、每一种教学现象背后所隐含的思想方法及内在逻辑,是理论与实践的有效

---

① 张卓鸿."说课"的本质内涵、实践问题与优化路径——以中学历史教学说课为例[J].历史教学(上半月刊),2023(10):60-65.

对接，是教师对教学经验和课堂现象的抽象化、理性化表达。二是有据，即要有基于教学实践的学情调研、课堂观察记录和多元评价结果，将这些数据以量性或质性的方式嵌入说课之中，作为论证的有力证据。三是有思考，说课以寻求教育专家或同行的理解、认同为目的，故在表达上除了专业性之外，还要凸显自己的思考，这是由说课作为集体教研载体的特性所决定的。四是有创新，即在说课中可以展示独特新颖的教学方法或教学手段的运用等，从教学流程、教学活动的组织形式等方面显示"与众不同"的特色，展现创新性的教学思路，增强说课的吸引力。

（三）说课的类型

说课的类型多种多样，根据不同的分类标准，可分为以下几种主要类型：

其一，按照说课时间，可分为课前说课和课后说课两种类型。

课前说课在教学实施之前进行，说的是教学准备、设计依据和教学效果预测，重在说明教学设计的理念、意图和策略手段等。

课后说课在教学实施后进行，是根据课前的教学设计对教学实践的反馈和总结，重在说明教学设计的理念、意图、策略手段等在教学中的落实情况，指出本节课的特点、亮点以及不足和改进的思路等。

其二，按照说课目的，可分为检查型说课、示范型说课、研究型说课、评比型说课等类型。

检查型说课，一般是指领导或专家为检查教师的备课情况而让教师说课。此类说课较灵活，可随时进行。

示范型说课，一般是指由教研人员、骨干教师共同研究，经过充分准备后进行的说课，目的在于为教师树立样板，供推广学习。

研究型说课，一般是指以教学研究为目的，为落实教学重点、突破教学难点，解决教学中的关键问题、探讨解决方法而进行的说课。

评比型说课，是指通过说课对教师的备课和教学水平给予评价。这种说课类型常用于教师业务竞赛活动、教师招聘考试的面试以及职称晋升中的考察。

其三，按照说课内容，可分为单元说课、课时说课等类型。

单元说课，是指对一个教学单元的整体设计进行说课，包括单元目标、教学内容、教学方法、评价方式等。

课时说课，是指对某一具体课时的教学设计进行说课，重点阐述该课时的教学目标、教学过程、活动安排等。

此外，说课还可以根据形式、范围以及场合等分类标准进行划分。

二、说课的作用

说课是教师教学理念、理论素养、教学能力的集中体现，具有能力提升、经验分享、甄别选拔、评估反馈等多重作用。

（一）说课有助于提升教师的教学水平

说课可以让教师对教学进行较为系统、细致的梳理，强化教师对教学的理性思考，将教学经验条理化并升华至理性认识，提高自身业务能力，从而指导教学实践，促进教学质量提升。

（二）说课有助于教学经验的分享交流

说课可以强化教师之间相互交流、学习探讨，让教师从中得到启迪和借鉴，将教师的个体行为转变为群体行为，将教学理论研究和教学实践活动融为一体，营造良好的教研氛围，促使教研的主题更明确、重点更突出、实效更显著。

（三）说课是选拔优秀教师的重要平台

说课要求教师在短时间内系统地阐述自己对某一教学内容的理解、教学目标的设计、教学方法的选择以及教学评价的方式等方面的内容。通过说课，不仅能够考查教师对教材内容的掌握程度，还能评估其教学设计能力、课堂掌控能力和教学创新能力。因此，说课为选拔优秀教师搭建了一个重要的展示和交流的平台。

（四）说课有助于教学评估与反馈，推进教学改革与创新

说课鼓励教师积极探索新的教学理念和方法，为教学改革提供有益的参考和借鉴；同时也有助于教师发现自身教学中的不足，以便提出改进的建议，明确努力方向，不断推进教学改革和创新。

三、说课的内容

一般来说，完整的说课应包含八个方面的内容，即说教学理念、说教学内容、说学情、说教学目标、说教学策略和方法、说教学实施、说教学评价及效果、说教学反思。说课时，教师应理清各部分内容之间的关系，如"说教学内容"与"说学情"共同为"说教学目标"提供依据；"说教学策略和方法"和"说教学实施"则以教学目标为准绳，为其达成提供路径、方法等。所以，说课要关注各内容之间的内在关联，凸显说课的一体化设计。

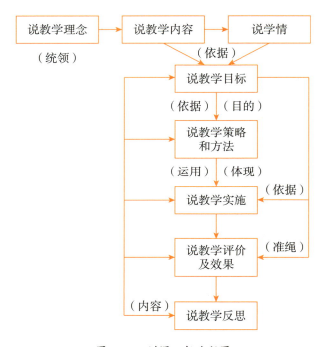

图 13-1　说课一般流程图

（一）说教学理念

教学理念是教师对教学活动持有的基本态度和观念。说教学理念能够反映教师对教学实践的整体思考。教学理念应该具有明确性、指导性和可操作性，既要遵循学生认知规律、职业教育规律和技术技能人才成长规律，又要反映日常教学实际中的落实情况。例如，贯彻"以立德树人为根本任务""以学生发展为中心""以问题探究为导向""理论学习与实践操作相结合"等。专业课教师说课时，要突出"产教融合，以产定教"的引领性和"岗课赛证"融合的可操作性,语言应简明扼要,避免冗长和重复。教师说到的教学理念在说课的其他环节应有体现,避免泛泛而谈、前后脱节。

(二)说教学内容

在职业教育课堂教学中,教学内容主要包括知识、技能、素养三个方面。在说明教学内容时,首先要说明选用的教材以及该教学内容在教材中的位置、前后的承启关系、横向的逻辑关系;其次要说明对教学内容的理解,如结构、要点、意义等。说教学内容的主要依据是教材,然而,还需同步结合社会发展变化的新要求,以及行业和学科的新动态,及时更新教学内容,以确保其具备时效性和前瞻性。特别是在说专业课时,更要结合当前职业教育教学改革的热点和行业企业技术革新、产业升级等方面的新信息,对教材内容进行二次处理,并说明为什么这样处理。

汽车专业职业体能(力量素质)

"汽车专业职业体能(力量素质)"是基于《中等职业学校体育与健康课程标准》以及汽车修理工国家职业标准而开发的课程内容,是汽车专业职业体能单元教学的重要组成部分。力量素质作为汽修专业学生必备的体能要素之一,对于学生掌握专业实操技能、提升职业能力以及预防职业损伤具有关键意义。它不仅有助于学生更好地完成如敲门板、扭矩扳手操作、车身打磨等专业动作,还能为其今后在汽车维修领域的长期发展奠定坚实的体能基础。

本节课主要围绕汽车专业职业体能中的力量素质展开,通过对汽修专业实操动作的深入剖析,结合新兴体育器材和传统训练方法,设计了一系列针对性的体能训练内容,包括一般体能的基础性训练、职业体能的专项性训练、补偿性体能练习,以及功能性游戏和体能竞赛等,旨在全面提升学生的力量素质,使其与汽车专业职业需求紧密结合。

(该示例由上海师范大学附属杨浦现代职业学校王长鹤提供)

(三)说学情

说学情,一般可从学生特点和学习基础两个方面进行阐述。学生特点方面,包括年龄特征、认知水平、学习习惯、兴趣点及性格特点等;学习基础方面,包括已学的相关知识、技能及掌握的程度,针对将要学习的新内容要求,哪些需要巩固、哪些需要补充等。

说课时要将定性分析与定量分析相结合，可运用课前学情测试的结果，以数据化的形式表达来增强说课的说服力。说学情时，应注意全面而具体，既要分析有利因素，又要分析不利因素。表述应高度概括，明白通畅，最好有数据支撑。

"汽车机械系统检修"项目三——冷却系统检修

学生特点：学生为汽车运用与维修专业双证融通班的二年级学生，喜欢动手操作，有一定的语言表达能力，但故障诊断思路比较混乱，缺乏逻辑性和灵活性。

学习基础：经过前期的学习，已经了解汽车冷却系统的工作原理，了解电子冷却风扇的构造，能查找维修手册及识读电路图，但比较怕接触电类的知识；能熟练使用各种汽车维修诊断工具，并能对个别部件进行拆装，但缺乏检测维修中多种设备整合作业的体验。

（该示例由上海市曹杨职业技术学校王群提供）

（四）说教学目标

教学目标是预期的教学结果。鉴于教学目标在备课时已经制定完成，说课时应主要说明制定教学目标的依据，包括人才培养目标、课程目标、单元目标、学情、岗位要求等。说课时，专业课的教学目标一般可从知识、技能和素养三个维度展开；文化基础学科的教学目标应结合学科核心素养的要求进行整体性的表述。语言表述应具体、清晰，能够体现各教学目标之间的关联，有序递进、重点突出、可评可测。此外，还应说明本课的教学目标是否体现了职业教育的教学特色。

说教学目标时，还应着重说明教学重点和难点及其确立依据。一般来说，教学重点是依据课标要求确定的，教学难点是依据学生的认知基础和接受能力的实际情况确定的（详见第一章）。因此，教学目标也是学生的学习目标，说教学目标时要从学生成长的角度去叙述，避免从教师的角度进行描述，如"要求学生了解""使学生知道"等。此外，应避免对目标作孤立性表述，而要呈现目标之间的逻辑关系。

面向消费者的营业推广

——新百伦"双11"营业推广

一、教学目标

1. 知识目标

概述在具体情况下面向消费者的营业推广方式的选择技巧。

---

2. 技能目标

（1）在面向消费者的营业推广活动策划中，能依据具体条件选择适当的营业推广方式。

（2）在面向消费者的营业推广活动策划中，能依据具体条件提出营业推广的基本创意。

3. 素养目标

（1）通过参与接近真实的企业营业推广策划活动，进一步激发对本专业的学习兴趣和内在的创造潜能。

（2）在营业推广活动策划中，进一步提升创新精神和团队合作意识。

二、教学目标设立的依据

1. 依据课程标准的要求

中职市场营销专业"市场营销实务"课程标准关于这部分内容的具体标准是：知识水平要求——能说出营业推广方式的特点；技能水平要求——能结合具体情况选用合适的营业推广方式，结合具体情况提出营业推广的基本创意。

2. 依据对应岗位的要求

营业推广是企业营销活动的一项重要内容，节假日营销是企业营销的一项重要工作。市场营销专业的学生无论在企业营销岗位就业，还是从事个体经营，都将在不同程度上参与到营业推广活动的设计与执行中。

3. 依据学生认知水平的要求

"营业推广"部分的内容位于教材的后半部分，这时学生已具备了市场营销的基本理念，学习了市场营销的战略，其认知水平能够完成对这部分内容的学习。

4. 依据职业资格考证的要求

在上海市营业员四级职业技能证书的考核要素中，面向消费者的门市营业推广技巧是一个重要的考核点。

（该示例由上海市商贸旅游学校王翎提供）

另外，说教学目标时还应着重阐述课程思政的融入，将思想政治教育与专业或学科内容深度融合，体现知识传授、能力培养与价值引领的统一，围绕政治认同、家国情怀、文化素养、法治意识、道德修养等重点说明课程思政在教学目标中的体现。同时，结合职业教育的特点，将职业理想、职业精神、工匠精神等思政要素融入教学目标的阐述。

象形会意：字体设计的创意奇旅

1. 通过汉字形意演变解码，树立文化自信，在字体创意中展现爱国情怀与敬业精神。

2. 以字体创意设计为载体，在艺术实践中感知汉字形意融合之美，强化新时代美育使命担当。

3. 通过团队协作完成文创项目，践行友善互助、和谐共进的合作理念，强化社会责任担当。

（该示例由上海市曹杨职业技术学校郑赛日提供）

（五）说教学策略和方法

说教学策略，要重点突出某一教学策略的运用解决了教学中的何种问题。如说运用信息技术的策略，要说明采用哪些信息技术辅助教学，在什么时候、什么地方用，特别要说明为什么要这样用，解决了什么问题。例如，录播系统和远程互动系统的使用可以加强同行业、企业、实训专家的沟通和联系，建立不同区域课堂之间的联系，从而实现理实一体、工学结合、优质教育资源共享等。

说教学方法，要重点说明为何采用该种教学方法，如该教学方法有利于突出重点或突破难点、该教学方法符合学情、该教学方法是教师的特长等。另外，在说课时，一般应说一节课中采用的主要的教学方法，不宜过多。职业教育教学常用的教学方法包括讲授法、思维导图法、头脑风暴法等；具有职业教育特色的教学方法包括项目教学法、情境教学法、案例教学法、任务引领教学法、示范讲解法、角色扮演法等。需要提醒的是，教师在说明教学方法时，切勿擅自为其取所谓"创新性"的名称，应确保教学方法名称的准确性。

汽车专业职业体能（力量素质）

1. 情境教学法。创设"世赛冠军""实操动作""职业模拟"等情境，将学生带入汽车专业职业场景，激发学生学习兴趣，增强学生对体能训练与职业能力关系的理解，培养学生解决实际问题的能力。

2. 示范讲解法。在基础力量练习和专项力量练习环节，教师通过精准的动作示范和详细的讲解，引导学生直观地了解动作要领，掌握正确的训练方法，有效提升训练效果。

（该示例由上海师范大学附属杨浦现代职业学校王长鹤提供）

（六）说教学实施

教师的教学理念与风格，在很大程度上体现于教学实施的过程之中，因此教学实施成为说课的重点内容。说课过程中，不仅要阐述教学过程的安排，更要说明为什么这样安排，是否遵循层次分明、循序渐进的原则，是否清晰表达了师生互动的脉络。对于每个环节教什么、怎么教、为什么这样教，都要简明扼要地说明。尤其要着重阐述在教学过程中，是如何突出教学重点、突破教学难点的。

1. 说教学流程安排（思路）

教师要概括地说明教学设计的基本流程以及为什么要设计这样的流程，流程的每个环节在贯彻教学目标中起什么作用。说清教学流程是说课的重点部分，因为通过流程的分析才能看到说课者独具匠心的教学安排，它反映着教师的教学理念与风格。也只有通过对教学流程的阐述，才可以明白教学活动是如何导入，接着又怎样展开，最后怎样结束的，才能从中判断其教学安排是否合理、科学和艺术。[①] 说教学流程安排（思路）时，应言简意赅地说明教学环节之间的逻辑性，避免说成课堂教学的"压缩版"。

Stress Relief

本课题为"Stress Relief"（压力缓解），是一节听说拓展课。听力输入不足、缺乏有效策略，口语表达欠缺准确性、多样性，是当前中职生英语学习的主要障碍。此外，部分学生对英语学习缺乏兴趣，口语表达自信心尚显不足。造成这些情况的原因包括：大班教学、课时有限、练习时间少；没有针对性的自主学习平台；缺乏有效的评价手段。这些因素严重影响了英语听说教学的效果。本课分为课前、课中、课后三个学习阶段，围绕学生的学习以及教师的指导，总体设计思路为：自学调研—反馈导学—视听输入—句型操练—综合运用。

为此，我们与专业公司合作，根据多年教学实践，研发英语学习软件，借助各种移动终端，让学生随时随地开展泛听精听、朗读以及基于主题的口语交际，进行有效语音收集，智能评判分析，提升听说教学效果。同时，我们依托"智慧课堂互动教学平台"和"微信社区"，构建生动、互动、主动的英语交流平台，做到人人主动参与、个个自信开口，努力打造视听说结合、课内外联动的立体课堂，形成富有特色的"学评用"英语教学模式，从而实现掌握知识（学会）与发展能力（会学）的统一。

（该示例由上海市商贸旅游学校魏璐婕提供）

[①] 赵丽英. 刍议中职教师说课能力的培养[J]. 中国职业技术教育，2014（8）：31-33.

2. 说教与学的双边活动安排

一般以课前、课中、课后的顺序，介绍教学各环节中师生的双边活动。教师要重点说明教学各环节设计的意图（特别是教学重点与难点的突破部分），师生如何相互依存、相互作用、相互促进，共同达成教学目标。说课时，须避免各环节割裂脱节，要用恰当的过渡性语言，说明各个环节之间的联系和衔接。

在共情中感受，在理性下思考

——情理结合探《促织》说课

一、课前

教师引导学生根据小说情节，绘制主人公成名心理变化曲线图；推送《虚词不"虚"之副词》微课视频，学生观看后，圈画文中精彩的副词并批注其意义和表达效果。教师引导学生进一步熟读文本，积累知识，为课堂细读、赏析、探究做准备。

（微课的内容及作用：微课主要介绍文言副词的定义、作用等相关知识，以《卖油翁》《鸿门宴》和《促织》中的精彩副词实例搭配动画解说，让学生更直观地了解副词在文章表情达意上的作用。在微课的结尾部分，布置了预习作业，要求学生在相关文言文中圈画出副词并加以批注。）

二、课中

首先，缘事入情，话《促织》。以检查、评价预习作业导入课堂，学生根据课前所绘心理变化曲线图，描述成名的心路历程，宏观把握主人公内心波澜，顺势引出教学重点，为文本细读做准备。

其次，同心共情，赏《促织》。聚焦学生印象最深刻的"失促织"和"斗促织"情节，设计两个课堂活动：

一为同频共振，捕捉心理变化。研读"失促织"片段，欣赏文章细腻真实的心理描写，把握成名"惊—怒—悲—喜—慰—愁"的心理变化，绘制微观"心电图"，共情人物，同时也能更直观地感受作品"一波三折"的叙事特点。

二为转换视角，补白心理描写。研读"斗促织"片段，调用微课所学知识，评点重要词句，以成名之子为视角，沉浸式体会幼子被迫勇敢厮杀的残酷性和荒谬性；小组合作，补白心理描写，激发学生合理、丰富的想象与联想，提高其形象思维能力，理解本文"想象丰富、真幻交融"的艺术魅力。

最后，虚实对比，悟《促织》。引入创作原型《明朝小史》的相关素材，对比梳理，将心理变化曲线图与原型素材中不同的部分虚化，结合改编的精妙之处以及小说首尾两段内容，自由讨论，回到对小说创作动机的思考，探究奇幻色彩背后的理性光芒，领会小说的讽喻价值和作家关注现实、关注社会的深刻忧思。

三、课后

学生完成重要虚词梳理和人物内心独白撰写，巩固并深化课堂所学。教师提示文章赏析点，鼓励学生完成专题作业撰写。从学生提交的文字稿可以明显看出，他们不再局限于"情节复述式"的赏析，而是能够针对文章某一要点展开深入思考。

（该示例由上海市经济管理学校周海艳提供）

3. 说板书设计

说板书设计，要把板书形态及其意图说清楚，说出本教学内容的板书是怎样构思出来的，为什么要这样构思，有何创意，它对教师的教和学生的学是否能起到画龙点睛的作用。板书设计应紧扣教学内容和教学目标，简洁明快，重点突出，思路清晰，结构新颖美观，对板书设计理念的阐述有理有据，应避免使用生僻的词汇和复杂的句子结构，以免造成听者的混乱和困扰。

（七）说教学评价及效果

教学评价有多种方式，说课时除了要说明这一课的评价方式外，更要说清楚为什么采用这种评价方式，它对正确检验学生的学习效果和教师的教学实效有哪些好处。如档案袋评价方法可以对中职生在学习过程中所表现出来的学习热情和学习行为进行评价，关注学生的特长、不足和勇于挑战的行为，着重审视发展变化的学习状况，注重多元智能的培养。说教学评价及效果时，切不可脱离教学目标泛泛而谈。若为课后说课，说明教学效果时，更应有具体的评价数据作为佐证。

（八）说教学反思

说教学反思是课后说课必不可少的内容。说教学反思就是说教学的得与失，主要是指对"教师教得怎样"的自我检视和今后如何改进课堂教学的考量。说教学反思的内容很广，可以对教学各个方面进行反思，一般可从教学特色与创新、不足与改进两部分来说。特色与创新是指教学中自己认为做得较好、有创新的方面，可从内容处理、资源开发与利用、活动设计、教学方法、教学评价等多方面去分析。不足与改进可从教学实践中的行为决策带来的结果进行审视和分析。对教学目标的定位特别是隐性目标（如过程与方法、情感态度与价值观等）存在哪些困惑、教学设计的教学活动中哪些可能无法达到预期的效果等，并以诊断性的思维找出改进的方向。说教学反思时应避免表层化、反思不深刻，如"这堂课教学效果很好""除少数学生外，大部分学生掌握得还可以"等。此外，应注意教学反思不等同于教学工作总结，应体现一定的批判性和创造性，形成自己的见解和观点。

崇尚劳动，提高素养

一、特色与创新

一是实地教学与专业结合，提升学生的学习兴趣和专业认同感。

通过在上海钟表科普文化馆的实地教学，学生能够直观地感受到钟表维修专业的魅力，这种实地体验与专业知识的结合极大地提升了学生的学习兴趣和专业认同感。

二是将生动案例融入教学，增强教学内容的吸引力和感染力。

通过王津师傅等大国工匠的案例，使抽象的劳动观念具体化，学生能够更加形象地理解劳动精神和工匠精神；通过优秀毕业生丁宁学长的案例，助力学生理解如何提升职业素养，涵盖职业信念、知识技能和行为习惯等方面；通过专业的工匠型教师郭鸣走进课堂讲述"嫦娥奔月"腕表的设计理念和创新意识，以中国故事激发学生的创新思维，引导学生对传统工艺进行现代诠释。这样的教学方式，大大增强了教学内容的吸引力和感染力。

二、不足与改进

首先，对学生差异的关注力度有待进一步加强。

由于不同学生的学习节奏和理解能力存在差异，在后续教学中应着重留意学生的个别差异，为其提供个性化的指导和支持。

其次，教学资源的整合工作有待加强。

可以考虑进一步整合和优化教学资源，如增加更多行业专家的访谈视频，以及与当前行业发展紧密结合的案例，以提高教学内容的时效性和实用性。

最后，对学生反馈的运用还需进一步强化。

应设计一套标准化的反馈收集流程，定期召开教学反馈会议，讨论并制订改进措施。

（该示例由上海市工业技术学校刘亚静提供）

四、说课的原则与方法

（一）说课的原则

1. 实事求是原则

说课时要基于自己备课或课堂教学实际，说课内容要与备课或上课的真实情况相符合，客观阐述自己教学设计的真实意图、真实效果，不夸大，用事实说话。

2. 理论联系实践原则

说课重在说理，要说清为什么这样做，不要局限于对具体做法的介绍，也不要满足于教师的个人经验，而要注意联系本学科、本专业的基础理论、课程标准、教育学与心理学理论、教学论等来加以说明，体现说课的理论支撑。

3. 统一要求与兼顾差异原则

说课必须有统一的指导思想、统一的规范要求。统一的指导思想旨在落实立德树人这一根本任务，遵循学生认知规律，反映日常教学实际情况。兼顾差异就是要正确把握职业教育教学的特殊性，强调产教互动的融合性。在说课过程中要突出德技兼修、工学结合的教学机制，特别是专业课教师在说课时，更要结合具体工作任务和职业能力要求，进行深入分析和系统阐述。

4. 科学性与系统性原则

科学性是指理论依据科学、教学内容准确。说课过程中所依据的相关理论必须准确无误，阐述也应精准恰当，要符合教育教学的基本规律，不能出现理论误用或错用的情况，确保教学设计背后的理论支撑坚实可靠。教师对教材内容的解读要精准，无论是知识点的讲解、重难点的分析，还是教材中蕴含的思想方法的挖掘等，都要符合学科知识体系的内在要求，不能存在知识上的错误或偏差。同时，教学目标的确定也要科学合理，与课程标准以及学生的实际学情相契合，准确体现知识、技能与素养培养的具体要求。系统性是指说课应呈现出完整的教学过程，体现教学活动的整体性和系统性，包括教学内容分析、学情分析、教学目标、教学重难点、教学方法、教学评价等方面，不能出现重要内容的遗漏或各部分之间相互脱节的情况。说课时注重各环节之间的衔接和协调，形成清晰合理的逻辑关系和有机统一、环环相扣的教学体系，有助于听者把握一节课从开始到结束的完整脉络。

（二）说课的要求

1. 要理清说课的思路

说课要聚焦教学目标，各部分内容之间要有清晰的逻辑线索，做到思路清晰、衔接有序、结构合理。如说教学目标时就要说明目标制定来自教学内容的要求和学情的实际；说教学过程时又要说明各环节设计依据教学目标，为落实教学目标服务。这样说课就能自然贯通，形成纲目化，而不至于零打碎敲，使听者不得要领。

2. 要适应说课的类型

说课要适合不同类型的要求。如研究型说课,重点要把所研究的课题在这一课教学中的突破点、创新点在哪里,并把突破与创新的程度、进度加以说明,其他内容可适当从简;又如,评比型说课则要依照竞赛规则来构思说课方案,突出说课的目的性和重点。说课的组织方式、时间安排也要适应说课类型。如日常研究型说课,可以集体备课的形式出现,由一位教师主讲、其他教师评议,没有严格的时间限制;示范型说课,一般是选择综合素质较好的优秀教师做示范,可根据总体活动时间来规定说课时限;评比型说课,往往会把说课时间作为评选的条件之一,要求说课者严格把握好时间,既不超时,也不应过多富余。为此,教师就要注意把握好说课的结构和内容,做到详略得当,从中体现教师的课堂组织能力和教学综合能力。

3. 要深入分析学情,紧扣课程标准

说课中,分析学情与紧扣课程标准是至关重要的。学情分析是教学设计的起点和基础,它涉及对学生学习状况的全面了解。要说清楚学生的"已知""未知""能知""想知""怎么知",为教学设计提供有力的支持。课程标准是教学设计和教学活动的根本依据,它规定了教学目标、教学内容和教学要求。在说课前,教师要认真研读课程标准中关于教学内容的要求,确保教学内容的科学性和合法性。在说教学设计思路时,要充分考虑学生的实际情况和课程标准,只有全面深入地了解学生的情况,并紧扣课程标准的要求,才能确保教学设计的科学性和有效性。

4. 要突出教学重点,突破教学难点

突出重点与突破难点是确保教学质量和效果的关键环节,也是说课的核心内容。在说课前,文化基础课教师需要仔细研读教材和课程标准,明确说课主题的教学重点。专业课教师要仔细研读教材、国家职业标准、行业标准以及专业教学标准,根据岗位工作任务、技能和素养要求,明确说课主题的重点,并说清楚为了突出重点而设计的具有针对性的教学活动。教学难点是指在教学过程中学生难以理解和掌握的内容,是教学中的瓶颈和障碍。在说课前,教师需要深入分析教学难点的成因,说清楚为了突破难点而采用的教学方法、设计的教学任务、利用的教学资源等。

5. 要讲究语言表达技巧与教态

说课要突出一个"说"字。语言是思维工具,也是人际交流的工具。语言表达是教师的基本功之一。教师平时面对学生授课,语言表达一般都比较顺畅;但说课时面对的是同行或专家,就需要转换语言系统,采用生动形象、幽默风趣的语言来拨动同行、专家或评委的心弦,引起他们聆听的兴趣。说课稿的遣词用句要精确无误,教师表达要有节奏、清晰,要用标准的普通话,语气要流畅自然,语调要抑扬顿挫,语速要快慢适中,以每分钟说120~150个字为宜。语速太快,会影响听者思考;语速太慢,则会影响传递信息的容量。为增强表达效果,可借助肢体语言辅助,姿态应保持潇洒大方、自然得体,避免矫揉造作。即使说课内容很好,但教师的语言呆板、平淡,缺乏吸引力,让听者觉得平淡无味,也会在一定程度上影响说课的整体效果。此外,教师在说课现场应展现出自信从容、落落大方的教态。肢体语言应运用得体,目光交流恰当,站立或坐姿端正。通过良好的外在形象和仪态给听者留下专业、认真的印象,增强说课的感染力和表现力,全方位提升说课的整体效果。

6. 要展示个性特色

说课是展现新时代职业院校教师良好师德师风、教学能力和信息素养的重要平台。每位教师都有自己的个性和优势,说课时就要注意展示自己的个性特长和教学风格,避免程式化。同时,要注意特定教学内容的个性展示,如有些主题更重动情,说课时要把情感色彩体现出来,打动听者;有些主题更重理性,说课时要注重思辨的气势和逻辑的力量。这样说课既能体现本学科或专业的特色,又能彰显教师个人的教学魅力。

说课作为教学实践的重要活动,有助于教师教学观念的更新和教学能力的提升。教师要勇于在教学实践中不断提升说课的水平,推动职业院校"三教改革"持续向纵深发展。

参考文献:

[1] 张卓鸿 . "说课"的本质内涵、实践问题与优化路径——以中学历史教学说课为例[J]. 历史教学(上半月刊),2023(10):60-65.

[2] 赵丽英 . 刍议中职教师说课能力的培养[J]. 中国职业技术教育,2014(8):31-33.

第十四章 学习材料设计

学习材料是课堂教学中的重要工具，由教师依据课程目标和学生需求精心设计，贯穿课前、课中、课后的各个环节。它以任务驱动为核心，通过明确的目标、详细的活动指引和评价量表，为学生提供系统化的学习支持。教师在设计学习材料时，需要注重其与教学内容的契合性和活动设计的逻辑性，同时关注学生的个性化需求，确保其在学习过程中的高效应用。在课堂教学中，科学使用学习材料可以帮助学生更主动地参与学习、构建知识体系，并养成良好的学习习惯，进一步提升课堂教学的实效性和针对性。

一、对学习材料的理解

（一）学习材料的含义

凡在学习过程中，由教师根据学习需要主导设计或选用的助学材料，均可被称为学习材料。本章所聚焦的是以项目、任务、单元、主题学习为设计单位，具有导学性质，以"学习任务单"等为主要形式，并与教学过程及学习活动高度契合的学习材料。导学性质的学习材料设计关注学生建构知识、习得技能、养成素养的主体过程，实现了由"教师视角"的教学设计向"学生视角"的学习载体的转化，将教学设计的学习内容转化为学习过程，并外显为要求明确的学习活动，通过活动说明、支架供给及评价嵌入，促进学习参与，优化学习指导，引导深度学习。

（二）学习材料与其他教学材料的关系

学习材料与教材、教案和作业之间存在一定关联，但它们的性质和功能有所不同。教材由专业团队基于课程标准进行编制，侧重学习内容的系统性和完整性；教案由教师依据教学内容与教学流程编写，主要用于预设和指导教学活动的组织；作业则是学生在课堂学习以外完成的学习活动，旨在巩固和加深对课程内容的理解和应用。学习材料兼具提供学习内容、引导学习过程、实施学习评价等多重功能（见图14-1），可以帮助学生更好地参与学习过程，理解和掌握所学内容，提高实践能力和职业素养。

图 14-1　学习材料的功能与特点

二、学习材料的功能

学习材料是教师授课过程中的引导性材料，是学生学习过程中的指导性材料。学习材料关系着学生是否能全情投入学习任务的实施，关系着学生是否经历有意义的学习过程，关系着学生是否能对学习进程有更为主动的管理。

（一）包含学习整体过程，助力学生沉浸学习

学习材料包含学习目标、学习情境、学习任务、学习资源及学习评价等要素，贯穿课前、课中、课后全过程。它是教师依据学习内容的内在逻辑及学生的认知逻辑设计而成，能够为学生的各类学习活动，诸如自主学习、探究学习、合作学习，提供更为详细的指导、提示与支持，还能为落实完整的项目学习、任务学习、单元学习、主题学习，搭建起具有连续性的载体。学习材料应引导学生体验并参与完整的学习过程，为学生沉浸于学习提供支持。

（二）体现学习过程设计，促进深度学习发生

学习材料并非学习内容或学习素材的简单堆砌，而是通过整个学习活动的细化设计，帮助学生与学习对象产生关联，唤起学生认知的主体意识，促使学生以学习的主体

身份从事认识和实践活动，持续推进有意义学习的发生，促进学生认知内化和系统建构。学习材料具有学习地图、学习档案等作用，引导学生在学习过程中"做学结合、学思结合、学练结合"，有助于学生更主动、更深入地把握学习目的、学习进程、学习结果，促进自主反思和评价，帮助学生保持学习动力，改进学习方法。

（三）蕴含学生学习成果，评价反馈学习成效

学习材料记录学生完整的学习过程和成果，为课前自学、课中互动、课后巩固提供切实的切入点，是教师诊断学情、聚焦认知冲突、组织生成性学习的重要抓手，也是检验学生学习目标达成情况的重要依据，以及教师对学生学习进行过程性评价和增值性评价的重要渠道。学习材料应呈现学生主要的阶段性学习成果与终结性学习成果，为学生学习成效精准评价及反馈提供依据。

（四）多样化教学支持，满足自主学习需要

学习材料应注重深度介入学习过程并提供个性化指导。通过设置反馈练习、学习回顾、学习评价及多样化拓展学习任务和建议，能够引导学生养成良好的学习习惯，培育职业素养，以满足不同层次学生的发展需要。

三、学习材料的基本要素及主要类型

（一）学习材料的基本要素

1. 学习主题

学习主题是学习材料的题眼，是学生学习的焦点。学习主题应与课程内容紧密相关，符合课程的教学要求，并贴合学生的兴趣和需求。通过合理选择和设计学习主题，能够激发学生的学习积极性，帮助学生建立正确的学习动机和学习态度，从而促进学习效果的达成。

2. 学习目标

学习目标是设计学习材料的出发点和依据，为学生学习提供了方向和标准。在设计学习材料时，教师应该明确学习目标，确保学习材料能够有效支持学生达成预期的学习成果。学习目标应具体、清晰，能帮助学生理解学习任务和要求，引导其进行有效的学习活动。明确的学习目标，可以帮助学生增强学习的自觉性和目标的导向性，提高学习

的效率和质量。

3. 学习过程

学习过程是学习材料设计的关键环节，是指导学生学习的途径和方式。在设计学习材料时，教师应将教学设计转化为具有衔接性的学习任务，根据学生的特点和学习需求选择合适的学习策略和方法，并外显为学习任务的说明、指导、建议和提示。学习过程的设计应高度结构化，以促成学习目标的达成。教师应引导学生采用不同的学习策略和方法，培养他们良好的学习习惯和思维方式，提升学习的自主性和主动性。

4. 学习评价

学习评价是学习材料设计的重要组成部分，是对学生学习过程和成果进行评估和反馈的手段。在设计学习材料时，教师应合理设置学习评价的方式和标准，确保评价能客观、全面地反映学生的学习情况和水平。学习评价应注重对学生学习过程的监控和引导，帮助学生发现和解决学习中的问题和困难。通过有效的学习评价，可以激励学生保持学习的积极性和动力，促进他们的学习成长和发展。

5. 巩固拓展

巩固拓展是学习材料设计的重要环节，是对学生学习成果进行巩固和延伸的手段。在设计学习材料时，教师应考虑如何帮助学生巩固所学知识和技能，同时拓展学生的学习宽度和深度。巩固拓展不应局限于课后，而应贯穿整个学习过程。教师可通过设计分层练习和拓展任务，使学生能够依据自身的学习水平，自主选择适配的学习任务。巩固拓展任务也并非只包含练习或实践，也可设置复盘、回溯等环节，助力学生构建知识体系和学习框架，提升其学习能力。

学习主题和学习目标是学习材料设计的基础，学习过程是围绕学习主题实现学习目标的途径，学习评价是对学习过程和学习成效的监控和反馈，巩固拓展是对学习成效的巩固和延伸，这些要素相互关联、相互作用，共同构成了一个完整的学习体系。通过合理设计和运用学习材料，可以帮助学生实现全面发展，提高他们的学习效果和综合素质，推动教育教学的不断发展和进步。

（二）学习材料的主要类型

1. 任务单

（1）含义及适用课型

任务单是课程能力目标的具体化，是以"何以学会"为中心，以结果评价为导向，分解目标达成的过程，并借助任务来驱动学习，为学生的学习提供的清晰框架。

在专业课程中，任务单通过对某一职业（专业技术）领域对应的典型工作任务的学习过程转化，在高度模拟的职业环境中，把对学生的知识技能、职业素质等的评价融入学生完成工作任务的过程中，借助一个或者多个学习任务，将具体的典型工作任务落实到教学组织活动中，实现教学过程与工作流程的对接，再现工作过程并引导教学。

任务单适用于绝大多数的专业课程和公共基础课。教师可根据专业特点和课程具体内容，对知识和能力体系进行分解，以活动任务单的形式开展教学活动，帮助学生循序渐进地掌握课程知识，提升职业能力。

（2）设计要素及内容要求

任务单设计的具体要素包括任务主题、任务情境、任务目标、学习过程（任务实施）、任务评价、巩固提升等，具体内容及要求见表14-1。

表14-1　任务单设计要素及内容要求

设计要素	内容要求
任务主题	根据课程标准，确定本次任务的主题，明确本次主题应解决的问题或应学习的知识。
任务情境	根据岗位实际工作中的真实场景设定任务情境，引导学生进入任务。
任务目标	根据课程标准和任务主题，明确任务目标；任务目标撰写要可观察、可测量、可评价，且每条应指向关键能力或要素。
学习过程（任务实施）	根据任务目标逐级分解，设计实施任务的学习活动，带领学生收集达成目标的资源、路径、知识等，再逐渐递进或拓展，体现学生自主建构或协同建构的真实过程。
任务评价	设计本次课的任务中学生应掌握的知识、能力和素养等具体评价点，引导学生梳理已学知识和学习策略，同时让学生在评价过程中审视任务完成的得失点及原因。
巩固提升	根据任务对应的知识、技能和素养编制习题，考核学生任务掌握情况；同时设计拓展提升任务，满足学生不同的学习需求。

2. 工作页

（1）含义及适用课型

工作页是一种开放或半开放性的工学结合的课业任务单，它融合了工学目标、工学内容、工学方法手段、工学组织方式、工学效果评价等教学设计要素。通过体系化的引导问题，工作页能够指导学生在完整的工作过程中开展理实一体化学习，将标准化的工艺流程、工艺要求的学习融入工作进程之中。如此，在培养学生掌握操作技能时，还能助力其获取工作过程知识。这种方式有助于解决"工"与"学"相结合以及"教、学、做"相衔接的问题，从而促进学生关键能力和综合素质的提升。

工作页适用于工学结合的理论与实践一体化课程。通过工作页的引导，学生在真实的学习情境中经历完整的工作过程，将学习过程与职业工作结合起来，由师生依托工作标准，共同评价学习过程及学习成效，从而达到直接经验与间接经验、实践学习与理论学习、专业能力和关键能力的形成相结合，培养学生分析和解决实际工作问题的能力。

（2）设计要素及内容要求

工作页设计的具体要素包括学习主题、学习目标、工作情境、任务分析、收集信息、制订计划、完成决策、实施计划、评价反馈等，具体内容及要求见表14-2。

表14-2　工作页设计要素及内容要求

设计要素	内容要求
学习主题	由工作情境和任务凝练而成的学习主题，一般为典型的加工型任务，主题指向具体、明确、清晰。
学习目标	根据学习主题结合课程标准明确学习目标，学习目标撰写要可观察、可测量、可评价，且每条应指向关键能力或要素。
工作情境	对工作内容对应的真实工作情境进行描述，包括工作出处、工作内容和工作要求，让学生直观了解学习主题对应的真实工作场景。
任务分析	分析完成工作任务所需掌握的知识、技能、方法、工具等，帮助学生建立完成工作任务的学习思路。
收集信息	根据工作实际梳理所需知识点，并以引导性问题为主线，帮助学生构建、储备工作知识。
制订计划	基于储备的工作知识，根据工作任务要求及条件，参照工作计划的标准样式，以个人或小组形式制订工作计划，包含工作步骤及要求。
完成决策	在生生、师生交流指导之后，对前期制订的计划作出调整，完善任务计划。
实施计划	按照工作计划表完成任务，并参照工作记录的形式，记录任务实施过程，包含工作准备、工作过程、工作结果等全部内容。
评价反馈	根据工作质量、工作过程，对标工作标准进行反思和复盘，解决实施中的疑难问题。结合工作结果和学习表现，对学生职业素养和能力等情况进行综合性评价。评价可以采用自评、互评和师评等方式。

3. 导学案

（1）含义及适用课型

导学案是教师深入研究课程标准，并在分析学生已有知识技能基础上，针对学生的认知特点所编写的具有高度结构化组织的学习方案，是具有中国特色的一种学习材料。导学案的重点在"导"，强调以导促学，以学定教，注重引导学生自主学习、主动参与。导学案教学过程中的主体是学生。学生通过导学案中的结构化提问，或者小组活动理清学习中的来龙去脉，发现问题、引起思考、提出对策，最终在解决问题的过程中构建知识、形成能力。

导学案的应用研究在国内已经取得了丰硕的成果，但在职业教育领域的应用研究尚有较大空间。导学案可应用于各类专业及学科，在做好导学案设计、充分发挥"导学"作用的基础上，与具体的职业教育模式相结合，有助于更好地达成教学目标，提升教学的针对性，真正实现以学生为中心。

（2）设计要素及内容要求

导学案设计的具体要素包括学习主题、学习目标、课前预习、课中探究、学习总结、达标检测、拓展升华等，具体内容及要求见表14-3。

表14-3　导学案设计要素及内容要求

设计要素	内容要求
学习主题	根据课程标准设定学习主题。
学习目标	基于核心素养要求有机融合三维目标，目标要详细、具体、有层次，符合学生发展需求。
课前预习	结合课程目标与内容，设计课前预学任务与要求，以帮助学生建立"已有知识经验"和"新学内容"之间的联系。
课中探究	设计探究情境，围绕重点问题引导学生进行自主及合作探究，带领学生有层次地经历问题的发现、探索和解决过程，有效构建新知。
学习总结	引导学生基于学习过程进行知识的系统构建，将所学新知纳入既有的知识结构。一般可采用导图的形式，进行所学的比较或梳理。
达标检测	遵循学生认知规律，设计由浅入深的作业，有助于学习巩固所学。作业形式应尽量多样化。
拓展升华	围绕知识的重点和难点进行拓展，丰富学生的学习经验。

4. 视觉笔记

（1）含义及适用课型

视觉笔记是相对于文字记录而言的图形记录方式，即以记录视觉信息为主的笔记。本章所指的视觉笔记是与教学流程相对应，贯穿于学习全过程，用于记录学生的设计灵感、设计素材、设计思考及设计过程，帮助学生更好地理解掌握所学，培养设计思维，养成良好的设计习惯的一种课程辅导性导学材料。

视觉笔记主要应用于艺术设计类课程的教学中，结合项目或任务实施流程而设计，助力学生记录设计过程、发展设计思维，进而提升设计能力。

（2）设计要素及内容要求

视觉笔记设计的具体要素包括项目主题、市场调研、草案构思、方案设计、产品制作、反馈总结等，具体内容及要求见表14-4。

表14-4 视觉笔记设计要素及内容要求

设计要素	内容要求
项目主题	依据课程标准设定项目主题，主题阐述要明确。
市场调研	依据项目主题分解子任务，每个子任务可独立开展市场调研，也可按项目需求整体开展市场调研，调研结果以图文形式呈现，一般于课前完成。
草案构思	依据项目主题，以小组形式开展头脑风暴讨论，以思维导图的形式整理收集设计构思，形成草案，一般于课前完成。
方案设计	依据项目主题分解的子任务，学生在教师指导下逐项完成设计任务，根据要求阐述设计说明，形成设计方案。
产品制作	依据项目设计方案制作产品，并结合制作过程，记录对方案设计的反思。
反馈总结	根据作品展示及评价收集，依托评价量表或建议，引导学生总结、反思设计任务完成情况。

四、学习材料的设计与使用建议

（一）总体建议

上述所列的学习材料，在真实教学设计和应用中，并没有严格的界限和要求，需要教师结合具体的教学内容、学生学情、授课课型，进行灵活设计，凸显学生中心及学程视角。

1. 学习材料的设计建议

（1）明确学习材料的价值

设计学习材料时，应该明确其目标和期望学生达到的学习成果，以确保学习者能够有效地掌握所学内容。

① 理解学习材料的价值：设计学习材料时应考虑到其实际价值。好的学习材料应该能够有效地帮助学生掌握所学知识和技能，提高其学习成效，并服务于学生学习习惯、学习能力、思维品质、职业素养的提升。

② 促进学习材料的使用：设计学习材料时应基于学习者的认知习惯和学习特征考量其内容质量、活动难度、应用场景、结果呈现等方面。应设计详细、明确、易于理解的使用说明，以确保学生能够有效地使用学习材料。同时，学习材料的设计应有助于聚焦学生阶段性学习成果或学习结论，并能在教学过程中得到及时响应和反馈。建议运用数智技术优化学习材料的设计、学习过程的监测，实现即时评估反馈。

（2）设计对应的学习任务

学习材料中学习任务的设计应该根据教学活动的需要，采用不同形式的设计，以符合不同的学习场景，并确保其与学生的学习需求和水平相匹配。例如，原理性知识、方法性知识等学习任务的呈现形式应符合相关知识学习的特点和规律，以支持教学活动的开展。

（3）撰写引导性学习说明

学习材料设计应重视学习说明与建议的撰写，以此强化对学生学习过程的引导。通常建议采用问题或指导的形式，针对学生可能存在的问题实施积极的学习干预，帮助学生更好地理解和掌握所学内容。

① 撰写目的和要点：明确提出学习任务和目标，解释学习材料的内容和结构，提供相关的学习资源和工具，强调学习过程中的重点和难点，给出相应的解决方案和建议，同时鼓励学生提出问题和反馈。

② 撰写方法和技巧：采用简单明了的语言和结构，以吸引学生的注意力；采用启发式和讨论式的口吻，激发学生的思考和讨论；提供具体的示范和反馈，帮助学生更好地理解和掌握所学内容。

（4）体现分层的学习设计

学习材料中的任务设计，应考虑到不同类型学生的学习需求和水平，建议采用分层次的学习设计，为不同学习者提供多样化的学习任务，如基础任务、进阶任务和挑战任务，以满足不同类型学生的学习需求，提高其学习效果。

2. 学习材料的使用建议

（1）注重引导培养学生的学习习惯

教师应通过不断引导和培养学生的学习习惯，帮助学生更好地掌握学习材料。在学习材料的使用过程中，教师应给予及时的反馈和指导，以便学生能够更好地理解和应用所学内容；同时，应通过不断引导和培养学习习惯，帮助学生更好地应用学习材料，成为学习的自觉者和主动者。

① 为学生提供详细清晰的指导和说明，帮助他们理解学习材料的设计和要求。

② 鼓励学生自主学习，让他们发现问题、提出问题并寻求解决方案，从而培养其自主学习能力。

③ 建立学习小组，让学生之间相互帮助和引导，共同养成良好的学习习惯。

④ 及时反馈学生的学习进度和问题，帮助他们解决问题，提高其学习效果。

（2）关注学习材料应用中显现的学习问题

教师在使用学习材料过程中，应当具备充分应用和深入挖掘的意识和能力，密切关注学习过程中学生显现出的问题。这里所说的问题，是指学生在使用学习材料学习的过程中所遇到的疑惑、难点和障碍，常见的问题类型包括理解困难、思维障碍等。教师对学习过程中的问题予以关注，可以帮助学生更好地理解和应用学习材料，完成学习任务。同时，教师也可以通过诊断学生的问题来检验教学成效，并依据这些问题对学习材料进行调整和补充，以提升教学质量。教师应通过为学生提供充分的指导与解释、开展个别化辅导，以及定期开展调查并收集反馈等多种方式来关注学习材料中的问题。

（3）利用数智技术提升学习体验

数智技术可以通过数据分析和人工智能技术，对学习材料的内容、形式、难度以及互动体验等方面进行优化，提升学习材料的质量，使其更符合学习者的需求，帮助学生更高效地学习。

① 可选取多样化的数字化学习材料，包括电子书籍、在线课程、多媒体教程、微课视频、仿真软件等。学生可通过互联网访问，便于随时随地进行学习。

② 利用大数据分析技术，对学习材料的使用情况和学习效果进行分析，不断优化和更新学习资源，确保内容的时效性和准确性。

③ 利用数据分析和机器学习算法，根据学生的学习习惯、能力和进度，推荐相关的学习材料。

④ 提供基于云的学习材料存储和共享平台，方便学生随时随地访问和协作学习。

（二）设计样例解析

1. 任务单

任务单是教师设计学习任务的重要依据，通常包含任务主题、任务情境、任务目标、学习过程、任务评价、巩固提升等要素。这些要素帮助学生了解学习任务的背景、目标和要求。任务单的特点在于规划和设计学习任务的整体结构和流程，指导学生按照规定的步骤和要求完成任务。任务单注重拟定学生的学习目标和评价标准，是学生学习任务的指导依据。此外，任务单不仅能帮助学生明确学习方向，还能激发他们的学习兴趣和动力，促进主动学习。通过逐步完成任务单的要求，可以培养学生的问题解决能力、团队合作精神和创新意识，提升综合职业素养。

（1）任务主题

此部分依据课程标准设定对应的任务主题，呈现任务应解决的问题或应学习的知识。例如：

> 空气样本采集

（2）任务情境

此部分由教师根据企业实际情况进行真实工作情境描述，任务指向需明确具体。例如：

> 某饮料厂结束生产后，要对灌装车间的空气进行监测，要求完成车间空气现场沉降菌、浮游菌的采样。该饮料厂灌装车间洁净度为 10 000 级，车间面积为 80 m^2。

（3）任务目标

此部分目标由教师根据课程标准，结合学生学情撰写，一般包含知识、技能和素养三个方面，且目标描述可评、可测。例如：

> · 能说出空气样本的采集方法。
> · 能按要求完成采样点布置。
> · 能按要求完成食品加工场所浮游菌样本采集。
> · 能按要求完成食品加工场所沉降菌样本采集。
> · 能初步树立食品加工场所空气环境卫生质量的责任意识。

（4）学习过程

此部分一般根据任务的展开逻辑进行教学化处理。例如：

课前

（略）

课中

活动1：采样点及布局图确定

请进入标准服务相关网站，查询GB/T 16292—2010《医药工业洁净室（区）悬浮粒子的测试方法》，根据食品厂灌装车间洁净度、车间面积和生产状态，确定浮游菌、沉降菌采样点数量，并绘制采样点布局图。

通过查找＿＿＿＿＿和＿＿＿＿＿确定生产结束后，浮游菌采样点数量为＿＿＿＿个，沉降菌采样点数量为＿＿＿＿个。

活动2：采样器材核查与包装

参阅国家标准，观看"浮游菌测定样本采集"和"沉降菌测定样本采集"实操视频，梳理采样用设备、培养基等，并填写下表，确认无误后按规格放入采样箱。

采样器材清单

监测项目		规格	数量	用途
浮游菌	设备			
	工器具			
	培养基			
	试剂			
	其他辅助材料			
沉降菌	设备			
	工器具			
	培养基			
	试剂			
	其他辅助材料			

活动3：针孔式采样器的使用

（略）

活动4：空气样本采集

请以小组为单位模拟完成空气样本采集，并将操作过程填写于下表，同时完成实操评价。

空气样本采集表

操作步骤		操作内容	操作要求
1	采样前准备	穿戴采样防护装备	
		检查采样环境	
2	沉降菌采样	布置采样点	
		放置平板	
		采样	
		标识平板	
3	浮游菌采样	布置采样点	
		设置设备参数	
		放置平板	
		采样	
		标识平板	
4	采样单填写	填写采样单	
5	样本转移	密封样本	
		打包装箱	
6	结束整理	手消毒	
		整理采样器	
		脱卸采样防护装备	

注：学习活动可以结合数智技术进行微课学习、电子表单填写以及小组研讨等。

（5）任务评价

依据任务内容与任务目标，可以是自评，也可以是互评和师评，一般以评价量表形式呈现，标准与要求描述要简明扼要，评价方式要简单、快捷。例如：

任务评价表

评价内容	评价标准	评价结果 （是／否）
查阅国家标准	正确查阅空气微生物监测标准 正确查阅浮游菌监测标准 正确查阅沉降菌监测标准	□是　□否
绘制采样布局图	确定沉降菌最少采样点数目,并绘制采样点布局图	□是　□否
	确定浮游菌最少采样点数目,并绘制采样点布局图	□是　□否
梳理采样器材	核查采样用设备是否符合采样要求	□是　□否
	核查采样用平板是否符合采样要求	□是　□否
采样前准备	按监测车间洁净度安全防护要求穿戴采样防护装备	□是　□否
	按采样要求检查采样环境	□是　□否
	……	
样本转移	在规定时间内,按要求送检	□是　□否
采样结束整理	按要求完成采样人员手部消毒	□是　□否
	按要求整理采样器	□是　□否
	按要求脱卸采样防护装备,并分类处理	□是　□否

注:评价表可以运用学习平台进行在线填写,师生均可获得即时反馈。

（6）巩固提升

依据任务主题与目标,融合知识点与任务,设定基本习题,提升任务情境,达到知识与技能的巩固和迁移。例如:

课后

习题:

请同学们进入课程平台,完成课后练习题。

拓展任务:

请同学们根据所学情况任选一题完成,并上传至课程平台。

1. 简述洁净度为 30 万级、面积为 150 m^2 的新建食品加工车间沉降菌和浮游菌的采样(包括采样点数量、采样点布置、采样频次、采样过程等)。

2. 请为饮料食品加工企业设计一份环境空气微生物监测采样单(采样单内容必须包含:测试者的名称和地址、测试日期、测试环境条件、采样点数目以及布置图、测试次数、现场操作人员数量及位置、现场设备运转数量及位置等）。

注：课后部分建议在学习平台有互动交流，并能根据学习平台相关学习材料针对学生个人的学习需求进行举一反三的巩固学习。

（该示例由上海食品科技学校薛丽芝提供）

2. 工作页

工作页以生产工作岗工作过程为依据，是学生在学习过程中的重要工具，通常包含学习主题、学习目标、工作情境、任务分析、收集信息、制订计划、完成决策、实施计划、评价反馈等内容。工作页的特点在于为学生提供记录学习过程和成果的空间，帮助他们整理和总结学习内容。与任务单相比，工作页更注重学生的实际操作和实践经验，是学生参与实验和探究活动的重要记录工具，更强调职业教育特色，是学生在解决生产工作任务过程中，与学习成果相融合的真实记录。

（1）学习主题

创设职业化的"学习环境"和学习化的"工作情境"，可以使学习与工作达到有机统一，一般需标注工作任务出处。例如：

驱动电机系统的维护与保养

任务来自"客户委托"

（2）学习目标

此处由教师撰写，同"任务单"要求。例如：

知识目标：
· 能够说出驱动电机系统的组成部件。
· 能够说出驱动电机的类型、结构、特点及工作原理。
……

技能目标：
· 识别驱动电机类型。
· 指出驱动电机控制器的结构。
· 执行驱动电机维护操作。

素养目标：
· 严格执行新能源汽车驱动电机系统维修的安全操作规范。

· 严格执行作业现场的 6S 管理规范。

……

（3）工作情境

此处由教师撰写，同"任务单"要求。例如：

任务描述：

一辆 2018 款吉利帝豪 EV450 行驶 23000 千米，根据保养手册要求，需要对该车的驱动电机系统进行维护保养，同时要对驱动电机系统进行拆装和检测。

根据吉利帝豪车辆保养规范，3000 千米以后，每行驶 6 个月或者 1 万千米，进行保养维护作业，其中驱动电机系统的作业项目如下表所示：

驱动电机系统维护保养项目表

总成		项目	作业
驱动电机系统	驱动电机	检查驱动电机机体的外观	调整□　检查□
		检测驱动电机的接地电阻	检测□
		检查高低压连接器和线束	检查□
驱动电机系统	电机控制器	检查电机控制器机体的外观	调整□　检查□
		检测电机控制器的接地电阻	检测□
		检查高低压连接器和线束	检查□

注：任务导入可以运用数字化资源模拟工作情境。

（4）任务分析

此部分由教师根据工作任务提供内容框架，学生根据内容框架完成任务相关知识点的梳理。例如：

完成任务委托，需要我们掌握相关的知识点。请将任务委托驱动电机系统的维护与保养课程内容展开，将你们小组分析的知识点书写在下面的表格内。

阅读分析任务委托，提取任务委托中的关键信息	车型： 里程： 项目：驱动电机系统的维护与保养 安排：驱动电机和电机控制器的外观检查、接地测试、高低压连接器和线束的检查

（续表）

		理论知识：驱动电机的组成、类型、结构及特性、工作原理
完成委托任务，需要掌握的内容	知识点	仪器使用：驱动电机控制器的作用及参数、结构、控制原理 防护工作：人员防护套装、车辆防护套装 工具使用：维修手册、举升机、气枪 实操安排：驱动电机系统的外观检查流程与规范、接地测试流程与规范、高低压连接器和线束的检查流程与规范

（5）收集信息

一般是按照工作过程以引导问题的形式进行系统设计，对照学习目标依据工作过程的逻辑，结合学生的认知能力，梳理知识点、技能点和素养点；依据学习支撑材料的承接内容，引导学生自主梳理归纳，构建认知。引导问题的形式可以多样，如选择、填空、绘图、表格、完成任务的工作记录等。例如：

1．驱动电机的主要功能是把动力电池的＿＿＿＿转化为＿＿＿＿，产生驱动转矩，驱动车辆进行行驶。

2．根据驱动原理，电动汽车的驱动电机可分为以下几种：＿＿＿＿、＿＿＿＿、＿＿＿＿、＿＿＿＿。

3．永磁同步电机主要由＿＿＿＿、＿＿＿＿、＿＿＿＿等部件组成，＿＿＿＿就是电机中固定不动的部分，＿＿＿＿是电机旋转部分。在电动汽车上还增加了＿＿＿＿，用以检测电机的＿＿＿＿位置、旋转方向、角度，还可以获知电机转速。

……

注：以上设计可以运用在线学习平台进行填写，不仅能记录数据，还能获得即时反馈。

（6）制订计划

制订计划是工作页重要的部分，一般由教师根据任务提供计划表框架，学生依据工作手册编写工作计划表。例如：

通过上面的工作任务和学习活动，相信你掌握了一定的知识和技能来完成任务委托，接下来请你按照实训室实际条件（车辆、实训平台或相关教具），查阅其他支撑材料（实训车辆、实训平台或相关教具等）制订委托任务实施计划。

注意：决策时请站在服务经理的角度，为提升新入职员工的技能制订合理的任务实施计划。

个人制订工作计划表

	步骤	工作内容	实施动作	时长（分钟）
工作计划内容	1	工具、设备、场地准备	物料清点、仪表设备性能检查、场地安全设施检查	5
	计划总用时			

（7）完成决策

此部分是学生在师傅指导学习之后，对原有计划修正的过程，内容框架同上，但一般会增加学生的反思和感悟等内容。例如：

恭喜你，已经按照学习内容要求，根据自己的理解制订了任务委托计划！

如你所知，进入车间工作的前期需要跟师傅学习，目的在于纠正我们可能存在的一些不正确的操作。接下来，请按照师傅的安排，进一步完善你的工作计划。

完善后的工作计划表

	步骤	工作内容	实施动作	时长（分钟）
实施计划步骤	1	工具、设备、场地准备	物料清点、仪表设备性能检查、场地安全设施检查	5
	决策总用时			120
反思之前制订的工作计划为什么不够完善				

（8）实施计划

此部分是对整个工作任务学习内容与要求呈现学习开展的顺序，让学生清晰了解任务的概貌。例如：

接下来，请根据完善后的工作计划表，实施委托任务。在按照指导教师的要求完成实训的过程中，请同时思考如何进一步优化工作计划，以确保你所服务的企业、被服务者以及你自身等各利益相关方均能获得最大利益。

1. 工具、设备、场地准备

（1）物料清点

序号	设施设备名称	实际使用设备	数量	使用项目或用途	清点
1	吉利帝豪 EV450 整车		1 辆	实训车辆	□已清点
2	工具箱		1 个	调整或拆卸工具	□已清点
……					
10	绝缘胶带		1 个	包裹低压蓄电池负极	□已清点

（2）场地安全设施检查

安全设施	绝缘垫	警戒线	警示牌	灭火器
结果	□已安置	□已安置	□已安置	□已安置

（3）仪表设备性能检查

检查项目	诊断仪	绝缘表	万用表	接地电阻测试仪
结果	□正常	□正常	□正常	□正常

2. 人员准备

人员分工	组长 1 名	记录人员 1 名	资料查阅人员 1 名	操作人员 2 名
姓名				

3. 车辆常规检查

检查项目	检查结果	
外观	□正常	异常：
内饰	□正常	异常：
底盘	□正常	异常：
性能	□正常	异常：

4. 作业前下电

……

12. 车辆、工具复位

作业内容：

（1）取下车外防护用品；车辆复位，＿＿＿＿＿＿＿＿车身。

（2）清洁并整理工具。

（3）安全防护复位。

注：以上学习过程设计中建议适当运用学习平台学习相关数字化学习材料，以便采集过程性数据。

（9）评价反馈

此部分是对工作任务完成情况的评价，也是对学生实践结果的评价。例如：

完成任务后，请检查任务委托是否已一次性解决。同时，依据工作过程中的观察和老师的指导，思考并进一步完善你的工作计划。此外，你还需要完成以下工作。

1. 检查任务

评价维度	评价标准	配分情况	评价主体	评价工具
情意面 （作业安全） （职业操守）	1. 能进行工位7S操作（总分：3分） 　□ 1.1 整理、整顿（0.5分） 　□ 1.2 清理、清洁（1分） 　□ 1.3 素养、节约（0.5分） 　□ 1.4 安全（1分） 2. 能进行设备和工具安全检查（总分：3分） 　□ 2.1 检查作业所需要的工具设备是否完备（1分） 　□ 2.2 检查作业环境是否配备灭火器（1分） 　□ 2.3 检查举升设备举升情况是否正常（1分） ……	15	教师 企业 导师	评价表
技能面 （工具及设备使用） （拆装、保养、维修） （检查、检测、诊断）	1. 能正确使用检测工具及设备（总分：10分） 　□ 1.1 能正确选用维修工具（1分） 　□ 1.2 能正确使用维修工具拆装（1分） 　□ 1.3 能正确使用绝缘电阻测试仪（2分） 　□ 1.4 能正确使用举升设备（2分） 　□ 1.5 能正确使用解码仪（2分） 　□ 1.6 能正确使用多功能万用表（1分） 　□ 1.7 能正确使用油液加注设备（1分）	60	教师 企业 导师	评价表

（续表）

评价维度	评价标准	配分情况	评价主体	评价工具
技能面（工具及设备使用）（拆装、保养、维修）（检查、检测、诊断）	2. 能正确检查纯电动驱动系统油水泄漏（总分：5分） ☐ 2.1 检查机舱内冷却管路有无泄漏（1分） ☐ 2.2 举升车辆至一定高度并落锁（1分） ☐ 2.3 检查电机壳体有无液体泄漏（1分） ☐ 2.4 检查电池壳体有无液体泄漏（1分） ☐ 2.5 检查散热器及水管有无水渍、油渍（1分） ……	60	教师企业导师	评价表
分析面（诊断分析）（检测分析）（调校分析）	1. 能判断油水液位是否正常（总分：3分） ☐ 1.1 判断电池冷却液液位是否正常（1分） ☐ 1.2 判断电机冷却液液位是否正常（1分） ☐ 1.3 判断齿轮油液位是否正常（1分） 2. 能判断油水检测是否正常（总分：3分） ☐ 2.1 判断齿轮油油质是否正常（1分） ☐ 2.2 判断电池冷却液冰点是否正常（1分） ☐ 2.3 判断电机冷却液冰点是否正常（1分） ……	10	教师企业导师	电子工单
信息面（信息录入）（资料应用）（资讯检索）	1. 能正确使用维修手册查询资料（总分：3分） ☐ 1.1 查询电机冷却液容量和型号（0.5分） ☐ 1.2 查询减速齿轮油容量和型号（0.5分） ☐ 1.3 查询驱动电机绝缘电阻标准参数（0.5分） ☐ 1.4 查询驱动电机电缆电阻标准参数（0.5分） ☐ 1.5 查询驱动电机控制器电阻标准参数（0.5分） ☐ 1.6 查询驱动电机控制器电缆标准参数（0.5分） 2. 能正确使用用户手册查询资料（总分：3分） ☐ 2.1 查询电机冷却液更换周期（1.5分） ☐ 2.2 查询减速齿轮油更换周期（1.5分） ……	10	教师学生智慧检索平台	智慧检索平台
记录面（电子工单）（纸质工单）	1. 字迹清晰（1分） 2. 语句通顺（1分） 3. 无错别字（1分） 4. 无涂改（1分） 5. 无抄袭（1分）	5	教师学生	工单
总计				

2. 现场 6S 检查

(）实训车辆 / 实训平台 / 教具

(）实训工位、场地

(）实训工具、设备

(）其他设备

（该示例由上海现代化工职业学院徐卫东、上海食品科技学校冯江提供）

工作页中可以设置"小词典""温馨提示"等形式，提醒学生专业名词、技术术语、安全或质量问题、应注意的操作规范、操作技巧等，引起学生的重视，帮助学生掌握工作技能。

3. 导学案

导学案是教师在课前设计的学习导向工具，通常包含学习主题、学习目标、课前预习、课中探究、学习总结、达标检测、拓展升华等要素。导学案的特点在于引导学生在课前预习并了解学习内容，激发学生的学习兴趣和主动性。与任务单相比，导学案更注重学生学习的导向和引导，旨在帮助学生在课堂上更好地理解和掌握知识。它在培养学生自主学习能力、合作精神和创新思维方面具有不可替代性，能够帮助学生更好地掌握学习方法，提高学习效果。

（1）学习主题

此部分一般是根据教材或课程标准直接确定。

（2）学习目标

直接引用课程标准的目标要求，以此结合教材、学情和资源，撰写学习目标，使育人目标"目标化""细节化"。例如：

- 能辨识圆锥的结构特征。
- 能看懂圆锥的直观图，会计算圆锥的表面积、体积。
- 通过对圆锥表面积公式与体积公式的推导与实践应用，掌握类比推理的数学思想方法。
- 通过实际的案例，体会到圆锥表面积与体积的计算在生活中的应用和专业学习中的价值。

（3）课前预习

课前设置预习任务或内容，使学生对本课程的学习有总体了解。例如：

请同学们写出下列几何体各部分的名称。

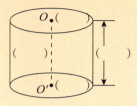

观察下列我们生活中常见的实物图形，这些物体的形状都是（　　　　）。

阅读课本第 126 页，请同学们写出下列几何体各部分的名称。

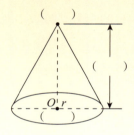

（4）课中探究

此部分关注学生学习思维参与的广度以及思维加工的深度是否得以实现。一般是设置探究活动来引导学生自主思考、构建学习知识，并记录下相应的方案、探究过程以及分析思路等。例如：

探究 1：实验——圆锥的性质

实验用具：黏土制作的圆锥三个，小刀一把，尺子一把。

实验步骤：

（1）将小刀平行于圆锥底面进行切割，观察截面的形状。

（2）用尺子测量圆锥的高度，观察圆锥的高与底面的关系。

（3）沿着圆锥的轴将圆锥进行切割，观察轴截面的性质。

实验结论：

（1）平行于底面的截面都是_____。

（2）高_____于底面圆，且过_____。

（3）轴截面为_____，高为圆锥的_____，腰是圆锥的_____，底边是底面圆的_____。

探究2：实验——圆锥的面积

打开"圆锥展开图"，尝试更改圆锥的半径和高，观察圆锥的侧面展开图。

圆锥　　　　　　　　　　圆锥展开图

圆锥的侧面展开图为_____。

圆锥的底面周长与侧面展开图弧长的关系：_____。

圆锥的侧面积：_____。

圆锥的表面积：_____。

探究3：实验——圆锥的体积

（略）

（5）学习总结

此部分一般是探究过程的思路或方法的总结与归纳。例如：

请总结圆锥的性质、面积公式、体积公式。

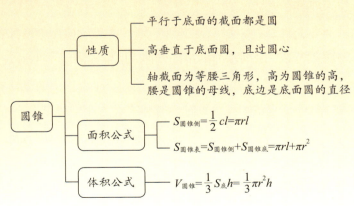

（6）达标检测

此部分一般以习题形式呈现，且大多数当堂检测与评价。

（7）拓展升华

此部分要具有拓展性，在课中学习掌握的基础上进一步增加学生知识与技能的作业，促进学生提高分析问题和解决问题的能力。例如：

圆台

一个圆锥被平行于它的底面的一个平面所截后，截面与底面之间的几何体称为圆台。圆台也可以由一个直角梯形绕着垂直于底边的腰旋转一周得到。显然，圆台的上、下底面是互相平行的圆面，如下图所示。同学们可以试着推导圆台的表面积和体积。

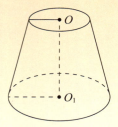

（该示例由上海食品科技学校厉磊提供）

值得注意的是，建议将上述课前、课中、课后的学习活动，适当借助数智技术与互联网平台来实施。

4. 视觉笔记

视觉笔记是学生在学习过程中记录重点内容、图表和总结的工具。它的特点在于通过图表和示意图生动形象地展示学习内容，将复杂的信息和知识以直观、易懂的形式呈现出来，有助于加深理解和记忆。

视觉笔记是一种创意性强、图文结合的笔记形式，在教学应用中发挥着极大的作用。首先，学生可基于视觉笔记，借助课前的市场调研、思维导图等多种形式进行预习。其次，课中以图文记录的形式，对教师讲授的重点知识和小组合作中的设计成果加以记录，完成重难点的突破。最后，将整个视觉笔记内容整合在一张纸或是一个电子文档中，形成一个项目的设计册，这会让师生在课程回顾、作品点评、教学诊断时都极为便捷。

（1）项目主题

此部分由教师撰写，设计意图在于帮助学生读取任务要求，明确学习任务。例如：

"中国青年杂志创刊 100 周年活动"主持人腰带设计

本项目旨在为即将参与"中国青年杂志创刊 100 周年活动"的主持人设计一款新

中式腰带，以搭配服装。设计需结合传统中华文化元素与现代设计理念，培养学生具备融合创新能力。

（2）市场调研

此部分学生课前完成，由教师提供调研表格和示例。例如：

请同学们按案例的填写示范，完成其他品牌的调研。

新中式腰带市场调研单						
品牌名称	价格	材料	产品图片	造型特点	色彩特点	面料特点
盖娅传说	599~999	棉，亚麻，纱		方形	米白	刺绣

（3）草案构思

此部分由学生课前完成，根据主题进行思维发散、绘制思维导图。例如：

1. 思维导图绘制

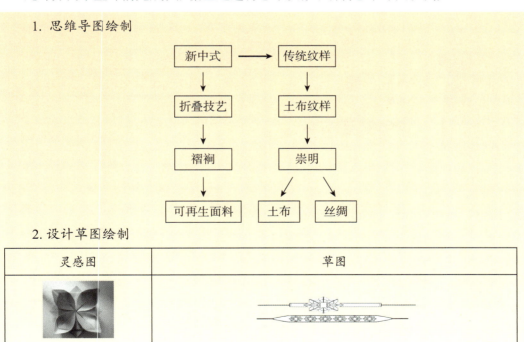

2. 设计草图绘制

灵感图	草图

（续表）

灵感图	草图
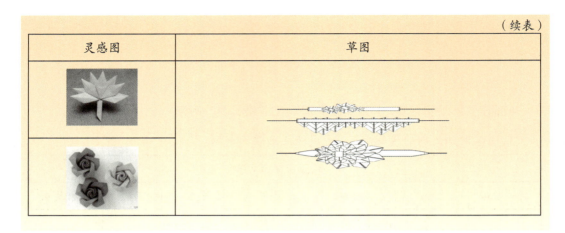	

（4）主题设计

依据项目主题，带领学生逐个完成设计任务，并阐述设计说明，形成设计方案。学生通过小组讨论、教师讲解来完善表格。例如：

新中式腰带设计单							
款号	AW202405	版型	简约版	组别	责任组	下单日期	2024/04/05
名称	折叠绽放	设计师	李丽	版次		第一版	
正背面款式图及工艺细节说明				设计尺寸		成衣尺寸	
				系带	128 cm	系带	130 cm
				腰围	72 cm	腰围	73 cm
				腰宽	13 cm	腰宽	12 cm
				其他尺寸说明			
				单片规格		系带	128×3 cm
				单片规格		腰围	73×12 cm
				单片规格			
面料	衬料	里料		辅料 1			
				辅料 2			
				辅料 3			

（正背面款式图标注：刺绣工艺、拼接工艺、勾扣扣合、镶嵌工艺、数码印花、刺绣工艺、空强、包边1cm、0.5mm明线线迹）

（5）产品制作

此部分依据项目设计方案，动手设计制作主题产品。例如：

新中式腰带制版单								
款号	AW202405	版型	简约版	组别	责任组	下单日期	2024/04/05	
名称	折叠绽放	制版师	张明				版次	第一版
正背面款式图及工艺细节说明							裁剪要求	
							工艺要求	
							工艺流程	
部位/规格	净尺寸	版型尺寸	成品尺寸	面辅料			外观质量	
胸围				名称	规格	数量		
腰围								
臀围								
裁片清单								
面料			衬料				后整理	
名称			名称					
片数			片数					

（6）总结反馈

此部分引导学生在相关平台进行产品展示，结合企业订单及点赞数量等，构建主题作品的互评与第三方评价。例如：

新中式腰带交付单						
款号	AW202405	版型	简约版	组别	责任组	下单日期	2024/04/05
名称	折叠绽放	设计/制版师		王红		版次	第一版

成品图片

指标检验表				
序号	检验内容	标准描述		质检指标
整体检验	整烫检验	检查产品整烫是否平服，无极光，无水渍，无烫黄，无烫溶，无污渍		□是 □否 □基本可以
	锁订检验	检验扣眼的规格及缝针是否与工艺相符，纽扣的规格及钉扣是否与工艺相符		□是 □否 □基本可以
	修剪检验	检查产品的毛头、线头是否修干净，扣眼是否干净，面布或里布透光处应注意内部的清洁，确认缝份宽窄是否一致		□是 □否 □基本可以
	纱向检验	与被测物纱向一致，目测产品的丝绺是否在允许范围		□是 □否 □基本可以
	……			
各部位质检标准	缝合线检测	缝合线颜色正确、线牢度要够（特别臀部、腋下、肩部等部位）、线的弹性张力要够，缝合线修整要好		□是 □否 □基本可以
	拷边检测	拷边宽窄一致，针距均匀，无跳针漏针、明显接头现象		□是 □否 □基本可以
	嵌条检测	嵌条车缝强度要够，印花不能有裂印，印花效果要好		□是 □否 □基本可以
	……			
质检评价：优				

总监签字	设计师签字		顾客签字
年 月 日		年 月 日	年 月 日

（该示例由上海市工程技术管理学校邱春艳提供）

参考文献：

［1］卢明，崔允漷.教案的革命：基于课程标准的学历案［M］.上海：华东师范大学出版社，2016.

［2］尤小平.学历案与深度学习［M］.上海：华东师范大学出版社，2017.

［3］周琦.高中生物学材建设的探索——以《细胞膜的结构和功能》为例［D］.济南：山东师范大学，2015.

［4］郑雅月."361导学评"教学模式在高中物理教学中的应用研究［D］.上海：华东师范大学，2021.

［5］蓝子贤.工作页在汽车维修专业一体化课程中的应用实践性研究［J］.时代汽车，2023（11）：38-40.

后　记

　　《新时代职业教育课堂教学基本规范实施指南》是上海职业教育重点教改项目"面向全体·以规促行·走向深度——新时代职业教育课堂教学规范研究与区域实践"的研究成果之一。在新时代职业教育全面深化课堂教学改革的形势下，该项目以问题为导向，聚焦基本要求，在实践基础上形成基本规范，以期解决广大职教教师普遍遇到的教学基本问题。

　　本书由上海市教师教育学院（上海市教育委员会教学研究室）谭移民、曾海霞担任主编，编委会核心成员有王建初、王奕俊、王洁、王珺荻、师慧丽、关月梅、应宏芳、陆勤超、陈永芳、陈莹、范心忆、曾海霞、蒲璠、谭移民。本书前言由谭移民执笔；内容与使用说明由王建初执笔；第一章由谭移民、谢莉花执笔；第二章由王奕俊、徐明月、何怡林执笔；第三章由范心忆、宫海兰、王笙年执笔；第四章由曾海霞、董朝霞、韩琴、宋莉莉、张月波、郭励、潘丽莉执笔；第五章由王洁、苏昌蕾、杨依希、邱瑜琦、蒋梦琪执笔；第六章由陈永芳、徐卫东、顾剑峰执笔；第七章由陆勤超、吴文斌、范丽迪、谢永业、徐悦、许萌、唐菲执笔；第八章由师慧丽、刘铖玉执笔；第九章由蒲璠执笔；第十章由陈莹、孙文霞、林炜、刘忠燕执笔；第十一章由王珺荻执笔；第十二章由王建初、董树裔、傅颖、崔甲丽执笔；第十三章由关月梅、冯志军执笔；第十四章由应宏芳、薛丽芝、邱春艳、吴岚、龚如彦、俞燕执笔。

　　本书在成书过程中还得到许多教学专家、职教专家的悉心指导，以及一些职业学校领导和教师的大力支持和帮助，在此一并表示诚挚的感谢！

　　由于编写者水平和认识所限，本书内容难免存在疏漏和不足，欢迎广大读者批评指正，并提出宝贵意见和建议。

图书在版编目（CIP）数据

新时代职业教育课堂教学基本规范实施指南 / 谭移民，曾海霞主编. — 上海：上海教育出版社，2025.4.（2025.9重印）
ISBN 978-7-5720-3477-0

Ⅰ. G719.2

中国国家版本馆CIP数据核字第2025J3S256号

策划编辑　公雯雯
责任编辑　汪海清
封面设计　王　捷

新时代职业教育课堂教学基本规范实施指南
谭移民　曾海霞　主编

出版发行　上海教育出版社有限公司
官　　网　www.seph.com.cn
地　　址　上海市闵行区号景路159弄C座
邮　　编　201101
印　　刷　上海龙腾印务有限公司
开　　本　787×1092　1/16　印张 19.75
字　　数　360 千字
版　　次　2025年4月第1版
印　　次　2025年9月第2次印刷
书　　号　ISBN 978-7-5720-3477-0/G·3105
定　　价　88.00 元

如发现质量问题，读者可向本社调换　电话：021-64373213